U0541034

华中师范大学政治学 | 基层治理研究丛书
一流学科建设成果文库

中国式
基层协商治理

张大维 著

Grassroots
Governance
Studies Series

中国社会科学出版社

图书在版编目（CIP）数据

中国式基层协商治理 / 张大维著. -- 北京 : 中国社会科学出版社, 2025.6. --（基层治理研究丛书）. ISBN 978-7-5227-4825-2

Ⅰ. D63

中国国家版本馆 CIP 数据核字第 2025ZZ9282 号

出 版 人	季为民
责任编辑	李　立
责任校对	谢　静
责任印制	李寡寡

出　　版	中国社会科学出版社
社　　址	北京鼓楼西大街甲 158 号
邮　　编	100720
网　　址	http：//www.csspw.cn
发 行 部	010 - 84083685
门 市 部	010 - 84029450
经　　销	新华书店及其他书店

印　　刷	北京明恒达印务有限公司
装　　订	廊坊市广阳区广增装订厂
版　　次	2025 年 6 月第 1 版
印　　次	2025 年 6 月第 1 次印刷

开　　本	710×1000　1/16
印　　张	19.25
字　　数	328 千字
定　　价	98.00 元

凡购买中国社会科学出版社图书，如有质量问题请与本社营销中心联系调换
电话：010 - 84083683
版权所有　侵权必究

华中师范大学政治学一流学科建设成果文库总编委会

总编委会负责人： 徐　勇　陈军亚

总编委会成员（以姓氏笔画为序）：

丁　文　韦　红　文　杰　田先红

江　畅　江立华　牟成文　闫丽莉

刘筱红　张大维　张立荣　张星久

陆汉文　陈军亚　冷向明　郑　宁

袁方成　唐　鸣　徐　勇　徐晓林

徐增阳　符　平　雷振扬

目 录

第一篇 为何协商：协商文化

第一章 找回协商：从历史和田野中发现商量与家国转换 ………… 3
- 一 为何找回与协商及其好处再认识 ……………………………… 3
- 二 从历史文本之中回溯和追寻协商 ……………………………… 7
- 三 由田野调查之中挖掘和发现协商 ……………………………… 12
- 四 传统与现代协商空间的家国转换 ……………………………… 20
- 五 结论：于家国历史之维找回协商 ……………………………… 24

第二篇 辨识协商：协商质量

第二章 社区治理中协商系统的条件、类型与质量辨识 …………… 29
- 一 超越协商窄化泛化困境与何谓好的协商 ……………………… 29
- 二 协商系统理论及其要素条件与质量标准 ……………………… 32
- 三 社区治理实验中协商系统运用的案例分析 …………………… 36
- 四 社区协商系统的类型及质量辨识 ……………………………… 40
- 五 小结与讨论 ……………………………………………………… 42

第三篇　怎么协商：协商能力

第三章　运转协商能力：社区协商系统高质量发展的参与—回应联动 …… 47
 一　协商能力研究的国际进展及其与协商质量的关联 …………… 47
 二　协商能力的框架建构：要素、模型及与协商系统衔接 ……… 52
 三　协商系统的参与—回应：协商能力要素分解和类型重组 …… 56
 四　实践类型与质量评估：农村社区协商实验的协商能力 ……… 61
 五　参与—回应联动以运转协商能力通往高质量协商 …………… 65

第四章　农民协商能力与农村社区协商系统质量关系 ……………… 68
 一　乡村协商质量关切的协商能力及其研究现状 ………………… 68
 二　协商能力阶梯：高质量协商系统的分析框架 ………………… 71
 三　乡村建设行动中三个农村社区的协商实验案例 ……………… 74
 四　案例社区协商能力和协商系统质量的比较及其类型转化 …… 76
 五　结论与启示 ……………………………………………………… 81

第四篇　在哪协商：协商空间

第五章　片区协商：超越村组的社区议事单元及其系统运行 ……… 87
 一　基层治理单元研究进路与片区协商 …………………………… 87
 二　分析工具：协商系统理论及其要素 …………………………… 90
 三　案例呈现：农田改造中的片区协商 …………………………… 93
 四　逻辑分析：片区的协商系统及运作 …………………………… 98
 五　基本结论与协商趋向 …………………………………………… 101

第六章　协商式嵌合：结构—行动框架下五社联动的交互逻辑 …… 103
 一　五社联动的研究进展及其相对优势何在 ……………………… 103
 二　五社联动的个案社区选取及其案例呈现 ……………………… 106

三　五社联动下多层次交互的关键环节聚焦 …………………… 111
　四　结构—行动框架下五社联动的协商嵌合 …………………… 114
　五　结论与延伸 …………………………………………………… 118

第五篇　增效协商：协商资本

第七章　高质量协商发展的协商资本培育路径 ………………………… 123
　一　将协商民主融合社会资本的协商资本带进来 ……………… 123
　二　协商系统中协商资本与协商质量的关联趋向 ……………… 126
　三　干部、专家和媒体介入社区协商的实验案例 ……………… 131
　四　作为协商资本的变量对协商质量的影响评估 ……………… 139
　五　结语 …………………………………………………………… 146

第八章　协商资本与协商能力嵌合：高质量协商的发展逻辑 ………… 149
　一　协商程序的既有研究及其对协商质量的影响 ……………… 149
　二　一般化协商程序与创新性实践：新村屯案例 ……………… 151
　三　协商程序的创新路径：一个协商资本的视角 ……………… 155
　四　协商程序质量进路：协商资本嵌合协商能力 ……………… 159
　五　以协商程序创新指向高质量协商的发展逻辑 ……………… 162

第六篇　发展协商：高质量协商

第九章　高质量协商如何达成：在要素—程序—规则中发展协商系统 …… 167
　一　村级协商创新实验与问题提出 ……………………………… 167
　二　协商标准与质量评估文献综述 ……………………………… 168
　三　高质量协商的标准演进与共识 ……………………………… 171
　四　农村社区协商实验样板案例 ………………………………… 176
　五　在要素—程序—规则中评量协商 …………………………… 182
　六　基本结论与发展好的协商系统 ……………………………… 187

第十章　乡村振兴中的协商能力、利益关联度与发展高质量协商 …… 189
一　高质量协商的影响因素与协商系统的视角 …… 189
二　农村社区协商系统高质量建设的分析框架 …… 195
三　农村社区协商实验样本的案例分析与比较 …… 199
四　结论与讨论：迈向乡村振兴的高质量协商 …… 205

第七篇　特色协商：中国式协商

第十一章　党领群议：协商系统中社区治理的引领式协商 …… 211
一　中国社区协商的模式讨论与问题提出 …… 211
二　"带回"学研究范式与政党嵌入协商 …… 213
三　政党视角带入社区群议与引领式协商 …… 216
四　衡量协商系统质量和能力的要素特征 …… 219
五　天长市引领式协商的"协商性"识别 …… 222
六　基本结论与启示借鉴 …… 224

第十二章　引领式协商：协商系统中党领导自治的基层治理新发展 …… 227
一　党领导下结构视角的村民自治与过程视角的协商自治 …… 227
二　一体化协同：党建引领下木寨村村民自治的多元样态 …… 231
三　引领式信息交互：协商系统中党领导自治的机理探析 …… 237
四　责任与授权：引领式协商中党领导自治的治理逻辑 …… 241
五　结论与启示：以引领式协商激活自治推动治理新发展 …… 245

第十三章　包容性协商：中国社区的协商系统模式与有效治理趋向 …… 247
一　协商模式的中国化考察与问题提出 …… 247
二　包容性协商的概念基础与理论源流 …… 249
三　作为现代治理新理念的包容性协商 …… 253
四　包容性协商的天长市社区治理实验 …… 255
五　协商系统中社区协商的包容性识别 …… 258

六　社区治理现代化的包容性协商趋向 …………………………… 261

第十四章　分布式协商：协商代表驱动乡村高质量协商的内在逻辑 …… 264
　一　代表与协商研究及影响协商质量的协商代表提出 ………………… 264
　二　协商系统中的协商代表、分布式协商与协商质量 ………………… 268
　三　协商代表驱动的高质量协商：村庄的协商治理实验 ……………… 272
　四　协商代表驱动高质量协商的逻辑进路 ……………………………… 275
　五　结论与讨论 …………………………………………………………… 281

参考文献 ………………………………………………………………… 284

后　记 …………………………………………………………………… 294

第一篇

为何协商：协商文化

第一章

找回协商：从历史和田野中
发现商量与家国转换[①]

一 为何找回与协商及其好处再认识

商量是中国议事协商的传统话语和通俗表达。商量有交换意见、商讨之意。后来商量不仅出现在政权体制内，也更多地运用于体制外的日常生活中，"遇事商量商量"便是中国人生活中极为常见的表达。习近平总书记指出，古今中外的实践表明，选举投票十分重要，协商参与也十分重要。"协商民主是中国社会主义民主政治中独特的、独有的、独到的民主形式，它源自中华民族长期形成的天下为公、兼容并蓄、求同存异等优秀政治文化，源自近代以后中国政治发展的现实进程，源自中国共产党领导人民进行革命、建设、改革的长期实践，源自新中国成立后各党派、各团体、各民族、各阶层、各界人士在政治制度上共同实现的伟大创造，源自改革开放以来中国在政治体制上的不断创新，具有深厚的文化基础、理论基础、实践基础、制度基础。""在中国社会主义制度下，有事好商量，众人的事情由众人商量，找到全社会意愿和要求的最大公约数，是人民民主的真谛。"[②] 习近平总书记还指出：

[①] 本章以《找回协商：从历史和田野中发现商量与家国转换——兼对"深度中国农村调查"的分析》为题，发表于《中国农村研究》2022年第1期。

[②] 习近平：《推进协商民主广泛多层制度化发展》，载《习近平谈治国理政》（第二卷），外文出版社2017年版，第291—298页。

"社会主义协商民主，应该是实实在在的、而不是做样子的，应该是全方位的、而不是局限在某个方面的，应该是全国上上下下都要做的、而不是局限在某一级的。""协商民主深深嵌入了中国社会主义民主政治全过程。""民主不是装饰品，不是用来做摆设的，而是要用来解决人民要解决的问题的。"①

为什么是找回协商？因为传统文化中就有协商基因和智慧，但后续有所丢失。之所以要找回协商，是因为其有大量优势需要挖掘和传承，也要重新和正确认识协商及其最新发展的协商系统的内涵、外延和好处。

学术上关于协商和协商民主的定义虽有很多争论，但也有一些共通性。例如，詹姆斯·博曼（James Bohman）、威廉·雷吉（William Rehg）认为，协商民主可以被定义为在自由和平等的公民之间达成合理的协议的过程，确保他们有机会表达自己的观点和偏好，并在协商过程中为自己的决定辩护，以达成具有集体约束力的结论。从规约性上看，协商的过程、条件和目标围绕着理性、政治和正当性来展开；作为实质理想的协商民主，围绕着平等、多元和自由来展开。②还如，阿米·古特曼（Amy Gutmann）和丹尼斯·汤普森（Dennis Thompson）认为协商民主是自由和平等的公民（及其代表）在一个过程中给出可以相互接受和普遍可以理解的理由，以便达成目前对所有公民都有约束力但在未来可能受到挑战的结论。③再如，埃尔斯特（Jon Elster）也指出，尽管学者们对协商民主的定义极大不同，但几乎所有人都同意协商是所有将受到决策影响的人或代表都参与和争论形成集体决策的过程，协商代表了民主社会的三种决策机制之一，另外两种是投票和讨价还价。④

帕特里克·海勒（Patrick Heller）等人从最广范畴去界定协商，认为协商一般来说是基于讨论做出决定的过程，可以分为两类：正式协商，其过程是协商的，但最终结果可能取决于表决或谈判；实质性协商，其结果直接反映协商。与之相似，曼斯布里奇（Jane Mansbridge）则从最小限度来界定协商，

---

① 习近平：《推进协商民主广泛多层制度化发展》，载《习近平谈治国理政》（第二卷），外文出版社2017年版，第291—298页。

② [美]詹姆斯·博曼、威廉·雷吉主编：《协商民主：论理性与政治》，陈家刚等译，中央编译出版社2006年版，第5—16页。

③ 参见 Amy Gutmann and Dennis Thompson, *Why Deliberative Democracy?* Princeton, NJ: Princeton University Press, 2004, p.7。

④ 参见 Jon Elster, "Introduction", in Jon Elster ed., *Deliberative Democracy*, Cambridge: Cambridge University Press, 1998, pp.5-8。

认为其是相互交流，包括权衡和反思有关共同关切事项的偏好、价值观和利益的过程。这种最小限度的定义使得这个术语的使用者能够具体说明"好"和"坏"协商的条件，而无须将这些标准纳入"协商"一词本身。由此，协商也应该包括一定约束力的要求：第一，一个决定或至少是一个行动隐含在这个术语的普通含义中；第二，国家本身通过对暴力手段的合法垄断，在任何协商系统中发挥着至关重要的作用；第三，任何关心国家合法性的人，都必须关心导致其具有约束力的决定的协商的合法性；第四，协商系统中的任何特定论坛或节点在多大程度上有权作出具有约束力的决定是至关重要的。[1] 这实际上是从协商系统的视角给出了好协商的四个条件。

"协商系统"概念是由曼斯布里奇在1999年首次提出的，拓展了协商的传统范围，将协商延伸到日常谈话的范畴，以体现协商的更大包容性和多样性，从而发展出了"协商系统"理论。[2] 曼斯布里奇认为，协商系统是指一组可区分的但在某种程度上相互依存的部分，通常具有议事分散和劳动分工功能，以某种方式连接起来形成的一个复杂的协商整体。其进一步指出，协商系统是一个包括以谈话为基础的方法，通过争论、演示、表达和说服等解决政治冲突和社会矛盾等问题。在一个好的协商系统中，综合相关考虑的说服应该取代压制、强迫和忽视。我们不仅要问在一般和特定的情况下，什么是好的协商，而且还要问一个好的协商系统需要什么条件以及意味着什么。[3]

协商民主之所以在20世纪80年代被西方作为理论重新被找回，在于其相对选举民主的好处和超越聚合民主的优势。迪戈·甘贝塔（Diego Gambetta）认为，有效协商具备四个优点：第一，它能通过形成更好的解决方案而带来帕累托最优；第二，它能通过为弱势群体提供更好的保护而使结果在分配正义方面更加公正；第三，它能就任何一项决议带来更广泛的共识；第四，它能产生更加合法的决议。[4] 詹姆斯·费伦（James D. Fearon）也曾做过一个

---

[1] 参见 Patrick Heller and Vijayendra Rao, *Deliberation and Development: Rethinking the Role of Voice and Collective Action in Unequal Societies*, Washington, DC: World Bank Publications, 2015, pp. 27–40。

[2] 参见 Jane Mansbridge, "Everyday Talk in Deliberative Systems", in S. Macedo ed., *Deliberative Politics: Essays on Democracy and Disagreement*, New York: Oxford University Press, 1999, p. 212。

[3] 参见 Parkinson J. and Mansbridge J., *Deliberative Systems: Deliberative Democracy at the Large Scale*, New York: Cambridge University Press, 2012, pp. 4–5。

[4] 参见 Diego Gambetta, "Claro!: An Essay on Discursive Machismo", in John Elster ed., *Deliberative Democracy*, Cambridge: Cambridge University Press, 1998, pp. 19–43。

总结，认为协商有六大好处：一是可以揭示私人信息；二是可以减少或克服有限理性；三是可以推动或鼓励一种为需求或要求进行正当性辩护的特殊模式；四是可以促进群体的最终选择合法化并增强决策实施的可能性；五是可以提高参与者的道德素养或知识水平；六是不受讨论结果的约束，做"正确的事"。[1] 在此基础上，埃尔斯特概括好的协商具有9个优点，即甘贝塔和费伦所列10条的整合（其中合法性重合）。[2] 何塞·路易斯·马蒂（Jose L. Marti）也曾做过一个总结，指出协商的优势有：其一，增加信息交流；其二，允许表达不同强度的偏好；其三，允许并改善对事实和逻辑错误的发现；其四，控制情绪因素，并有助于过滤不合理的偏好；其五，使信息和政治议程难以被操纵；其六，实现公正和实质正义的过滤。[3] 近来，罗伯特·古丁（Robert E. Goodin）和凯·斯皮克曼（Kai Spiekermann）又进一步梳理了协商的优点：（1）提高个人能力，并通过提高个人能力来提高团队能力；（2）使选票与决议没有那么正相关（甚至是负相关）；（3）得到更真诚的投票；（4）增加情况或证据真实性的可能性，并且最好的响应者找到正确答案的可能性也会增加；（5）决策更加科学。[4] 曼斯布里奇则认为协商系统的功能可以更加宽泛，并将其简化为认知功能、伦理功能和民主功能三方面。[5] 2019年巴赫泰格（André Bächtiger）和帕金森（John Parkinson）又将协商系统的功能目标拓展到5个，包括认知、伦理、解放、变革与澄清、合法性等。[6]

王文菲等编译的《好民主 坏民主》一书汇集了八位欧洲当代著名思想

---

[1] 参见 James D. Fearon, "Deliberation as Discussion", in John Elster ed., *Deliberative Democracy*, Cambridge: Cambridge University Press, 1998, pp. 44 – 68。

[2] 参见 Jon Elster, "Introduction", in John Elster ed., *Deliberative Democracy*, Cambridge: Cambridge University Press, 1998, pp. 5 – 8。

[3] 参见 Jose Luis Marti, "The Epistemic Conception of Deliberative Democracy Defended", in S. Besson and J. L. Marti eds., *Deliberative Democracy and Its Discontents*, Aldershot: Ashgate, 2006, pp. 27 – 56。

[4] 参见 Robert E. Goodin and Kai Spiekermann, *An Epistemic Theory of Democracy*, Oxford: Oxford University Press, 2018, p. 135。

[5] 参见 Jane Mansbridge, James Bohman, Simone Chambers, Thomas Christiano, Archon Fung, John Parkinson, Dennis Thompson and Mark Warren, "A Systematic Approach to Deliberative Democracy", in John Parkinson and Jane Mansbridge eds., *Deliberative Systems: Deliberative Democracy at the Large Scale*, New York: Cambridge University Press, 2012, pp. 10 – 13。

[6] 参见 André Bächtiger and John Parkinson, *Mapping and Measuring Deliberation: Towards a New Deliberative Quality*, Oxford: Oxford University Press, 2019, pp. 28 – 37。

家对当今世界最热门话题"民主"的精彩言论,他们将民主进行了多种类型的划分,并对民主的标尺进行了讨论。温迪·布朗认为,无论是从历史学角度还是词源学角度,都无法有力论证民主本质上来说意味着代议制、宪法、协商、参与、自由市场、权利、普遍性,甚至平等。因此自始至终,西方民主政治的特征就颇具争议。换句话说,从亚里士多德、卢梭、托克维尔,直到马克思、罗尔斯、沃林等理论家中,都论证过民主不可或缺的要素,包括:具体的条件、强有力的支持、微妙的平衡等,但民主这个术语本身并不规定这些要求。[①] 这就需要对民主进行修辞和限定,于是参与民主、协商民主,好的民主、坏的民主等,就成为讨论民主的新话题。协商民主,就是对民主议题的新发展。协商民主的质量高低、效能好坏,就特别需要从协商的好坏来识别,所以,好协商的标准就成为探讨的焦点。

二 从历史文本之中回溯和追寻协商

发展协商首先要找回协商。之所以说是找回协商,是因为协商在中西方历史上和文化中就存在,但近代以来有所式微。

在西方,如约·埃尔斯特所说,受尤尔根·哈贝马斯(Jürgen Habermas)的影响,通过自由而平等的公民间讨论进行决策的观念近年来发展迅速,代表了协商民主的复苏,而不是完全的创新。[②] 约翰·S. 德雷泽克(John S. Dryzek)也认为,对协商的重视,并非全新话题,古希腊城邦国家实践以及伯克、密尔、杜威等的理论家均有关于协商民主的论述。[③] 具体来讲,协商民主可以追溯到古希腊和亚里士多德,在那里大量"民众"聚集在公共广场上讨论和决定当时的问题。无论是修昔底德记载的伯里克利关于雅典

---

① [法]阿甘本等编著:《好民主,坏民主》,王文菲、沈健文译、吕莹校译,上海社会科学院出版社2014年版,第86—87页。

② 参见 Jon Elster, "Introduction", in Jon Elster ed., *Deliberative Democracy*, Cambridge: Cambridge University Press, 1998, pp. 1 – 2。

③ [澳大利亚]约翰·S. 德雷泽克:《协商民主及其超越:自由与批判的视角》,丁开杰等译,中央编译出版社2006年版,前言第2页。

的颂歌，还是亚里士多德在《尼各马可伦理学》中最早提出协商，[1] 并在《修辞学》中提出关于政治操纵的指南；无论是伯克在选民演讲中阐述的关于支持协商民主依据的最著名论述，还是安德烈和巴纳夫宣称的"一个私人的意愿或者一个小团体的意愿没有通过共同协商得到阐释，它就不是一种真正的意愿"；无论是密尔最早倡导"经由讨论的统治"，还是第一个赋予协商民主现代阐释的哲学家卢梭倡导"在公正、平等和自由且维护社会稳定的最低条件"基础上的协商辩论；无论是20世纪早期约翰·杜威关于"协商与民主、教育"的论述，[2] 还是哈贝马斯等民主理论家虽然关于协商民主的观点存在差异，所有观念的共同之处在于参与投票的人在投票前必须根据证据进行协商。[3] 这些无疑都表明了协商在西方的历史存在。

　　协商民主作为学术概念和理论话语研究是近来在西方兴起的。尽管西方历史上有协商传统，但20世纪80年代以前的西方民主大多被代议民主、精英民主和聚合民主等所占据，直到罗尔斯和哈贝马斯等倡导"为了获得合法性，政治选择必须是自由、平等和理性的行为者之间就目的而进行协商的结果"，[4] 西方才逐步重新认识协商。协商民主通常被看作20世纪70年代对自由民主理论的批判和参与民主理论的倡导而逐步形成的。但直到1978年，约瑟夫·M. 毕塞特（Joseph M. Bessette）才最早在其博士学位论文《国会中的协商：一项初步的研究》中提出协商民主。1980年，他发表了《协商民主：共和政府的多数原则》，才使协商民主作为学术概念有公开的表述。[5] 之后又出版了专著《理性的温和声音：协商民主与美国联邦政府》，但1980年后的5年里还较少有相关论述，接着由于曼宁、科恩、罗尔斯、吉登斯、哈贝马斯

---

[1] 王宇环：《在协商与民主之间——协商系统理论对两者张力的调和》，《河南师范大学学报》（哲学社会科学版）2017年第1期。

[2] 参见 John Dewey, *Democracy and Education: An Introduction to the Philosophy of Education*, Delhi: Aakar Books, 2004, pp. 53 – 140。

[3] 参见 Suiter Jane and Farrell David, *Re-imagining Democracy: Lessons in Deliberative Democracy from the Irish Front Line*, Ithaca: Cornell University Press, 2019, pp. 7 – 9。

[4] 参见 Jon Elster, "Introduction", in Jon Elster ed., *Deliberative Democracy*, Cambridge: Cambridge University Press, 1998, pp. 1 – 18。

[5] 参见 Joseph M. Bessette, "Deliberative Democracy: The Majority Principle in Republican Government", in Robert A. Goldwin and William A Schambra eds., *How Democractic is the Constitution*, Washington, DC: American Enterprise Institute Press, 1980, pp. 102 – 116。

等参与讨论才逐渐产生影响并广泛使用。西方协商民主理论大致经历了四个代际，第一代关注规范框架，第二代关注实践经验，第三代关注制度设计，第四代关注系统方法。经历了四次转向：1980年左右提出学术概念"协商民主"，主要讨论内涵、理念及其与合法性的关系；1990年左右呈现民主理论的"协商转向"，在深入讨论的基础上开始讨论经验、条件以及困境和挑战；2000年左右进入"协商民主时代"，探讨和研究继续分化、细化，开始突破政治哲学范畴，实现理论和实践的结合，趋向追求制度化；2010年左右协商民主出现"经验转向""实践转向"，之后逐步趋向"制度建设"与"系统方法"。尤其是1999年曼斯布里奇提出的"协商系统"概念在2012年被其进行详细阐释后进入了协商系统理论的新阶段。其与马丁·哈杰（Maarten Hajer）、亨德里克·瓦格纳尔（Hendrik Wagenaar）2003年提出并在2019年和2020年组稿重访和总结完善的"协商政策分析"理论，[①] 近来马克·E. 沃伦（Mark E. Warren）倡导而在2017年正式提出的"问题导向方法"理论并在2019年拓展的"问题驱动方法"理论，[②] 以及2020年拉丰特、沃伦等正式提出的"参与协商方法"理论，共同构成了国际上协商民主最新的四大理论。

在中国，并不像西方学者所说的中国是没有"协商的传统"、不存在"真正的协商"，恰恰是中国传统社会具备丰富的协商基因和底蕴，具有真实的协商文化。如何包钢（Baogang He）所说，中国的协商政治传统至少可追溯到春秋战国时期开始的谏诤制度和统治者问政于民的惯例。[③] 习近平总书记也曾指出，"社会主义协商民主在我国有根、有源、有生命力，是中国共产党人和中国人民的伟大创造，是中国社会主义民主政治的特有形式和独特优势，是党的群众路线在政治领域的重要体现"。具体来讲，中国的协商民主可以追溯到更早，自尧舜禹时期就存在协商思想和实践，尧舜禹时期的"四岳"会议便是协商的雏形。中国学者从历史文本中曾对协商传统进行了大量研究。《尚书》记载，凡是举国大事，尧、舜都要召集"四岳"（四方诸侯之长）或

---

① 参见 Maarten Hajer and Hendrik Wagenaar, *Deliberative Policy Analysis: Understanding Governance in the Network Society*, New York: Cambridge University Press, 2003。

② 参见 Edana Beauvals and Mark E. Warren, "What can Deliberative Mini-Publics Contribute to Democratic Systems", *European Journal of Political Research*, Vol. 58, 2019, pp. 893–914。

③ 参见 Baogang He, "Deliberative Culture and Politics: The Persistence of Authoritarian Deliberation in China", *Political Theory*, Vol. 42, No. 1, 2014, pp. 58–81。

"十二有牧""四岳群牧"开会，重大决策包括新领袖选拔，都须经会议协商决定。尧舜时期还设立"谏鼓"（演变为后世官衙门外的"堂鼓"）、"诽谤木"（演变为后世的华表），都是听取民意，与民协商的渠道。① 春秋战国时期，齐国的"稷下学宫"议政制度便是协商思想的开端。之后，如唐朝的"谏官"制度、宋朝的"制策"制度，明末清初的"协和万邦"观点、"天下大同"思想等都是典型的协商实践。传统的和合文化、天下为公、民本主义等，均是重要的协商方法和协商文化，孕育、涵养和传承着中国特色的协商民主理念。② 明堂议事、三老问政、言官制度、采诗制度③等都具有协商民主的文化基因。卢兴和吴倩认为，中国古代具有源远流长的政治协商传统，其历史实践表现为体制内的"咨询""朝议"和"谏议"以及体制外的"清议"和"乡议"。与现代西方协商民主理论相比凸显出中国古代协商传统的特征，即"以民为本、以和为贵、以义为上、以情为基、以德为重"，对其批判继承和创造转化将具有巨大价值。④

除了本土学者对中国传统协商文化的研究外，海外中国学也对其也产生了浓厚兴趣。如韩森（Valerie Hansen）早在1995年就围绕中国古代百姓日常生活中的"协商与契约"这一主题展开研究，其著作《传统中国日常生活中的协商：中古契约研究》还在2009年被翻译成了中文，揭示了中国古代官府、百姓、鬼神三者之间错综复杂的关系，以及这三者相互协商、讨价还价并在这种较量中共存的社会过程。⑤ 何包钢是较早关注中国协商民主研究的国际学者，他也强调从中国传统文化中去研究协商民主。2006年，其与伊森·J. 里布（Ethan J. Leib）的英文合著《寻找中国协商民主》问世，收录的13篇论文是国际上最早研究中国协商民主的系列成果。⑥ 其中，

---

① 马国福、管智光：《尧舜时代：文明创制 德行天下（中）》，《河南法制报》2018年5月16日第15版。
② 李后强、邓子强：《协商民主与椭圆视角》，四川人民出版社2009年版，第107—123页。
③ 阳安江主编：《协商民主研究》，同心出版社2010年版，第72—83页。
④ 卢兴、吴倩：《中国古代政治协商传统的思想内涵与基本特征》，《天津社会科学》2015年第5期。
⑤ 参见 Valerie Hansen, *Negotiating Daily Life in Traditional China: How Ordinary People Used Contracts (600 - 1400)*, New Haven and London: Yale University Press, 1995。
⑥ 参见 Ethan J. Leib and Baogang He, *The Search for Deliberative Democracy In China*, New York: Palgrave Macmillan, 2006, pp. 1 - 258。

第一章 找回协商：从历史和田野中发现商量与家国转换

何包钢以中国古代政治资源为对象，探讨了中国威权协商的历史制度与文化根基。① 丹尼尔·A. 贝尔（Daniel A. Bell）认为对中国协商民主的研究可从中国历史传统中寻找灵感。② 肖恩·罗森伯格（Shawn Rosenberg）认为应从家国同构的集体观念、追求社会和谐等价值理想等中国特有的传统文化视角去理解中国协商民主。③ 之后，何包钢继续拓展研究，他指出《周礼》《尚书》《左传》《战国策》等典籍中均有关于庶民发表政见、国人参与政事、群臣协商议事等相关记载和论述，中国历朝历代延续的言官制度与书院制度是中国古代政治决策中具有重要地位的代表性协商形式。④ 陈素芬（Sor-hoon Tan）则探讨了儒家思想与协商民主的关联性。⑤ 张宁善若（Shanruo Ning Zhang）也认为传统儒家政治价值观的民生观念对当下中国政府的协商治理影响较为深刻，强调政府作为人民福祉的守护者角色。⑥

尽管国内的协商理论研究在一段时间里相对式微，但仍然可以发现中华民族传统中所蕴含的协商文化和底蕴，而蕴含其中的这些优秀传统只有深入田野之中才能有所发现，从实证研究出发将民族文化与村庄惯习接续起来，重新印证中国的协商传统是一脉相承的。

---

① 参见 Baogang He, "Deliberative Culture and Politics: The Persistence of Authoritarian Deliberation in China", *Political Theory*, Vol. 42, No. 1, 2014, pp. 58 – 81。

② 参见 Daniel A. Bell, "Deliberative Democracy with Chinese Characteristics: A Comment on Baogang He's Research", in Ethan J. Leib&Baogang He eds., *The Search for Deliberative Democracy in China*, New York: Palgrave, 2006, pp. 149 – 157。

③ 参见 Shawn Rosenberg, "Human Nature, Communication and Culture: Rethinking Democratic Deliberation in China and the West", in Ethan J. Leib & Baogang He eds., *The Search for Deliberative Democracy in China*, New York: Palgrave, 2006, pp. 77 – 111。

④ 参见 Baogang He, "Deliberative Culture and Politics: The Persistence of Authoritarian Deliberation in China", *Political Theory*, Vol. 42, No. 1, 2014, pp. 58 – 81。

⑤ 参见 Sor-hoon Tan, "Early Confucian Concept of Yi and Deliberative Democracy", *Political Theory*, Vol. 42, No. 1, 2014, pp. 82 – 105。

⑥ 参见 Shanruo Ning Zhang, "Hegemonic Discourses and Their Critics in China's Authoritarian Deliberation: A Study of Price Public Hearing Meetings", *Journal of Chinese Political Science*, Vol. 18, No. 2, 2013, pp. 139 – 162。

三　由田野调查之中挖掘和发现协商

华中师范大学中国农村研究院团队在对全国七大区域近200个村庄的深度调查后发现，近代中国的基层社会早已形成了丰富的协商文化，在民国时期或是更早时期数百年来延续下来的村庄治理习俗无不体现了协商的智慧。大致包括如下协商类型和传统实践。其一，共同生活协商。一是四川村庄"断道理"[①]、河北村庄"共井会"；二是江苏村庄"吃讲茶"、四川村庄"吃请茶"、安徽村庄"懂事会"、广西村庄"倡头会"、江西村庄"公道人"、湖北村庄的"坝坝会"、广东村庄"老人会"等；三是华北村庄房场菜园边界协商、东南宗族村庄宗族事务协商治理、西北游牧村庄家族事务协商治理等。其二，混合生产协商。一是吉林王府村等东北村庄的插伙开油坊、插伙开粉坊、插伙炸麻花等；二是广东百西村等东南村庄的协商修桥修路、协商防洪抗旱、协商换工种收庄稼等，广西宜州合寨村协商水利建设等。其三，公共资源协商。一是云南营盘村跨村河流"轮水班"[②]、山西席村等三村"共用河水"[③] 的协商治理；二是长江流域、黄河流域水利灌溉"田间过水"的协商治理；三是广东百西村"公共集市"、安徽唐湾村"公共山地"、广东朗星村"公共池塘"协商治理等。其四，综合安全协商。一是吉林王府村"安全防卫"、安徽村庄"盗匪防御"、山东村庄"护卫队"的协商治理；二是广东百西村"联志堂"安全巡逻的协商治理等。[④]

继续总结并归纳七大区域的协商实践后发现，遇事商量的协商传统主要集中体现在两种类型：一是华南地区的传统宗族社会中普遍存在着的商量调

[①] 陈军亚：《公理共议：传统中国乡村社会的协商治理及价值——以"深度中国调查"的川西"断道理"为据》，《山东社会科学》2019年第1期。

[②] 肖盼晴：《理性一致：公共水资源的协商治理规则及逻辑——以云南省大具乡的"轮水班"为个案》，《山东社会科学》2019年第1期。

[③] 杨涛：《共治式协商：跨村河流协商治理的内在机制研究——基于华北席村的形态调查》，《山东社会科学》2019年第1期。

[④] 参见徐勇、邓大才、张大维等《深度认识中国：农村底色与道路——七大区域村落历史形态及比较》，教育部人文社会科学重点研究基地重大项目"作为政策和理论依据的深度中国农村调查与研究"结项报告，2020年。

解与族内治理的协商形态；二是在七大区域中都广泛存在的威望下协商特色的治理形态。而这两类协商实践无一例外都将乡土社会中约定俗成的规则以商量的形式呈现出来。

（一）宗族礼俗中的协商自治形态

1. 调解商量中的宗族秩序

解决冲突的调解主体按照乡土中国的差序格局向外扩散，并且这种按差序格局扩散开的调解一般止步于宗族，不会主动寻求政权的介入。"差序格局"的调解顺序符合宗族内部的礼俗等级和"家丑不可外扬"的宗族文化。宗族村庄的封闭性强有力地将政权与族人分隔，以礼俗权威代替政治权威。具体而言，家庭解决不了家庭冲突后开始寻求房长调解，房长无法调解寻求族长，但家庭内部矛盾都会在族内消化，村民不会寻求政权调解，这与村民的宗族观念密切相关。而房支间冲突则由房支间调解，房支无法调解再由宗族调解，也止步于宗族调解。族外调解大部分也是由宗族间的调解，私下达成协议，只有在极少数情况下才会有政权介入。这些主持调解的人员都是族内有威望的人，包括族长、房长、绅士，以及宗族长辈和家庭长辈，他们的权威主要来自以血缘关系为基础的等级秩序，并由于个体自身的能力和财富得到强化。

在华南宗族型村庄的深度调研中发现：一方面，尽管不同村庄对宗族首领或高威望族人的称呼存在差异，但从秩序上都有着鲜明的等级区分，因而在族内事务的商量调解过程中，离不开等级与权威对协商过程的干预和影响；另一方面，宗族秩序下所形成的商量传统也并非完全一致，这与不同村庄族内的权力结构和习俗传统也密切相关，例如，有些村庄定下了"族内事务不出族"的基本原则，确立了村庄事务调解中唯一的宗族权威。而有些村庄则可以凭借自身实力获得更多话语权，甚至不惜打破族内调解的规则以维护自身利益（见表1-1）。

表1-1　　　　　　　　　华南宗族村庄的冲突调解

省份	村名	解决主体	解决方式（族内调解、诉讼）
安徽	查济村	族中绅士	族内冲突以调解为主，请族中绅士来"论理"

续表

省份	村名	解决主体	解决方式（族内调解、诉讼）
安徽	雄村村	本族族长	族内冲突由家长出面调解；族外冲突有补偿等手段
	江村	族长老爷	族内协调为主，不影响本族团结稳定；族外可能对簿公堂
	呈坎村	族长、门长、房长或是其他族内有威望之人	族内协调为主，偶有赔偿；族外可能通过官府解决冲突
浙江	新叶村	九思公、头首、家长	族内调解先由家长出面调解
	俞源村	族长、房长、绅衿	族内调解和诉讼
江西	燕坊村	族长、房长公、家长	族内调解，调解顺序是家长、房长、族长
	符竹村	族长、房长、家长	族内调解和诉讼
	白鹭村	宗族内部	族内调解
	中寨村	族内长辈	族内调解
福建	浦源村	祠董会	族内调解
	廷坑村	族长	族内调解
	杨家坊村	宗族绅士头	族内调解
	梅林村	各大房头	族内共同商议
广东	上岳村	族长、房长	族内调解
	新城村	家族话事人	族内调解
	新岭村	—	—
	下镇村	族人	族内调解
	司前村	族长、房长	族内调解
	山池村	族长、房长	族内调解
	桂山村	族长、房长公	能够家庭内部解决的，族长等宗族权威就不会介入；家庭内部解决不了的，族长等才会介入
	夏阜村	"老大"、房长	族内调解，不过一般"老大"不会主动介入
	凤岭村	族长、房长	基本都是族内调解，按照家庭、房支、宗族的顺序介入调解

续表

省份	村名	解决主体	解决方式（族内调解、诉讼）
广东	坪村	大叔公、族长、房长	族内调解为主
	福岭村	家庭内冲突大多自行调解，家庭与家庭间、族与族之间父兄出面调解	族内调解
	芳心村	发生纠纷由房族长和叔公头调解	族内调解（最终解决不了的纠纷，双方就一直僵持下去，多数情况下不会进行告官，"族内事务不出族"是解决族内纠纷坚持的基本原则）
	三溪村	房长和族老出面进行协调	族内调解；依靠硬实力说话
广西	枧村	族中有声望的老人	族内调解

表格来源：笔者自制，下同。

2. 商量规矩下的宗族治理

传统的宗族村落中，并非族长一人统治全族，而是在宗族传统下的协商治理，有多个主体参与其中。对华南宗族型村庄的调研显示，在1949年之前，有超过八成的村庄中存在着协商治理的情况，协商主体往往是族长、房长，但在具体协商过程中往往有着大量复杂的约定俗成的商量规矩（见表1-2）。

一是协商主体以维护宗族团结为旨归。在宗族型村落中协商的事务以涉及宗族全体或大部分成员的公共事务为主，即与宗族成员的切身利益相关的事情。协商的本质是减少分歧，追求不同成员的利益的最大公约数，促进共同利益的实现。在村庄中，宗族内部协商的机制使得族长以外的个体能够参与到宗族重要事务的决策中，有利于促进民主决策，避免决策失误，同时能够在一定程度上维护宗族内部的团结和稳定，实现族人的共同利益，避免因为利益分化或其他分歧导致共同体的分裂。

二是协商内容与村庄治理相融合。基于华南地区宗族村庄这一典型特质，多数需开展协商的宗族事务与村庄公共事务不谋而合,村庄治理可以通过宗族治理得到解决,而协商就成了宗族治理的核心方式。在协商内容层面,尽管不同村庄的调研结果存在差异,但总体来看,从安全到生存,从娱乐到教育,从祭祀到"驱鬼",可以说但凡家族内部无法解决的方方面面,均可由宗族出面协商解决。

三是协商规则以宗族血缘为纽带。不同村庄之间的规则存在较多差异,但一个极为明显的共同点体现在家族与宗族之间存在的互通与互补关系。换句话说,宗族的事务本质上依旧是由家族成员出面协商的,并按照家族的传统规则商议形成方案,例如,一些村庄在协商中所召开的父兄会、族长会、族亲会等。从中不难发现,宗族血缘是主导族内协商的关系纽带,一旦抛弃宗族血缘这一根本联系,商量的形式与规则便难以为继。

表 1-2 商量规矩下的宗族治理过程

省份	村名	主体	内容	规则	方式
安徽	查济村	统族的大老爷和分宗支的大老爷	涉及全体查氏宗族的重大事项	由统族大老爷发起,其他族长参与共同协商	面对面商议
	江村	房头、族长	田租	—	谈话
	雄村村	各个房头老爷	相关事宜如经商分红、大型祭祀等	—	相关事宜如经商分红、大型祭祀等
	呈坎村	族长、门长、房长	村组织运行等	—	
浙江	新叶村	继承人	家中财产	请见证人、家长、家舅、本堂的长辈商议形成方案	写凭证、请吃饭
	俞源村	继承人	家中财产	兄弟之间协商,谈不拢找舅舅分配	舅舅、本房老者分配

续表

省份	村名	主体	内容	规则	方式
江西	燕坊村	理事会	治理事务	—	—
	符竹村	族内人	族内矛盾	家长协商	家长协商不成由族老出面
	白鹭村	族中长辈	公共事务	共同商量	—
	中寨村	族人协商事务	公共事务	一起商量	—
福建	浦源村	祠董会和村委会	公共事务	代表商议	由祠董会决定
	廷坑村	族长	家产继承	按长辈意思	由族长和长老们建议
	梅林村	族长与各房长、士大人	全族性事务，决策	共同商讨	祭祀时讨论
广东	上岳村	族长、长老、绅耆、房长	从安全到生存，从娱乐到教育，从祭祀到"驱鬼"	共同商讨决定	在祭祀或大型全族性的活动时聚集讨论
	新城村	话事人	族山归属	签订契约	双方话事人共同协商
	下镇村	本族人	公尝、红白喜事、族人教育、大型娱乐活动	—	商量
	山池村	族长、房长	族内纠纷	—	商议
	桂山村	族亲会	公田的使用安排；宗族内部的救济和奖励；宗族集体活动的安排和落实	—	讨论
	夏阜村	长老会	组织祭祀；救济族人；族产的经营、管理、分配；联系外族	—	商定

续表

省份	村名	主体	内容	规则	方式
广东	凤岭村	父兄会	宗族公共财产的管理；学校的管理；村庄边界纠纷；协调与政府关系	—	商议
	坪村	房亲会（族长、大叔公、房长）	冬祭与春祭；请神；祠堂田、学田、祭田、房支田的管理与分配；族谷的分配与管理；族内纠纷的处理；私塾学校的管理，读书人的奖励与救助；族内救济与救助；族人行为的规范；与周边其他宗族的交往	只有一些重大事情才会进行协商	依托于房亲会，通过召开房亲会议，经过协商讨论，以投票的方式进行裁决
	福岭村	父兄、房长、家长、村内保长、村民	村内公共事物、纠纷调解等	—	—
	芳心村	族与族之间、族内民众之间	纠纷、公共空间使用	族长协商决定	—
	三溪村	房长会、族老、话事人、房长、大家长、家长	纠纷	—	—
	百西村	父老会的成员进行协商	各个方面	各个家族长辈商量	宗祠开会商议

续表

省份	村名	主体	内容	规则	方式
广西	枧村	有权威的族长和房头	社会救济、纠纷的协商等	要尊重老人，帮助困难者	主要是和谐调解
台湾	鹿村	有威望的长者	财产纠纷、道路和水利的使用	—	主要是和谐调解

（二）家族权威下的公共协商形态

从治理方式来看，比较七大区域的村庄治理方式可以得出的结论是，村庄中的治理方式表现为权威调控或威望管制下的公共协商。在中国传统社会中，民众具有普遍的"厌讼"情绪，并且这是一种主流的社会态度，苏东坡就曾说过"读书万卷不读律"。这种情况在七大区域村庄深度调查中也有明显体现，调研显示在1949年之前，在30个样本村庄中超过九成的村庄村民表示不愿意或不会通过诉讼的方式解决纠纷。

梳理七个区域村庄通过协商方式进行治理的事务与通过权威或威望方式进行治理的事务，可以发现有以下区别。一方面，总体上需要通过协商来进行治理的事务主要集中在有关村庄共同体整体利益的公共事务上，这类事务涉及的村民较多，为减少分歧，尽可能达成一致性的决定，需要多个权威主体或者全体村民或者村民代表进行协商。例如，在西南区域的村寨大会由村寨领袖主持召开，各户家长参与，是处置违反村规行为、商议土地和山林分配方案，以及商量举行重大祭祀的最高协商会议，村寨大会形成的结果具有至高无上性，所有人必须服从；云南怒江民族村寨就围绕血缘、权力两个变量形成了由族长等权威人物牵头的威望型协商形态。[①] 而另一方面，由权威或威望主体直接进行调控和管制的事务主要是涉及少数村民的、相对私域的事情，例如家庭内部、邻里之间的矛盾纠纷等（见表1-3）。

---

① 参见解惠强《威望性协商：封闭型村寨的治理逻辑——基于云南怒江尤登白族村寨的个案研究》，博士学位论文，华中师范大学，2021年。

因此，在传统时期的乡村社会存在的治理方式是协商治理与权威治理的一种混合物，既不能认为在村庄中权威主体的权力是不受限制的，也不能认为传统村落社会中的协商是和现代所说的协商民主是一个概念。需要看到，在村庄的协商治理中，参与主体是有限的，并非所有村民均能参与进来，通常情况下妇女和未成年人是被排除在外的，甚至在一些情况中协商范围仅限于村庄中的数个权威主体，普通村民难以参与。在传统村庄治理中，协商什么、哪些事情需要协商是由村庄权威主体决定的，从这一点上说也与现代协商民主是不同的。

表1-3　　　　　　　权威调控与公共协商混合的家族治理

区域	治理方式	适用事务
华南	权威调控	家庭矛盾调解等
	公共协商	祠堂祭祀等家族公共事务
长江	权威调控	邻里纠纷等
	公共协商	村庄公共事务
黄河	权威管制	对土地买卖合约进行公证等
	公共协商	维护村庄安全、抵抗土匪等
西南	威望调解	田土所有权纠纷、婚姻纠纷等
	公共协商	土地、山林等村庄公共资源的分配等
西北	权威调控	牧民内部纠纷等
	公共协商	牧场争端、劳役摊派等
东南	威望调解	土地边界纠纷、用水纠纷等
	公共协商	村庄公共安全、祭祀等
东北	权威管制	邻里纠纷等
	公共协商	公共设施修建维护等

四　传统与现代协商空间的家国转换

基于近代中国七大区域的田野调查呈现的各具特色又相互联结的村庄协

商实践表明，近代以来的协商传统有着深厚的乡土积淀，对于近代国家的建构过程而言，这些乡土积淀中的家族传统为国家层面的协商制度建设找寻到了传统的根基。而在此过程中，协商制度的国家建构也从乡土社会的宗族与权威秩序向现代性的协商民主制度发生了转换。

协商制度的国家建构最早可以追溯到建党早期，如 1924 年和 1937 年的两次国共合作，以及 1941 年抗日根据地的"三三制"等是建党以来我国协商民主的早期萌芽和雏形；而 1946 年的"旧政协"和 1948 年的"五一口号"为建立正式协商制度奠定了基础。1949 年 9 月 21 日，中国人民政治协商会议第一届全体会议召开确立了中国特色政治协商制度和协商民主形式。

中华人民共和国成立 70 年多来协商民主大致经过了五个发展阶段：第一，中华人民共和国初期至 60 年代中期的初创形成阶段，是政协制度确立、民主协商建国、代行人大职权、双轨民主互动和协商功能初显的时期；第二，60 年代中期至 70 年代中期的曲折前进阶段，是政协制度受损、协商趋于停滞、民主遭到破坏的时期；第三，改革开放之初至 90 年代末期的重建完善阶段，是政协制度重建、职能任务明确、合作方针确立、性质作用入宪、社会协商初建的时期；第四，90 年代末至 21 世纪初的快速发展阶段，是纳入基本制度、修宪确定地位、确认两种民主、制定政策制度、提供理论基础的时期；第五，党的十八大至今的优化成熟阶段，是确认协商民主概念、确立协商民主制度、构建协商民主体系、推进广泛多层制度化发展、形成系列政策理论的时期。

进入新世纪尤其是党的十八大以后，我国协商民主理论与实践趋于完善和成熟，党的十八大提出，在发展我国社会主义民主政治的进程中，要完善协商民主制度和工作机制，推进协商民主广泛多层制度化发展。党的十八届三中全会强调，在党的领导下，以经济社会发展重大问题和涉及群众切身利益的实际问题为内容，在全社会开展广泛协商，坚持协商于决策之前和决策实施之中。[①] 党的十九大报告指出："发挥社会主义协商民主重要作用。有事好商量，众人的事情由众人商量，是人民民主的真谛。"同时，也强调协商民主是实现党的领导的重要方式，是我国社会主义民主政治的特有形式和独特优势。要推动协商民主广泛、多层、制度化发展，统筹推进包括基层协商在

---

① 习近平：《推进协商民主广泛多层制度化发展》，载《习近平谈治国理政》（第二卷），外文出版社 2017 年版，第 291—298 页。

内的"七大协商"。① 党的十九届四中全会再次提出"丰富有事好商量、众人的事情由众人商量的制度化实践",强调坚持社会主义协商民主的独特优势,统筹推进"七大协商",构建程序合理、环节完整的协商民主体系,完善协商于决策之前和决策实施之中的落实机制。② 党的十九届五中全会强调"完善基层民主协商制度"和"发挥社会主义协商民主独特优势"。③ 党的十九届六中全会则全面总结了新时代"推进社会主义协商民主广泛多层制度化发展,形成中国特色协商民主体系"的历史性成就。

此外,2015 年以来中央还印发了《关于加强社会主义协商民主建设的意见》等系列的协商民主制度,包括《关于加强城乡社区协商的意见》,其对协商内容、协商主体、协商形式、协商程序、协商成果等都进行了规划和部署,我国基层社区的协商议事实践蓬勃发展。例如,2015 年,中央层面专门组织力量选编了 77 个基层协商民主典型案例;④ 2018 年,民政部推进全国首批农村社区治理试验区建设,其中最为重要的考核就是协商议事实验,已形成了党领群议⑤、片区协商⑥、包容性协商⑦、高质量协商⑧、引领式协商⑨、协商能力阶梯⑩等协商经验或模式。2019 年,民政部推广了全

---

① 习近平:《决胜全面建成小康社会 夺取新时代中国特色社会主义伟大胜利——在中国共产党第十九次全国代表大会上的报告》,载《党的十九大报告学习辅导百问》,党建读物出版社、学习出版社 2017 年版,第 30 页。
② 《〈中共中央关于坚持和完善中国特色社会主义制度、推进国家治理体系和治理能力现代化若干重大问题的决定〉辅导读本》,人民出版社 2019 年版,第 12 页。
③ 参见《党的十九届五中全会〈建议〉学习辅导百问》,党建读物出版社、学习出版社 2020 年版,第 41、45 页。
④ 《基层协商民主典型案例选编》,人民出版社 2015 年版。
⑤ 张大维:《党领群议:协商系统中社区治理的引领式协商——以天长市"1 + N + X"社区协商实验为例》,《中州学刊》2020 年第 10 期。
⑥ 张大维、解惠强:《片区协商:超越村组的社区议事单元及其系统运行——基于协商系统理论的农田改造考察》,《广西大学学报》(哲学社会科学版) 2021 年第 3 期。
⑦ 张大维:《包容性协商:中国社区的协商系统模式与有效治理趋向——以天长市"11355"社区协商共治机制为例》,《行政论坛》2021 年第 1 期。
⑧ 张大维:《社区治理中协商系统的条件、类型与质量辨识——基于 6 个社区协商实验案例的比较》,《探索》2020 年第 6 期。
⑨ 张大维、赵益晨:《引领式协商:协商系统理论下党领导自治的新发展——以广西宜州木寨村为例》,《湖湘论坛》2021 年第 5 期。
⑩ 张大维、张航:《农民协商能力与农村社区协商系统质量关系研究——基于乡村建设行动中三个农村社区协商实验的比较》,《中州学刊》2021 年第 11 期。

国 100 个优秀社区工作法。其中，有大量协商民主方面的典型实践创新案例。以北京市为例，其入选的 5 个优秀社区工作法中，就有 4 个以协商民主为主题。分别为：东城区前门街道草厂社区协商共治"五民"群众工作法、东城区龙潭街道夕照寺社区"小巷管家"社区协商治理工作法、西城区大栅栏街道大安澜营社区"五个一"民生参与式协商工作法、朝阳区大屯街道亚运新新家园社区 136 多元协商共治工作法等。2020 年，民政部确定于 2021 年和 2022 年分两批指导 1000 个左右的行政村试点开展村级议事协商创新实验。2021 年 12 月，民政部发文正式确认了 497 个单位为首批全国村级议事协商创新实验试点单位。

尽管我国的协商实践了从乡土社会的家族传统向现代国家的协商制度发生的重大的历史变迁，然而我国在对协商的深度研究上看还相对有所欠缺，在现代协商民主实践层面还有局限。国际上关于协商的实践运用和科学研究范围已拓展得很广，几乎涉及了日常生活的方方面面。例如，2008 年约翰·加斯提尔（John Gastil）在《政治沟通与协商》一书中，分九章研究了民主与协商、协商与对话（讨论）、中介协商与公共观点、协商选举、政府协商、法院协商、协商会议、社区（社会）协商、国际协商等，并且在最后一章总结并提出构建一个"趋向一个协商民主"的社会。[①] 2015 年，帕特里克·海勒、维贾耶德拉·拉奥（Vijayendra Rao）编著的《协商与发展：重新思考声音和集体行动在不平等社会中的作用》一书中，则提出了协商与发展的关联命题，将以往相对独立的协商民主和发展研究领域进行了勾连，认为要重新认识协商在发展中的关键作用，指出协商以多种形式存在于政策设计和政治生活的方方面面，汇集了十余位学者分别对经济谈判、参与预算、乡村协商、情感协商、协商政策、技术协商、知识传递、全球治理等协商实践的研究。就连曾经提出"找回国家"的彼得·埃文斯（Peter Evans）也进一步提出"将协商带入发展型国家"作为其中的一章，而获得 2018 年被誉为政治学诺贝尔奖的"斯凯特奖"的曼斯布里奇则直接提出需要用"最小限制来定义协商"并用一个章节来阐释协商在当今社会的无处不在，从而进一步丰富了其提出的

---

① 参见 John Gastil, *Political Communication and Deliberation*, Thousand Oaks: SAGE Publications, 2008。

"协商系统"观。①

近来协商甚至还用到了协商教学、协商教育、协商课堂之中，② 而且还直接形成了比较成熟的协商教学法。③ 而在最新的《牛津协商民主手册》中，协商民主则渗入更广的领域中被研究，包括协商民主的源流、理论、方法、实践和反思，以及在不同领域、国家和区域的运用分析，涵盖了政治学、管理学、经济学、心理学、社会学、教育学、法学，甚至广义科学等大量交叉学科，涉及协商与认知、正义、平等、代表、投票、参与、多元文化、社会选择、比较民主、沟通传播、框架分析、政策分析、规划发展、国际关系等近六十个专题。④ 这些范畴既预示了协商的广阔空间，启发了我们必须找回协商，也为中国发展协商提供了借鉴，但未必都能适用中国的国情，中国需要寻找自己独特的协商民主之路。

五 结论：于家国历史之维找回协商

于家国历史之维找回协商，既是对中国传统协商实践的脉络梳理，也对当下我国协商理论发展和实践创新提供了借鉴和参考。本章基于对协商理论和实践的全面追溯和整理，重新回顾了协商的定义及其优势，明晰了中西协商的历史传统和发展历程，并立足全国七大区域的深度农村调查挖掘并发现了中国传统的以宗族和权威为基础，以商量为主要方式的传统协商形态。并通过历史展现了传统与现代协商空间中的家国转换过程，发现了家国之间、中西之间、古今之间协商形式的差异与联结。由此得出以下结论。

第一，找回协商需扎根中华民族的家国传统开展理论对话与转化。对于

---

① Patrick Heller and Vijayendra Rao, *Deliberation and Development: Rethinking the Role of Voice and Collective Action in Unequal Societies*, Washington, DC: World Bank Publications, 2015, pp. 1–235.

② 参见 Stacie Molnar-Main, *Deliberation in the Classroom: Fostering Critical Thinking, Community, and Citizenship in Schools*, Dayton: Kettering Foundation Press, 2017。

③ 参见 Timothy J. Shaffer, Nicholas V. Longo, Idit Manosevitch and Maxine S. Thomas, *Deliberative Pedagogy: Teaching and Learning for Democratic Engagement*, Lansing: Michigan State University Press, 2017。

④ 参见 André Bächtiger, John S. Dryzek, Jane Mansbridge and Mark E. Warren, *The Oxford Handbook of Deliberative Democracy*, Oxford: Oxford University Press, 2018, pp. 35–912。

协商概念的陌生感来源于对这一概念源头的陌生。从前述分析不难发现，协商之于中国并非无源之水，无本之木，相反有着厚重无比的历史根基与文化底蕴。因此，找回协商必须首先扎根中华民族自身的家国传统文化，开展对话与转化，将协商的惯习称呼与现代概念相衔接，既要挖掘和发展传统非正式的家族治理层面的协商，拓展为社会领域的广泛协商；又要吸纳传承并转化成为正式的现代国家治理范畴的协商，拓展政党协商、人大协商、政府协商、政协协商、人民团体协商、基层协商以及社会组织协商等协商制度。逐步褪去协商的陌生感，强化中国本土的协商理论建构，形成中国特色协商民主体系，积极发展全过程人民民主。

第二，找回协商应给予协商本土研究更多的包容性和关切度。从前文分析可知，对协商概念的界定在西方也经历了较为漫长的过程，且随着学术研究的不断深入，国外学者对协商认知过程也发生着不同程度的变化。因此，对于协商这一概念的研究应给予更多包容性，尤其是对于立足本土历史传统的协商研究，应给予协商这一概念较为宽泛的最大公约数，才能将更多的传统治理资源充分挖掘出来，不断丰富中国特色协商民主体系的内涵。对中西协商的差别要给予更多的关注度，切不可被西方牵着鼻子走，要建构自身的协商民主理论。

第三，找回协商不仅是借鉴国外理论议题，还要更多立足本土实践和挖掘中国特色。从上文阐释可发现，相较于国外的协商研究，国内目前还较为薄弱，在理论创新和实践层面上的突破性进展还没有完全展示出来。中国的协商治理研究尽管还需瞄准国际前沿理论和议题的对话，但仍然必须立足本土实践，在历史中挖掘更多宝贵的协商传统和资源，转换并应用于现代的协商民主实践中来，才能有更具中国本土特色的协商理论和实践创新。

第四，找回协商还需要立足更多传统协商形态的历史挖掘与融合发展。由上述研究表明，协商的乡土实践绝非寥寥无几，而是有着深厚的历史传统和文化底蕴。因此，要找回协商仍需要更多学者参与到传统协商形态的历史挖掘与探索中来，不断丰富并加深学界对于中国传统协商形态的认识与把握，才能树立起更强的理论自信，与西方协商理论开展对话与交流，展现中国协商实践的特色与价值。从中国商量形态的历史底色中挖掘延续，在比较鉴别中彰显中国特色协商民主体系，而不是照抄照搬他国协商形式。这些协商文化基础，融入中国社会主义制度下的人民民主实践，将形成有事好商量、众人的事情由众人商量的局面，诠释人民民主的真谛。①

---

① 《党的十九届六中全会〈决议〉学习辅导百问》，党建读物出版社、学习出版社 2021 年版，第 249 页。

第二篇

辨识协商：协商质量

第二章

社区治理中协商系统的条件、类型与质量辨识[①]

一 超越协商窄化泛化困境与何谓好的协商

协商民主理论在西方兴起后，大约形成了四个代际。第一代关注规范框架，第二代关注实践经验，第三代关注制度设计，第四代关注系统方法。1999年，曼斯布里奇从日常谈话的视角提出了"协商系统"概念[②]，之后协商系统理论逐步兴起。2010年，德雷泽克概括了协商民主的四个转向，即制度转向、实践转向、经验转向和系统转向[③]。随后协商系统理论成为协商民主的重要生长点。2018年以来国际上对协商民主的限度和协商系统的优势进行了再讨论，尤其是巴赫泰格和帕金森的新著《绘制与测量协商：趋向一种新的协商质量》深入探讨了协商系统的条件和质量。

协商系统作为协商民主理论最新一代的标识，缘于协商民主的既有限度和窄化困境。所谓"协商民主窄化"，是以为协商民主的适用范围、实现形式、参与主体等非常有限，将协商民主限定在单一场所、小众主体、特定事

[①] 本章以《社区治理中协商系统的条件、类型与质量辨识——基于6个社区协商实验案例的比较》为题，发表于《探索》2020年第6期。

[②] 参见 Mansbridge J., "Everyday Talk in Deliberative Systems", in Macedo S. ed., *Deliberative Politics: Essays on Democracy and Disagreement*, Oxford: Oxford University Press, 1999, p.212。

[③] 参见 Dryzek J. S. and Niemeyer S., *Foundations and Frontiers of Deliberative Governance*, Oxford: Oxford University Press, 2010, pp.6–10。

件、有限公开等制度化正式范畴，体现出小规模、微观面、狭窄化、正式性等特点。微型协商观忽视了主体的知识限度、代表缺陷，也没有看到协商方法具有的广阔空间①，以至于出现了对大规模协商系统理论的呼吁②。

一方面，协商民主窄化体现在构成协商的条件视角。2018年《牛津协商民主手册》一书对协商系统理论进行了全面总结，指出不仅要关注整个系统的特定组成部分，还要关注整个系统的协商要素，尤其是了解协商的场所和种类是如何受到环境的支持和限制的。帕金森、博斯韦尔（Boswell）、内布洛（Neblo）和怀特（White）等人还阐释了协商系统的定义区隔、场所媒介、网络治理等条件要素③。2019年《科学》（Science）杂志发表的《民主的危机与协商的科学》一文提出，协商民主不仅需要有面对面场所、小众主体、微观具体的正式协商，还需要超越时空、大众主体、宏观广泛的非正式协商，二者都归属协商系统。而且进一步提出，要确保协商质量就需要关注协商系统，其重大改进就是拓展时间、地点、主体，使协商更加体现多样性、分散性和包容性④。

另一方面，协商民主窄化体现在提升协商的质量视角。协商系统理论产生以前，提高协商民主质量的研究主要有两个策略：一是集中讨论各种立法机构的协商以及产生其成员的活动；二是涉及小型协商倡议的设计、传播和授权，公民可以在相对有利的条件下进行协商。然而，这两种策略都只关注单个场所，而没有关注更大系统中场所之间的相互依赖性。如汤普森所说，大多数协商民主的实证研究都集中于"一次性的小组讨论，或同一小组或类型机构的连续系列讨论"⑤。协商民主的这种缺陷，受到了一些批判。亚琛

---

① 参见 Gunn P., Deliberative Democracy and the Systemic Turn: Reply to Kuyper, *Critical Review*, No. 1, 2017, pp. 88–119。

② 参见 Barvos E., *Deliberative Democracy Now: LGBT Equality and the Emergence of Large-Scale Deliberative Systems*, New York: Cambridge University Press, 2018, pp. 40–41。

③ 参见 Bächtiger A., Dryzek J. S., Mansbridge J., et al., *The Oxford Handbook of Deliberative Democracy*, Oxford: Oxford University Press, 2018, pp. 407–460。

④ 参见 Dryzek J. S., Bächtiger A. and Chambers S., "The Crisis of Democracy and the Science of Deliberation: Citizens can Avoid Polarization and Make Sound Decisions", *Science*, No. 6432, 2019, pp. 1144–1146。

⑤ 参见 Thompson D., "Deliberative Democratic Theory and Empirical Political Science", *Annual Review of Political Science*, No. 11, 2008, pp. 497–520。

(Achen)和巴特尔斯(Bartels)在《现实主义者的民主：为什么选举没有产生回应性政府》一书中声称已有30年的协商民主理论与"在全国范围内理解民主政治"无关①。夏皮罗(Shapiro)则指责协商民主逃离了现实世界②。基于此，协商民主在近十年来更倾向于超越传统小范围模式，发展大规模范式，开始提倡采用系统方法来解决协商民主问题，尤其是从帕森斯系统论的角度去建构协商系统理论，提高协商质量③。

总体来看，协商民主研究围绕条件和质量展开的争论主要有两种路径：一是小规模、具体的、零散性、微观层面的协商，其秉承协商传统，但在新形势下窄化了协商的范围，从而促使协商系统理论产生；二是大规模、广泛的、系统性、宏观层面的协商，其适应现代政治发展，但是处理不好有泛化协商的风险，即认为万事皆协商和协商皆万能，这就迫切要明确协商系统的边界。协商系统解决了协商民主的窄化问题，强调协商的多样性、包容性，但并不是没有标准，不能将协商泛化。也就是说，协商民主的范畴既不能窄化也不能泛化。在中国许多地方的协商民主实践中，首先是还没有跨过窄化困境，社区协商议事还局限在非常有限的空间、形式、主题和主体等范畴；同时也存在缺乏协商系统理论指导的泛化倾向，如将"四议两公开"等同于成熟协商，认为随意开个会就是有效协商等；常常对社区协商不知所措，对于协商的条件要素和质量水平等还缺乏正确辨识。而当前协商系统研究还主要集中在国外，虽然有学者开始将其引入中国，但才刚起步，仅有的几篇文献主要从协商系统理论的功能优势视角阐释了协商系统对协商和民主张力的调和④、对协商民主的完善和发展⑤，以及初步介绍了协商系统的要素运行⑥、

---

① 参见 Christopher A. and Bartels L., *Democracy for Realists: Why Elections do not Produce Responsive Government*, Princeton: Princeton University Press, 2016, p. 2。
② 参见 Shapiro I., "Collusion in Restraint of Democracy: Against Political Deliberation", *Daedalus*, No. 3, 2017, pp. 77–84。
③ 参见 Bächtiger A. and Parkinson J., *Mapping and Measuring Deliberation: Towards a New Deliberative Quality*, Oxford: Oxford University Press, 2019, p. 154。
④ 王宇环：《在协商与民主之间——协商系统理论对两者张力的调和》，《河南师范大学学报》（哲学社会科学版）2017年第1期。
⑤ 张继亮：《发展和完善协商民主——基于协商系统理论的启示》，《南京社会科学》2018年第8期。
⑥ 张继亮：《协商的系统化：构成要素、运行机制及其限度》，《天津社会科学》2018年第6期。

协商系统的场所类型①、协商系统的兴起主题②。这些研究无疑是有益的，但遗憾的是国内外都还缺乏对中国协商系统的经验分析和实证研究，更未对社区协商系统的条件和质量标准进行探讨。基于此，一个成熟的社区协商系统应该具备哪些条件，其类型和质量怎样辨识便是本章的问题意识。

二　协商系统理论及其要素条件与质量标准

这里所指的协商系统既是协商民主的最新理论，也是协商民主的实践形态。从理论范畴上讲，它是协商民主理论的深化发展，是由内涵外延、边界区隔、主要功能、组成要素、识别标准、核心主题、分析框架、方式方法等构成的理论体系。从实践形态上讲，它是具体协商要素构成的系统，是由既相对独立又相互依存的要素组成的协商民主复杂整体，不仅内含正式协商，也包含非正式协商；既可以从过程—事件（议题）的视角来看待协商的要件，也可以从程序—制度（规则）的视角来评判协商的质量。在城乡社区中，协商系统便是居民协商议事要件的环境背景及其有效组合的体系，是广泛多层多元的协商要素构成及其呈现的协商民主场景，其要素完备与否和质量高低直接影响着社区治理的绩效。要辨识社区治理中协商系统的条件要素、类型和质量水准，首先要理解国际上作为协商民主最新发展的协商系统观，以及在此基础上形成的多类型的协商系统构成要件及其质量标准。

（一）作为协商民主最新发展的协商系统

曼斯布里奇等人从功能主义视角最早给协商系统进行了定义，认为协商系统是指一组可区分的但在某种程度上相互依存的部分，通常具有议事分散和劳动分工功能，以某种方式连接起来形成一个复杂的整体。他进一步指出，协商系统是一个包括以谈话为基础的方法，通过争论、演示、表达和说服等解决政治冲突和社会矛盾等问题。在一个好的协商系统中说服应该取代压制、强迫和忽视。我们不仅要问，在一般和特定的情况下什么是好的协商，而且

---

① 佟德志、程香丽：《基于协商场所的西方协商系统要素研究》，《浙江学刊》2019年第3期。
② 佟德志、程香丽：《当代西方协商系统理论的兴起与主题》，《国外社会科学》2019年第1期。

还要问，一个好的协商系统需要什么条件以及意味着什么①。

协商系统的条件要素不是机械的，并不要求每个系统组成部分都有一个功能，或者每个组成部分都相互依存。在一个协商系统中同一功能可能分布在各个子系统之间，决策和合法性的全部负担并不落在一个论坛或机构身上，而是根据不同情况在不同组成部分之间分配。协商系统是动态而不是静态的，一个功能强大的协商系统在交互中可能会产生不一致或潜在的冗余，当一个部分未能发挥重要作用时，另一个部分可以随时间的推移填补或演变。

之所以说协商系统是协商民主理论的新标识，很重要的原因是它在提升协商质量上的优势。曼斯布里奇等 8 位协商民主研究的领军人物指出：协商系统，一是具有超越微观的宏观规模，二是拥有构成组件的分工互补，三是可以引入背景的综合考量②。巴赫泰格和帕金森在新著中进一步阐释了其宏观视角的开放性、系统方法的桥连性、空间形式的包容性等优势③。帕金森曾举例说明适用于具体政策的协商系统，阐释微观协商和宏观协商都具有重要作用④。协商系统不仅考虑到特定的论坛或创新机制，而且也考虑到该论坛或创新机制在更大的协商系统中的作用，使我们能够在更大的群体和级别中衡量其民主弱点和长处。因此，协商系统还可以放在"协商生态学"的理论视野中审视，因为不同的背景有助于从不同途径获取信息，并产生不同形式的协商。

协商系统被国际学界广泛关注，还在于其独到的功能和包容性特点。曼斯布里奇等人指出，协商系统主要有认知功能、伦理功能和民主功能等。古特曼和汤普森从协商特性意义上提出协商系统具有互惠性、公共性、问责制特性⑤；史密斯（Smith）则进一步提出其还具有的反思性、尊重性、对话性

---

① 参见 Parkinson J. and Mansbridge J., *Deliberative Systems: Deliberative Democracy at the Large Scale*, New York: Cambridge University Press, 2012, pp. 4 – 5。

② 参见 Parkinson J. and Mansbridge J., *Deliberative Systems: Deliberative Democracy at the Large Scale*, New York: Cambridge University Press, 2012, pp. 2 – 3。

③ 参见 Bächtiger A. and Parkinson J., *Mapping and Measuring Deliberation: Towards a New Deliberative quality*, Oxford: Oxford University Press, 2019, pp. 82 – 103。

④ 参见 Parkinson J., *Deliberating in the Real World: Problems of Legitimacy in Deliberative Democracy*, Oxford: Oxford University Press, 2006, pp. 44 – 177。

⑤ 参见 Gutmann A. and Thompson D., *Why Deliberative Democracy?*, Princeton: Princeton University Press, 2004, p. 13。

特质①。这些功能特点决定了协商民主理论的系统性转向扩大了协商领域的视野，从审视论坛中分散的协商时刻扩大到更广泛地了解构成协商民主的各个组成部分。如妮可·库拉托（Nicole Curato）等人在《协商民主的权力：规范、论坛与系统》一书中探讨协商民主中的权力时所说的，讨论作为一个规范、经验和项目的系统转向，可以从多个维度欣赏协商民主在不同话语情境下的运作。

（二）协商系统的要素条件及其质量标准

为避免窄化协商民主，协商系统趋向更加包容。但协商系统又不是无所不包的，它具有一定的要素条件和质量标准。曼斯布里奇等人表达的系统观点在提升协商质量的各种进程方面呈现了更加开放的立场，随后又逐步提出了规范性要素，这些要素不仅是独立的，也是关联的。一方面，协商系统的要素具有独立性。萨沃德（Saward）曾在 2014 年提出协商要素把握不好会变形，林戴尔（Lindell）等人在 2017 年也提出系统要素特征会影响协商质量，帕金森在 2018 年又进一步提出系统要素处理得不好会形成"变形协商"②。由此可见，要素条件发挥着各自独特的功能。另一方面，协商系统的要素也有关联性。协商系统可以由不能同时满足所有协商标准的部分组成，而不是仅仅扣住每个部分都有协商特征。也就是说，如果把协商质量看作终极性目标，那么一种由给定系统生成的质量就不仅仅是由进入系统的单个要素决定，其组成部分也可能会影响协商质量。这种协商质量会有高低差异，从而形成了不同的协商类型。

识别和判断是否构成协商以及协商系统，从不同的视角有不同的标准，已有研究总体上有八种维度的分类：一是费什金从质量高低视角提出的协商系统五要素；二是德雷泽克从组成部分视角提出的协商系统六要素；三是巴赫泰格和帕金森从特征表现视角提出的协商系统六要素；四是曼斯布里奇等人从功能实现视角提出的协商系统三要素；五是帕金森从系统构成视角提出

---

① 参见 Smith W., "The Boundaries of a Deliberative System: The Case of Disruptive Protest", *Critical Policy Studies*, No. 2, 2016, pp. 152 – 170。

② 参见 Parkinson J., "Deliberative Systems", in Bächtiger A., DryzeK J. S., Mansbridge J., et al. eds., *The Oxford Handbook of Deliberative Democracy*, Oxford: Oxford University Press, 2018, pp. 440 – 441。

的协商系统三要素；六是内布洛和怀特从沟通回应视角提出的协商系统四要素；七是埃德温娜从规模范围视角提出的协商系统三要素；八是库拉托从政治变革视角提出的协商系统三要素（见表2-1）。

表2-1　　　　　　　　学界关于协商系统的要素条件分类

序号	代表者	识别视角	时间	要素条件
1	费什金	质量高低	2009/2018	五要素：信息、实质性平衡、多样性、自觉性、公平考量
2	德雷泽克	组成部分	2010/2019	六要素：公共空间、授权空间、传播、问责制、元协商、决定力
3	巴赫泰格、帕金森	特征表现	2010/2019	六要素：协商主体、协商场所、协商实体、传播过程、转化过程、执行过程
4	曼斯布里奇等	功能实现	2012	三要素：专家、压力和抗议、政治媒介
5	帕金森	系统构成	2018	三要素：尝试构想和促进大规模协商、系统内的劳动分工被日益重视、引入连续的标准协商制度和程序
6	内布洛、怀特	沟通回应	2018	四要素：感知性、可译性、接受性、灵活性
7	埃德温娜	规模范围	2018	三要素：多样性、内在性、整体性
8	库拉托	政治变革	2019	三要素：公众监督机构、政党协商、走向协商的媒体

这些学者是当今国际上协商民主和协商系统研究的重要代表，具有较大影响力。这些视角在实践中也有不同程度的运用。例如，笔者以德雷泽克关于协商系统六要素为对话基础，结合中国社区实践"将政党视角带入群众议事"的独特性建构了"引领式协商"模式；以巴赫泰格等关于协商系统六要素为讨论对象，结合中国社区实践的"超越西方的包容"协商实践的特点，提出了"包容性协商"范式[①]。

---

① 张大维：《党领群议：协商系统中社区治理的引领式协商——以天长市"1+N+X"社区协商实验为例》，《中州学刊》2020年第10期。

尽管协商系统的要素条件多样，但要明晰协商类型，还得关注协商质量。这既是协商民主的根本性问题，也是国际讨论最多的学术性话题。关于辨识协商质量的五要素，是费什金于2009年首次在《倾听民意：协商民主与公众咨询》一书中提出，又于近年在《人民思考时的民主通过公共协商振兴我们的政治》一书中进行了完善。费什金指出，是否高标准实现这五个要素条件是协商民主与普通对话的区别标准。这实际上指出了高质量的协商系统是有一定门槛的。协商民主的质量可以从五个要素条件来加以测量：一是信息，即参与者能接触到他们认为与议题相关的准确信息的程度；二是实质性平衡，即一方或一个视角的论点被持不同视角的人考虑并回应的程度；三是多样性，即参与讨论的人员对公众主要观点的代表程度；四是自觉性，即参与者对不同观点优劣的权衡程度；五是公平考量，即所有不同身份参与者提出观点的价值获得考虑的程度[①]。这五个要素条件结合在一起构成了协商议事和公众意志形成的过程。如果五个要素中任何一个条件未被满足，就有可能无法达成协商结果。例如，缺少参与者认为与之相关的信息或提供错误的信息，可能会导致协商偏离商议主题和正确方向；参与者提出的观点没有得到及时有效的回应，那么这种不均衡会使讨论变得不科学；如果参与者对议题的考虑并非针对其自身的价值，而是因为其他原因而作出决定，或者如果因为不平等使一部分声音享有特权的同时贬低另一部分声音，以致这部分参与者不能有效参与论证，那么协商也会偏离正轨[②]。协商系统中协商议事所要具备的五个要素条件也表现出相应的特点，分别为信息性、平衡性、多样性、自觉性和公开性，这些特性的体现程度不同会形成不同的协商类型，从而决定协商质量的高低。

三　社区治理实验中协商系统运用的案例分析

根据协商系统的界定、要件及特征看，中国城乡社区存在协商系统的实

[①] 参见 Fishkin J. S., *When the People Speak: Deliberative Democracy and Public Consultation*, Oxford: Oxford University Press, 2009, pp. 33-43。

[②] 参见 Fishkin J. S., *When the People Speak: Deliberative Democracy and Public Consultation*, Oxford: Oxford University Press, 2009, pp. 42-43。

践。2017年12月，安徽省天长市被民政部确定为全国首批48个农村社区治理实验区之一（其中5个以"社区协商"为主题），期限3年，具体主题是"建立党建引领、多方参与、协商共治的农村社区治理机制"。2019年12月，天长市又被农业农村部等7部委确定为全国115个乡村治理试点单位之一。天长市下辖16个镇街，共151个行政村（农村社区）和23个城市社区，2018年先在15个镇街16个村（社区）开展社区协商试点，2019年推广到全市城乡社区，2020年已进入总结提炼阶段。

天长市社区协商实验主要通过"11355"的协商共治系统来实现。即构建一个协商组织、一套协商目录、三级协商网络、五步协商环节和五张协商清单的体系，实行系统性制度化社区协商治理。第一，组建一个协商组织，即组建"1+N+X"协商委员会，确定协商议事主体。"1"是党组织书记及其他"两委"成员；"N"是村/居民代表和有一定口碑与议事能力的乡贤能人等七类人员；"X"是利益相关者。与此同时，制定相关制度章程和议事流程，明确协商委员会的组成方式和议事规则。第二，建立一套协商目录，即建立社区协商共治目录库，梳理协商议事参考主题，明确社区哪些内容需要协商，根据各社区实际进行适当分类。第三，构建三级协商网络，即构建镇街、社区和村/居民小组等三级协商网络，明确协商层面。其中，重点是社区及其以下的协商；社区以下，搭建次级协商组织网格，由各社区根据实际确定是以村组还是以片区等为单位协商；镇街层面，跨村协商由镇街党委、政府等上级单位、技术部门、第三方等参与并回应相关政策。第四，执行五步协商环节，即执行协商议事的议题采集、议题交办、议题办理、结果公示、成果评议五个步骤。第五，形成五张协商清单，即形成与五步环节各自对应的办结清单。五步环节和五张清单，简称"五步五单"。以上要素及其相应的配套环境，形成了社区协商系统。

协商系统在天长市城乡社区协商中的运用是从"国家级"社区协商实验开始的，大致经历三种类型。首先，社区协商实验之前和初期，针对一些生活事项的协商带有一定的强制性，后逐步转向动员性和自主性协商。这以大通镇BX村的移民搬迁协商、新街镇XJ村的环卫费用协商为代表。其次，社区协商实验推广期针对一些规约事项的协商带有一定的动员性，后逐渐转为自主性协商。这以张浦镇PA社区的居民公约协商、金集镇YX社区的红白喜事协商为代表。最后，社区协商实验成熟期针对一些服务事项的协商主要表现出自主性。这以石梁镇 SJ 社区的道路扩建协商、郑集镇 XY 社区的沟渠硬化协商为代表（见表 2-2）。

表 2-2　　　　　　天长市社区治理中协商系统运用案例

社区	协商议题	协商过程
大通镇 BX 村	移民搬迁	在协商实验实施前，新建移民项目方案主要由村主任决定，村"两委"干部随声附和，没有正式的协商程序和流程，也少有村民代表参加。在协商实验实施后，移民项目水泥路建设中涉及 6000 余元赔青费纠纷和路肩维护费矛盾，通过"1+N+X"架构组织协商，沿路村民自愿分担并在 3 个月就建成，解决了 130 户村民出行及午秋二季粮食外运问题。
新街镇 XJ 村	环卫费用	在协商实验实施前，卫生费收取由村主任提议，村委内部商定每户收取 40 元，群众不认可导致费用难收取，甚至还有拒缴。在协商实验实施后，借用"1+N+X"组织架构协商制订卫生费收取方案，根据居住情况每户收取 10 元至 40 元不等，2019 年卫生费一次收取完成。
张浦镇 PA 社区	居民公约	根据 2019 年天长市民政局、组织部等七部门印发《开展村规民约和居民公约"大体检"工作实施方案》设计居民公约（村规民约），修订为五个步骤，动员村民协商。后根据实际优化为八个步骤，其中第一步征集民意和第二步拟定草案运用"五步五单"组织协商，修订中至少要有 2 次村民会议 4 次修改，村民从动员协商转为主动协商。
金集镇 YX 社区	红白喜事	根据 2020 年天长市文明办、民政局印发《关于建立"一会一队一约"工作机制的指导意见》，动员设计红白理事会成立方案，协商确定会员不低于 50 人。后自主结合村情民俗，使用"五步五单"组织协商制定红白喜事办理标准：白事不超过 3 天，红事不超过 1 天，每桌酒席上限 500 元，非亲人员份子钱不高于 200 元。

续表

社区	协商议题	协商过程
石梁镇SJ社区	道路扩建	尹庄道路扩建过程中，所修道路涉及13户村民且户主意见不统一，导致有部分村民情绪激动阻工。开始协商陷入僵局后，启用"11355"协商系统，社区联系包组干部、村民组长、两名党员和村民代表及民间精英，带着新的协商方案上门与13位户主协商，促成组内矛盾解决。
郑集镇XY社区	沟渠硬化	高标准农田改造项目中，2019年年底浮山、祝庄、高庄三个村民小组提出沟渠硬化诉求，社区采用"11355"协商系统在高庄的村民家中召集协商。共邀各类村民14人，另有主持1人（书记）、记录1人（村干）、政府官员2人（农办主任、水利站长）、技术专家2人（律师、学者）参与政策解读，媒体1人监督。最后形成3套方案上报。

天长市的社区协商实验，虽没有提出"协商系统"的概念和理论，但从上文关于协商系统的内涵外延、要素特征、条件形式、过程事件、程序制度等来看，其实际运用的是协商系统的方法，达到了协商系统的效果。实验两年多来，其逐步形成了多元多层、广泛包容的社区协商系统，"遇事则协商，有事多协商"已经成为一种习惯和氛围。截至2020年年初，全市累计协商达3226起，成为全国社区协商的典范。实验的第二年开始，每个城乡社区每月至少都会有一起协商事项。由之促成社区治理变得更加有效，过去的多个"难点村"实现了"零上访"，"路边村头"的协商公示牌成为居民谈论的主话题，高标准农田改造中村民主动"迁坟"成为协商化解矛盾的典范，居民对协商议事的满意度总体达到了98%以上。如大通镇BX村原村委会主任所说，"有了协商，让群众参与议事，以前"两张皮"，现在一张皮，事情办得明白、透亮，以前干部动员群众做，现在因为群众提前参与了，群众就主动配合多了，不相干的费用，群众也会主动承担，出现矛盾也好沟通和理解了，民意顺了，事就好办了"。

四 社区协商系统的类型及质量辨识

协商系统理论的包容性特质决定了社区协商形式的多样性,这有利于我们将更宽广的城乡社区协商实践尤其是非正式的协商议事和对话交谈等纳入协商范畴,便于推广和完善广泛多层制度化协商。在城乡社区协商实践中需要多元系统化的发展,不仅包括正式协商,也包括非正式协商。以协商主题为例,既可以有公共管理类、公共服务类、基础设施类,也可以有乡风文明类、权益保护类、环境卫生类等类别。天长市2018年试点时各村(社区)协商范围主要局限于征地拆迁、修路造桥、老旧矛盾调解等。2019年从各村(社区)记录簿上统计,协商内容已拓展到村庄发展规划、集体资金使用、误工补贴发放、低保贫困帮扶、村规民约制定、环境整治、信访维稳、农田改造、抗旱排涝等多种类型。但是,如果从协商质量的"五要素"及其特征来看,只有具备五要素才真正符合协商民主和协商系统的条件,只有体现"五要素"的特征才能根据其程度来辨识协商类型和协商质量。

为了识别协商系统的类型,费什金区分了"强制性协商"和"动员式协商",并提出了达到最优的"协商均衡"概念,以表示同时实现审慎协商和政治平等两个价值目标,结合实践来看,其实质是一种自主性协商。与之相似,库拉托等人又提出"协商权"理论,认为协商系统旨在通过协商公民和集体的合理诉求,对抗强制性权力并将其转化为富有成效的形式,即从强制性权力转化为生产性权力[1],这实际上是从强制性协商到动员式协商,再到自主性协商的转变。如果嵌入协商系统的信息性、平衡性、多样性、自觉性、公平性等"五要素"特征,以及对应的接触程度、回应程度、代表程度、权衡程度、考虑程度等,就可以辨识三种协商类型及其总体协商质量(见表2-3)。

---

[1] 参见 Curaton, Hammond M. and Min J. B., *Power in Deliberative Democracy: Norms, Forums, Systems*, Switzerland: Palgrave Macmillan, 2019, pp. 45-46。

表 2-3　　　　　　　　　　社区协商系统的类型和质量

类型	信息性 接触程度	平衡性 回应程度	多样性 代表程度	自觉性 权衡程度	公平性 考虑程度	协商质量 总体程度
强制性协商	低	低	低	低	低	低
动员式协商	高	中	中	低	中	中
自主性协商	高	高	高	高	高	高

基于这些要件标准，可以对天长市社区协商系统的六个案例进行分项呈现和辨识比较。第一，无论是哪种议题的协商，都具备基本的"五要素"，只是体现多少和高低不一。例如，即使是社区协商实验以前，移民搬迁和环卫费用的协商质量较低，但也呈现了"五要素"的特征，只是程度显得不够。第二，社区协商实验前后，同一主题会有明显区别，并会随着实验的深化发生转变。协商实验前或初期，生活型协商的要素特征体现不明显，普遍带有强制性，如移民搬迁和环卫费用的协商属于强制性协商；规约型协商的要素特征体现较一般，总体带有动员性，如居民公约和红白喜事的协商属于动员式协商；但这四个案例在实验走向成熟后，又逐步提高协商程度，形成自主性协商。第三，新近出现的协商已呈现出多元要素特征均高的状况，表现为自主性协商类型以及较高的协商质量。例如，扩建道路和沟渠硬化的协商案例是在协商实验走向成熟后产生的，从一开始就具备较好的协商特质。当然，对社区治理中协商系统"五要素"特征的程度判断并不是绝对的，需要具体问题具体分析，随着不同的时段、议题和场景等变化，在每个要素特征上也会发生微弱变化，但总体上会表现出强制性协商的质量较低、动员式协商的质量中等、自主性协商的质量稍高的状态（见表 2-4）。这就需要我们正确认识协商议事的案例主题、发展阶段、要素特征，实时促成类型转换以提高协商质量。

表 2-4　　　　天长市社区协商系统案例的要素、类型及质量辨识

序号	协商案例	时段	信息性	平衡性	多样性	自觉性	公平性	类型	质量
1	移民搬迁	以前	低	低	低	低	低	强制性协商	低
		之后	高	高	高	高	高	自主性协商	高

续表

序号	协商案例	时段	信息性	平衡性	多样性	自觉性	公平性	类型	质量
2	环卫费用	以前	低	低	低	低	低	强制性协商	低
		之后	高	高	高	高	高	自主性协商	高
3	居民公约	前期	高	中	中	低	中	动员式协商	较高
		后期	高	高	高	高	高	自主性协商	高
4	红白喜事	前期	高	中	中	低	中	动员式协商	较高
		后期	高	高	高	高	高	自主性协商	高
5	扩建道路	当下	高	高	高	高	高	自主性协商	高
6	沟渠硬化	当下	高	高	高	高	高	自主性协商	高

五 小结与讨论

作为协商民主理论最新标识的协商系统理论应该值得政界和学界关注。通过对其内涵外延、要素条件、类型质量的阐释，并结合中国社区协商实践的分析发现，协商系统理论有助于我们开展、辨识和提升协商实效。在中央提出完善广泛多层制度化协商和发展城乡社区协商的背景下，我们要深刻理解和扬弃协商系统理论，并运用于社区治理实践。

第一，中国存在协商系统的基层社区实践，尽管这是无意识或没有明确提出协商系统概念和理论，但已经呈现出协商系统中一定的条件要素和质量效益。不仅如此，中国的社区协商系统实践更具有多样性、包容性、阶段性和转化性等特征，在一定程度上超越了既有协商系统理论。如果将中国的多元实践排斥在协商系统之外，将是不完整的理论，中国的协商经验不仅丰富了协商系统理论，也对国际上的协商系统理论进行了有益拓展。

第二，协商系统中的社区协商议事具有广泛性和包容性，只要积极去发现和组织协商，协商就会存在。如德雷泽克所说，只要把握了协商的基本要件，协商民主就是存在的，只是有程度上的差异。较高程度的协商特性会有更高的协商质量，从而产生更好的治理绩效。因此，发展协商民主第一步是要破除窄化协商的困境。例如，要放宽协商场所，协商单元（空间）如自治单元（空间）一样可以超越行政管理单元和正式治理单元，在合适的场域结合一定的背景和条件均可以开展协商。就城乡社区而言，在超越行政村（社区）、村小组（居民小组）的任一非正式单元①，都可以探索合适的协商形式。

第三，协商系统中的社区协商议事具有一定的要素、条件和门槛，不可泛化，总体上体现为信息、实质性平衡、多样性、自觉性、公平考量五要素，以及体现的信息性、平衡性、多样性、自觉性、公平性特征。与此同时，协商系统运转的好坏可以通过协商质量高低来辨识，要达到一定协商质量和形成一定协商效益，可以从协商系统的五要素特性和关键维度来判断，要分别实现一定的接触程度、回应程度、代表程度、权衡程度、考虑程度等。

第四，协商系统中协商议事在一定的场域、背景和条件下，协商程度和质量会发生转变。强制性协商从初期的强制性进阶为引导性最后上升为自主性，引导性协商从初期的引导性转化为自主性。于是，就如社区治理中通过政策激励促使志愿参与一样②，迈出协商后就要促使其发生转化形成自主性协商。这种升级转化需要通过培育社区和居民的协商精神、协商能力，以及创造协商环境、协商条件等来实现。

基于以上结论和判断，可以得出几点启示。一是要超越过去对协商的窄化理解。除了要发展业已存在的正式协商外，还要培育大量的非正式协商，通过宣传引领激发出来。中国有多种社区治理模式，存在多种社区工作方式③，要对传统存在的对话、辩论、评理、论坛、听证等商量形式运用和规范起来。二是不能将协商限定在面对面场所、小众主体、微观具体的正式协商，还需要发展超越时空、网络话语、大众主体、宏观广泛的非正式协商，重视大规模、整体的、系统性、宏观层面的协商。三是在社区协商实践中要灵活运用协商系统。在层级上，既可以在小组、片区层面，又可以在社区、镇街层面；在形式上，既可以是正式会议、对话辩论，也可以是日常谈话、网络表达；在场所上，既可以在会议室、议事厅，也可以在田间地头、凉亭庭院；

---

① 韩瑞波：《"片区自治"：村民自治有效实现形式的新探索》，《探索》2020年第1期。
② 霍海燕、师青伟、魏婷婷等：《社区治理志愿参与的政策激励与实践绩效研究——基于郑州市方圆经纬社区调查》，《社会政策研究》2020年第2期。
③ 参见 Zhang D. W. and Yan M. C., "Community Work Stations: An Incremental Fix of the Community Construction Project in China", *Community Development Journal*, No. 1, 2014, pp. 143–158。

在人员上，既可以有党员干部、普通居民，也可以有政府官员、专家媒体；在主题上，既可以有公共管理、公共服务，也可以有乡风文明、环境卫生等类别。四是需要在充分理解协商系统理论的基础上避免泛化，把握协商的要素条件，实现协商类型转化，提高协商质量以促进社区善治。

第三篇

怎么协商：协商能力

第三章

运转协商能力：社区协商系统高质量发展的参与—回应联动[①]

一 协商能力研究的国际进展及其与协商质量的关联

国家"十四五"规划明确提出了坚持农业农村优先发展、全面推进乡村振兴的目标任务，从中体现出新时代新阶段必须贯彻新发展理念和高质量发展的时代课题。习近平总书记在关于《中共中央关于制定国民经济和社会发展第十四个五年规划和二〇三五年远景目标的建议》的说明中指出，发展中的矛盾和问题集中体现在发展质量上，这就要求我们必须把发展质量问题摆在更为突出的位置，着力提升发展质量和效益。所以，在农业农村优先发展、全面推进乡村振兴的目标任务背景下，乡村全面振兴离不开社区协商的高质量建设。根据《中共中央 国务院关于加强和完善城乡社区治理的意见》要求，凡涉及城乡社区重大决策、困难问题和矛盾纠纷，原则上需组织居民群众协商解决，提高社区居民议事协商能力。因而在基层实践中，典型的民主决策和民主管理模式如一事一议、四议两公开，以及各类社区工作法等，普遍将协商议事作为一个关键步骤。显然，无论是从中央层面还是基层实践来看，社区协商都是维护公共利益、解决矛盾纠纷的重要机制，也是推动乡村

[①] 本章由张大维、赵益晨以《运转协商能力：社区协商系统高质量发展的参与—回应联动——对5个农村协商实验的比较》为题，发表于《协商治理研究》2023年第1期。

振兴高质量发展的重要内容。由此看来，社区治理中高质量协商建设是一个值得关注的问题。社区协商治理的已有研究显示，协商能力极大程度上决定着协商质量，社区协商的高质量发展离不开协商能力的提升和优化。① 因此，本章提出运转协商能力的概念，试图结合协商民主前沿理论，通过对协商能力的框架建构和协商主体的类型划分，阐释以社区协商系统中参与主体和回应主体协商能力的运转带动协商质量提升的内在机理，从而优化社区治理能力，推进乡村振兴高质量发展。

从协商能力的相关研究看，国外更偏重理论探讨并倾向与个案分析结合，而国内则更注重探讨实践操作。具体来讲，国外对协商能力的研究时间不长但有清晰的发展脉络，从协商能力的理论特质到实践要素的过渡（见表3-1）。一方面，是协商能力的理论特质研究。肖恩·罗森伯格对协商个体的逻辑性、公平性和理性能力展开了理论研究。② 约翰·帕金森讨论了协商个体在具体过程中的沟通、理解和评估能力。③ 卡罗琳·M. 亨德里克斯（Carolyn M. Hendriks）则立足协商的理想类型指出协商能力应具备可行性、多样性和开放性特征。④ 约翰·S. 德雷泽克对协商能力的理论特质给出了较为代表性的解释，即具备包容性、真实性和结果性的协商能力才有更高的协商质量。⑤ 卡罗琳娜·米列维茨（Karolina Milewicz）等人也基于这一理念认为协商能力是有效参与高质量协商的能力。⑥ 另一方面是协商能力的实践要素研究。瑟琳娜·佩德里尼（Seraina Pedrini）根据协商系统理论将个人行为、认知过程和

---

① 张大维：《党领群议：协商系统中社区治理的引领式协商——以天长市"1+N+X"社区协商实验为例》，《中州学刊》2020年第10期。

② 参见 Rosenberg S., "The Empirical Study of Deliberative Democracy: Setting a Research Agenda", *Acta Politica*, Vol. 40, No. 02, 2005, pp. 212-224。

③ 参见 Parkinson J., *Deliberating in the Real World: Problems of Legitimacy in Deliberative Democracy*, Oxford: Oxford University Press, 2006, p. 150。

④ 参见 Hendriks C., "Integrated Deliberation: Reconciling Civil Society's Dual Role in Deliberative Democracy", *Political Studies*, Vol. 54, No. 03, 2006, pp. 486-508。

⑤ 参见 Dryzek J., "Democratization as Deliberative Capacity Building", *Comparative Political Studies*, Vol. 42, No. 11, 2009, pp. 1379-1402。

⑥ Milewicz K. & Goodin R., "Deliberative Capacity Building through International Organizations", Conference on Deliberative Democracy in Action, Abo/Turku, Finland, 2012.

制度环境作为协商能力的具体指标。[①] 唐蓓蓓（Beibei Tang）也根据协商系统理论提出社会能力、制度能力和参与能力的具体指标。[②] 马丁·卡尔森（Martin Karlsson）以网络协商为研究个案提出交流强度、沟通效果、包容程度的协商能力要素。[③] 莫妮卡·伯格（Monika Berg）则讨论了国际组织的协商实践，认为协商能力应注重决策能力和观点表达能力的兼容。[④] 卡罗琳娜·米列维茨等人同样考察了国际组织间的协商对话，发现包容性、审慎性、重复博弈和平等对话是协商能力的重要因素。[⑤] 朱莉娅·詹斯特尔（Julia Jennstål）则从心理实验入手，提出综合心理认知的前后变化是考验协商能力的关键指标。[⑥] 简·苏伊特（Jane Suiter）等人最新指出，协商能力是指公民参与协商性政治决策的能力，包括一组资源和能力，集中体现在信息资源和情感能力两个方面，前者提供事实知识，后者提供必要的同理心。[⑦]

表3-1　国际上协商能力研究的学者、视角与主要观点

序号	代表学者	时间	研究视角	协商能力的主要观点
1	肖恩·罗森伯格	2005	能力特质	个体的逻辑性、公平性和理性能力

[①] 参见 Pedrini S., "Deliberative Capacity in the Political and Civic Sphere", *Swiss Politcal Science Review*, Vol. 20, No. 02, 2014, pp. 263-286。

[②] 参见 Tang Beibei, "Development and Prospects of Deliberative Democracy in China: The Dimensions of Deliberative Capacity Building", *Journal of Chinese Science*, Vol. 19, No. 02, 2014, pp. 115-132。

[③] 参见 Karlsson M., "Interactive, Qualitative, and Inclusive? Assessing the Deliberative Capacity of the Political Blogosphere", in K. Jezierska L. and Koczanowicz eds, *Democracy in Dialogue, Dialogue in Democracy: The Politics of Dialogue in Theory and Practice*, Farnham: Ashgate Publishing Limited, 2015, pp. 253-272。

[④] 参见 Berg M. and Lidskog R., "Pathways to Deliberative Capacity: The Role of the IPCC", *Climatic Change*, 2018, pp. 11-24。

[⑤] 参见 Milewicz K. and Goodin R., "Deliberative Capacity Building through International Organizations: The Case of the Universal Periodic Review of Human Rights", *British Journal of Political Science*, Vol. 48, No. 02, 2018, pp. 513-533。

[⑥] 参见 Jennstål J., "Deliberation and Complexity of Thinking: Using the Integrative Complexity Scale to Assess the Deliberative Quality of Mini-publics", *Swiss Politcal Science Review*, Vol. 25, No. 01, 2019, pp. 64-83。

[⑦] 参见 Suiter J., Muradova L., Gastil J. and Farrell D. M., "Scaling up Deliberation: Testing the Potential of Mini-Publics to Enhance the Deliberative Capacity of Citizens", *Swiss Political Science Review*, Vol. 26, No. 03, 2020, pp. 251-344。

续表

序号	代表学者	时间	研究视角	协商能力的主要观点
2	约翰·帕金森	2006	能力特质	沟通能力、理解能力和评估能力
3	卡罗琳·M. 亨德里克斯	2006	能力特质	可行性、多样性、开放性
4	约翰·S. 德雷泽克	2009	能力特质	包容性、真实性、结果性
5	卡罗琳娜·米列维茨等	2012	能力特质	有效参与高质量协商的能力
6	瑟琳娜·佩德里尼	2014	能力要素	个人行为、认知过程、制度环境
7	唐蓓蓓	2014	能力要素	社会能力、制度能力和参与能力
8	马丁·卡尔森	2015	能力要素	交流强度、沟通效果、包容程度
9	莫妮卡·伯格	2018	能力要素	决策能力和观点表达能力的兼容
10	卡罗琳娜·米列维茨等	2018	能力要素	包容性、审慎性、重复博弈和平等对话
11	朱莉娅·詹斯特尔	2019	能力要素	综合心理认知的前后变化
12	简·苏伊特等	2020	能力要素	信息资源、情感能力

而国内关于协商能力的研究侧重由实践出发，从社区的协商过程中发现相关问题，从而进行策略分析，但立足理论来审视协商能力的相关研究就显得相对单薄。总体来看，国内学者关于协商能力的研究是从主体能力建设切入的，主要包含以下三类。第一，农村多主体的协商能力建设探讨。如吴春梅等人以农村公共服务供给过程的协商民主实践为例提出应强化对协商民主的主体能力建设。① 邓谨等人提出应将政府作为培训农村协商主体的重要力量。② 而林丽丽等人则建议构建多元主体参与的乡村协商机制。③ 第二，农民为主体的协商能力建设研究。侧重于参与、沟通、理性等方面的协商能力建设。一是在协商参与能力方面：季丽新认为要训练农民发起协商的政治参与

---

① 吴春梅、翟军亮：《协商民主与农村公共服务供给决策民主化》，《理论与改革》2011年第4期。
② 邓谨、王海成：《论我国农村协商民主中的主体培育》，《西北农林科技大学学报》（社会科学版）2016年第5期。
③ 林丽丽、鲁可荣：《农村社会治理中的协商民主》，《长白学刊》2018年第3期。

能力,[①] 张思军等人指出村民的有效参与能力是协商民主的基础条件,[②] 徐行等人认为要通过强化政府与村民的互动以提升村民协商参与能力,[③] 张立伟提出把提升农民参与能力作为优化协商治理的效果,[④] 张大维等人则依据参与主体背后的社区能力要素划分出三种协商类型。[⑤] 二是在协商沟通能力方面:武宏阳等人指出,浅显易懂、明白畅通的协商过程是协商民主大众化的主要途径。[⑥] 三是在协商理性能力方面:罗学莉认为应培养村民参与协商的理性能力,[⑦] 曾令辉等人也指出应培育村民的协商精神。[⑧] 第三,政社为主体的协商角色扮演分析。学界对于政府和社区在协商民主或协商治理中所扮演的角色,主要是从制度建设、村民主体培育等方面进行分析,而对政府及社区本身应具备的协商能力考察相对有限。

一方面,从协商能力的相关研究来看,无论是针对性还是泛化性的协商能力研究,学界关注协商能力的主要目的是基于提升协商的实际效果,换言之,就是协商质量能否通过协商能力予以提升。另一方面,已有研究提出了协商能力的理论特质,并讨论了具体的构成要素,且或多或少地涉及协商系统这一最新的协商民主理论标识。基于此,本章试图与协商系统理论的要素相结合,构建符合我国农村社区协商能力特征的研究框架,并以农民参与主体和政社回应主体作为考察协商能力的两个主体类别,对农村社区的协商实验个案进行评估比较,以呈现哪种协商能力类型和方式更适于提高协商质量。

---

① 季丽新:《以农民政治水平的提升促进农村民主协商治理机制的优化》,《当代世界与社会主义》2014年第4期。

② 张思军、周嘉文:《"代委会"制度:乡村协商民主的新探索——以江苏省南京市M村乡村协商民主实践为分析对象》,《党政研究》2018年第5期。

③ 徐行、陈永国:《主体性困境:农村协商民主进一步发展的障碍》,《长白学刊》2016年第2期。

④ 张立伟:《我国农村社区协商治理的现状、困境及发展对策——基于全国7个农村社区治理实验区的分析》,《行政论坛》2019年第3期。

⑤ 张大维、赵益晨:《社区能力视角下协商系统实践的类型特征与发展趋向——基于全国首批最具代表性优秀社区工作法的比较》,《上海城市管理》2021年第2期。

⑥ 武宏阳、石文娟:《农村协商民主大众化策略分析——基于北方3个典型村庄的实地考察》,《农林经济管理学报》2015年第2期。

⑦ 罗学莉:《协商民主:农村民主和社会建设的新路径——以襄樊市柿铺街道办事处F村为例》,《长白学刊》2010年第4期。

⑧ 曾令辉、陈敏:《乡村社会治理中农民协商能力培育研究——基于恭城县北洞源村的调查》,《广西民族大学学报》(哲学社会科学版)2016年第2期。

二 协商能力的框架建构：要素、模型及与协商系统衔接

协商质量既然离不开协商能力的决定性影响，那么协商能力应如何运转以达到社区高质量协商实践的目标呢？针对该问题，将在已有研究基础上整合协商能力典型特质，结合本土实际重构协商能力的组成要素。同时，以协商能力的构成要素为基础划分出协商能力的不同类型，并将该模型作为研判农村社区协商能力建设的基础模型，再与协商系统理论进行衔接，具体阐释不同协商能力要素所对应的协商系统要素指标，形成协商能力的整体研究框架，以便于从实践层面对协商能力要素进行具体考察。

（一）协商能力研究框架与要素重构

透过对协商能力的文献综述可知，协商能力研究在国际上已有典型性的特质研究，主要以德雷泽克为代表。协商能力被理解为在一个政治制度中，协商过程能够实现包容性、真实性和结果性的程度。其中，包容性要求协商环境中允许各种利益表达和言论的出现；真实性表现为协商必须引导非强制性的反思和讨论，实现平等交流的过程；结果性则提出协商过程必须对决策产生关联性的影响。[1] 从现有研究看，该研究所提出的三类特质已被其他学者运用于协商能力的实际个案研究。妮可·库拉托评估了菲律宾个案的协商民主效果，[2] 格里特杰·肖滕（Greetje Schouten）等人研究了有关圆桌会议的实际协商能力，[3] 维维克·桑达拉拉詹（Vivek Soundararajan）等人则使用其审

---

[1] 参见 Dryzek J., "Democratization as Deliberative Capacity Building", *Comparative Political Studies*, Vol. 42, No. 11, 2009, pp. 1379–1402。

[2] 参见 Curato N., "Deliberative capacity as an indicator of democratic quality: The case of the Philippines", *International Political Science Review*, Vol. 36, No. 1, 2015, pp. 99–116。

[3] 参见 Schoutena G., Leroy P. and Glasbergen P., "On the Deliberative Capacity of Private Multi-Stakeholder Governance: The Roundtables on Responsible Soy and Sustainable Palm Oil", *Ecological Economics*, No. 83, 2012, pp. 42–50。

视了国际合作的协商能力等。① 基于此，本章也试图将德雷泽克的协商能力典型特质作为考察农村社区协商实验的衡量标准。

德雷泽克的协商能力特质研究是基于政治制度层面的提炼和归纳，对其在我国基层治理中的制度适用性已有学者进行了分析和检验②。但要针对具体协商实验展开评估还离不开从行为主体层面讨论协商能力具体要素，且该要素应与制度层面的协商能力特质相契合。根据综述来看，已有学者根据不同视角展开了探讨。本章以佩德里尼和唐蓓蓓关于协商能力的组成要素作为对话基础，结合我国农村社区协商调研的实际情况，进一步将协商能力要素重构为个体协商技能和规则适应能力两类要素。这主要是基于以下两方面考量。一方面，个体协商技能可以被理解为个体在认知、沟通和理性判断等方面的一般技能，该要素为协商能力的包容性建设提供了可能。另一方面，规则适应能力则表现为个体尊重和履行一般协商程序和规则的能力，结合目前农村社区协商过程的制度安排来看，这一能力总体上都由从议题提出到形成决议的过程设定，即个体通过逐渐适应规则并在规则约束下逐步达成共识甚至形成决议，从而对决策产生影响。同时结合上述两类要素有利于促进协商能力的真实性要求。这是因为，通过协商引导非强制性的反思和讨论以及实现平等交流的过程，既离不开个体的理解和沟通等基本协商技能，又需要在一定规则内才能约束个体的观念偏好和言论表达。综上所述，基于协商能力典型特质、协商能力的已有要素以及我国农村社区协商实践经验等三方面的考量，本章整合并建构了个体协商技能和规则适应能力这两类用于考察社区协商实践的协商能力要素，形成了协商能力的研究框架（见图3-1）。

---

① 参见 Soundararajan V., Brown J. A. and Wicks A., "Can Multi-Stakeholder Initiatives Improve Global Supply Chains? Improving Deliberative Capacity with a Stakeholder Orientation", *Business Ethics Quarterly*, Vol. 29, No. 3, 2019, pp. 385–412。

② 万婷婷、郝亚光：《治水社会：国家基础性权力成长与基层协商能力建构——以中国基层治水事实为研究对象》，《福建论坛》（人文社会科学版）2021年第4期。

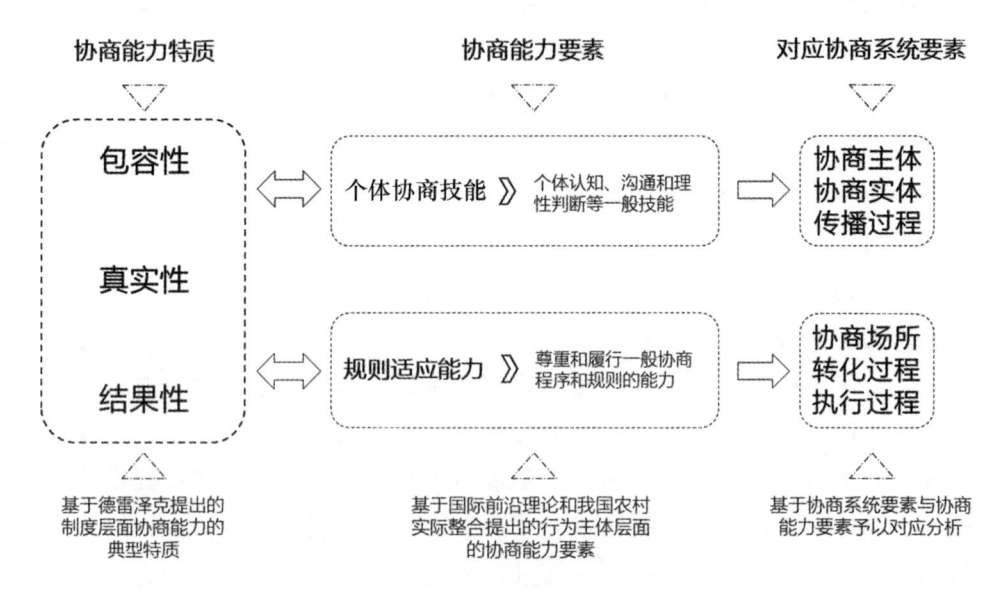

```
协商能力特质              协商能力要素                    对应协商系统要素
   ▽                        ▽                              ▽

┌─────────┐         ┌──────────────┐  个体认知、        ┌─────────┐
│  包容性  │         │              │  沟通和理          │ 协商主体 │
│         │   ⇔    │ 个体协商技能 │》性判断等一般    ⇒ │ 协商实体 │
│         │         │              │  技能              │ 传播过程 │
│  真实性  │         └──────────────┘                    └─────────┘
│         │
│         │         ┌──────────────┐                    ┌─────────┐
│  结果性  │   ⇔    │              │  尊重和履          │ 协商场所 │
│         │         │ 规则适应能力 │》行一般协商    ⇒  │ 转化过程 │
└─────────┘         │              │  程序和规则的能力   │ 执行过程 │
                    └──────────────┘                    └─────────┘
     △                        △                              △
基于德雷泽克提出的       基于国际前沿理论和我国农村      基于协商系统要素与协商
制度层面协商能力的       实际整合提出的行为主体层面      能力要素予以对应分析
典型特质                 的协商能力要素
```

图 3-1 协商能力的研究框架及其要素关联

图片来源：笔者自制，下同。

（二）协商能力要素的二维分类模型

要对不同类型协商能力产生的协商质量进行评价，还需要衡量协商能力运转效果的具体模型。因此，本章以个体协商技能和规则适应能力分别为横、纵坐标轴，构建了协商能力运转的二维分类模型，模型从上至下、从右至左分别形成了 A（强协商能力型）、B（弱规则适应型）、C（弱协商能力型）、D（弱个体技能型）等 4 种协商能力运转类型。其中，强协商能力型主体兼具了个体协商技能和规则适应能力；弱规则适应型主体表现为对协商程序和规则的不适应、不尊重；弱个体技能型主体难以就一般性的利益表达和言论进行交流；弱协商能力型主体涵盖上述两种劣势，既难以融入协商规则又缺乏必要的协商技能，而强协商能力型主体则兼具这两类能力要素，表现出更强的协商能力（见图 3-2）。四种类型的划分为农村社区协商能力的实证考察奠定了研究基础。

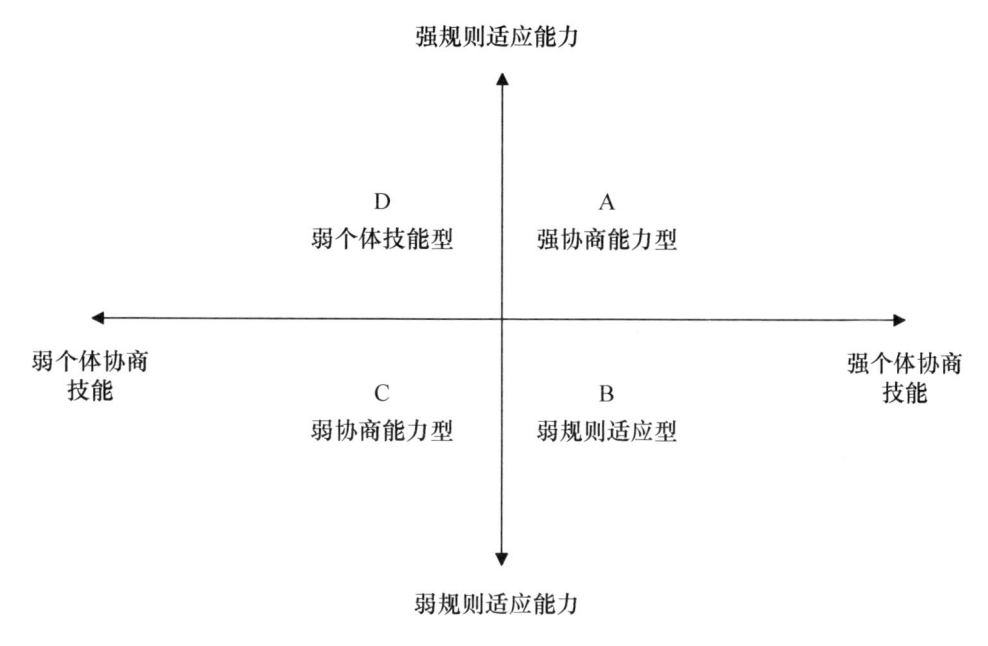

第三章　运转协商能力：社区协商系统高质量发展的参与—回应联动　55

```
                    强规则适应能力
                         ↑
                         |
              D          |          A
          弱个体技能型    |      强协商能力型
                         |
    弱个体协商 ←—————————+—————————→ 强个体协商
        技能             |              技能
              C          |          B
          弱协商能力型    |      弱规则适应型
                         |
                         ↓
                    弱规则适应能力
```

图 3-2　协商能力构成要素的二维分类模型

（三）协商能力与协商系统要素衔接

从实践出发，协商能力构成要素及其分类模型还只能说是一种相对概括性的理解和阐释，要对农村社区具体协商过程进行衡量，必须要有更细致的指标性要素以验证该模型的周延性。因此，本章引入协商系统理论对协商能力要素进行关联性分解，有助于协商能力衡量的周延性和标准化。从协商系统理论来看，通过梳理已有研究，学界基于协商质量、协商组成、特征表现、功能实现、系统构成、沟通回应、规模范围、政治变革等不同层面，提出了大致 8 种协商系统的要素分类。[①] 结合我国农村社区协商实践的具体情况，帕金森等提出的协商系统六要素论更有解释力，且从国际学界的认可度来看，该观点目前对协商系统形成了具有周延性的阐释。帕金森在 2010 年首次提出的协商系统理论构成要素，主要包括了协商主体或代理人、协商场所或空间、在场所中讨论和传递的实体、传递过程、实体的语义转化过程、政策的执行

---

① 张大维：《社区治理中协商系统的条件、类型与质量辨识——基于 6 个社区协商实验案例的比较》，《探索》2020 年第 6 期。

和实施过程等六方面内容。① 随后，帕金森在2019年又与安德烈·贝希提格（André Bächtiger）合作进行了要素优化。② 但总体来看，6个要素的本质特征没有改变，可被概括为协商主体、协商场所、协商实体、传播过程、转化过程和执行过程。③ 当以协商系统视角来理解协商能力时便会发现，总体上形成了要素对应和衔接，个体协商技能可理解为对协商主体、协商实体和传播过程的考察，从而展现个体在认知、沟通和理性判断等层面的协商技能，而规则适应能力则可理解为对协商场所、转化过程和执行过程的考察，表现出个体对协商程序和规则的认知和行动能力，由此也构成了协商能力的整体框架（见图3-1）。

三　协商系统的参与—回应：协商能力要素分解和类型重组

前文已将协商能力典型特质、构成要素和分类模型，以及构成要素所对应的协商系统具体指标及其所构成的协商能力研究框架进行了阐释，以下则对协商能力进行类型分析。

（一）农民参与和政社回应：协商能力要素分解与指标

要对协商能力类型展开进一步讨论，关键在于从参与协商的个体层面对协商能力要素的分解作出具体解释。而从协商个体的身份出发，因在农村社区协商中的明显区别，可以相对容易地划分出村民以及政府—社区这两类身份主体。其中，将政府和社区纳入同一主体，一方面，是因为乡镇政府作为农村政策主导者，其政策导向往往能够激发更多的农民参与④，而这一过程或

---

① 参见 Parkinson J., "Conceptualizing and Mapping the Deliberative Society", PSA 60th anniversary conference, Edinburgh, UK, 2010。

② 参见 Bächtiger A. and Parkinson J., *Mapping and Measuring Deliberation: Towards a New Deliberative Quality*, Oxford: Oxford University Press, 2019, pp. 111-129。

③ 张大维：《包容性协商：中国社区的协商系统模式与有效治理趋向——以天长市"11355"社区协商共治机制为例》，《行政论坛》2021年第1期。

④ 李华胤：《回应性参与：农村改革中乡镇政府与农民的行为互动机制——基于三个乡镇改革试验的调查与比较》，《中国行政管理》2020年第9期。

是由乡镇干部主动参与协商过程予以回应，或是由社区对村民进行回应式反馈；另一方面，上级政府或乡镇也通过下派第一书记的形式实现了政府与农村社区合作共治的效果。[①] 基于此，依据村民和政府—社区在协商中各自承载的功能看，可以主要分为参与功能和回应功能，由此形成了在社区场域下村民参与表达诉求和政府—社区积极回应的过程。因而，将参与和回应作为农民群体和政府—社区两类主体的功能性特征，以协商系统要素为具体指标，以村民和政府—社区为两类主体，以参与和回应为特征，可以对协商能力的要素进行分解（见表3-2）。

具体而言，一方面，从个体协商技能来看，无论是作为参与主体的村民还是作为回应主体的政府—社区在协商系统要素的对应指标和具体内涵上是较为相似的。一是协商主体层面都要具备理性、包容等认知技能；二是在协商实体层面都要有表达技能；三是在传播过程层面都应有沟通技能。另一方面，从规则适应能力来看，在协商系统要素的对应指标上存在一定差异，这与二者的身份和功能都有内在关联。一是协商场所层面，村民与政府—社区的指标内涵较为一致，均是对协商环境的适应能力，即考察协商场所的环境是否与人数规模相适应，使个体更加自如地融入协商规则。二是转化过程层面，村民与政府—社区在指标内涵上存在区别，村民一方主要表现为以问题为导向，按照协商程序参与议事的能力；而政府—社区一方则表现为以结果为导向地回应不同的观点和疑惑，进而推进协商程序直到达成共识或决议的能力。三是执行过程层面，作为参与主体的村民所对应的指标内涵表现为对协商议题和结果的监督能力，而作为回应主体的政府—社区则是议题与执行的耦合能力。

综上可见，运用协商系统理论将参与和回应两类主体对协商能力要素进行分解后发现，村民和政府—社区在协商能力方面既有共性要求，也有不同趋向。这也为接下来考察农村社区协商实验形成了切合实际协商过程的评估依据。

[①] 张国磊：《科层权威、资源吸纳与基层社会治理——基于"联镇包村"第一书记的行动逻辑考察》，《中国行政管理》2019年第11期。

表 3-2　　参与—回应主体对协商能力的要素分解和对应指标内涵

	村民协商能力要素	协商系统要素对应指标	指标具体内涵
参与功能	个体协商技能	协商主体	理性、包容等认知技能
		协商实体	表达技能
		传播过程	沟通技能
	规则适应能力	协商场所	环境适应能力
		转化过程	问题导向
		执行过程	落实监督
	政社协商能力要素	协商系统要素对应指标	指标具体内涵
回应功能	个体协商技能	协商主体	理性、包容等认知技能
		协商实体	表达技能
		传播过程	沟通技能
	规则适应能力	协商场所	环境适应能力
		转化过程	结果导向
		执行过程	议题耦合

（二）参与—回应联动重组：复合式协商能力类型划分

分解协商能力要素是为了从现实层面更好分析和判断村民与政府—社区各自在实际协商过程中的能力特征，而将参与和回应两类主体协商能力类型的再次重组，可以依据完整的协商过程对村民和政府—社区这两类主体的协商能力进行全面考察。

根据前文提出的协商能力构成要素的二维分类模型（图 3-2）所形成的四类能力类型，将参与和回应两类主体分别代入，形成了共 16 种复合式协商能力类型。其中，排除掉逻辑上和现实中都不可能出现的情况后，一共还有 8 种新的协商能力类型，并最终形成了参与和回应联动下的复合式协商能力类型（见表 3-3）。

这里要说明的是，在被排除掉的 8 种类型中，有四类是参与主体的村民处于弱能力型的情况，作为协商的关键主体，如果村民缺乏所有必要的协商能力，协商实际上便无法完整进行下去。而在另外四类情况下，政府—社区作为协商场域内的主导力量，一方面需要主导协商程序，另一方面则需要与村民协调配合。当村民有较强的协商技能和意愿而政府—社区试图调整程序达到目的时，协商过程往往同样难以为继；相反，当村民缺乏必要的协商技能时，政府—社区对协商过程的控制能力才更容易实现。

表 3-3　　　　参与—回应联动下复合式协商能力的类型划分

序号	村民参与类型	政府—社区回应类型	复合式协商能力的类型划分
1	强协商能力型	强协商能力型	强参与—强回应型协商
2	强协商能力型	弱个体技能型	回应弱技能型协商
3	弱规则适应型	强协商能力型	参与弱规则型协商
4	弱规则适应型	弱个体技能型	参与弱规则—回应弱技能型协商
5	弱个体技能型	强协商能力型	参与弱技能型协商
6	弱个体技能型	弱规则适应型	参与弱技能—回应弱规则型协商
7	弱个体技能型	弱协商能力型	参与弱技能—回应弱能力型协商
8	弱个体技能型	弱个体技能型	参与弱技能—回应弱技能型协商

以协商个体的身份特征和承载的功能特征为依据，将协商能力要素按照参与主体和回应主体进行能力分解后，形成了两类主体各自的协商能力类型，并根据实际情况将其重新组合，最终形成了 8 种复合式协商能力类型，而这 8 种类型将为农村社区协商实验的协商质量考察提供较为完整的评估标准。

（三）协商能力与质量对应：各类能力的协商质量比较

上述 8 种复合式协商能力类型从参与主体和回应主体两个层面系统化地对个体的协商能力进行了分解和整合，能够较为全面地将协商能力的运转效果与协商质量进行对标式理解。因而,协商质量便能透过复合式协商能力类型得以具体呈现,反映出的质量效果也可以进一步类型化并开展相应比较排序(见表3-4)。

表3-4　　　　　　　复合式协商能力类型的质量排序

序号	协商能力类型	协商质量	协商质量内部比较
1	强参与—强回应型协商	高质量	高质量
2	参与弱规则型协商	高质量	次高质量
3	回应弱技能型协商	中等质量	中高质量
4	参与弱技能型协商	中等质量	中等质量
5	参与弱技能—回应弱规则型协商	中等质量	中低质量
6	参与弱规则—回应弱技能型协商	中等质量	中低质量
7	参与弱技能—回应弱技能型协商	低质量	低质量
8	参与弱技能—回应弱能力型协商	低质量	低质量

首先,高质量的复合式协商能力类型有两种,主要在于其能够满足协商能力特质的基本要求,也就是包容性、真实性和结果性的协商能力特征。对比发现,尽管参与弱规则型协商在参与主体的规则适应能力方面相对较弱,比如对场所的适应能力不强,转化过程的问题导向过于活跃以致同协商规则产生抵牾,抑或是对协商结果的监督意识不足等。然而,作为回应主体的政府—社区本身较强的规则适应能力可以对其予以规范和引导,逐渐向强参与—强回应型协商过渡,因而参与弱规则型协商将作为次高质量的协商类型。

其次,中等质量的复合式协商能力类型则有四种。从内部比较来看,前两种类型中只有其中一类主体缺乏一种能力要素,但同样也存在协商质量的差别;而后两种类型的两类主体均有一种能力要素缺乏。从协商能力的简单数量比较来看,可以将这四种类型进一步归为两类。一方面,回应弱技能型协商和参与弱技能型协商相比,是两类不同主体个体协商技能方面的缺失导致的协商质量下降。把参与主体与回应主体进行比较发现,参与主体个体协商技能的相对缺失会使得协商过程缺少关键性的问题意识，使得回应主体难以作答，从而危及协商能力整体的包容性和真实性。相比之下，尽管回应主体个体协商技能的相对缺失尽管也会对包容性和真实性造成一定影响，但来自参与主体个体协商技能的包容性和真实性表达还是能够把问题首先反映出来，从而在实际过程中逐步倒逼回应主体正视实际问题并作出答复。所以从协商质量上看，回应弱技能型协商要优于参与弱技能型协商。另一方面，参与弱技能—回应弱规则型协商和参与弱规则—回应弱技能型协商相比，两者的共性在于，至少有一方擅于表达的同时另一方适应规则，表面上协商程序还能够维系下去。但实际问题是，协商过程是参与和回应主体相互配合的过程，如果只有其中一方在讲，而另一方只是配合规则推进，只会造成参与和回应难以真正结合，协商能力的包容性、真实性和结果性都难以保证，因而这类协商也只能算作中等的协商。

最后，低质量的协商也存在两种，这两种已无法满足协商能力的典型特质，协商规则本身也只能勉强维系。换言之，在不考虑其他要素的情况下，协商的实体在于对话和交流，总要有对话才能保证最基本的协商过程。但这两种协商类型的两类主体的个体协商技能均存在问题，从而造成了沟通困局，而参与者只是在困局中等待主持人推进程序。因而，这两种协商必然也只能是低质量协商。

四　实践类型与质量评估：农村社区协商实验的协商能力

参与—回应联动下的复合式协商能力类型划分既是对协商系统视角下协商能力比较的层层递进和深化，又为研究实际个案提供了更加全面和整体的考察和评估方法。本章选取的5个社区协商实验个案均来自全国首批48个农村社区治理试验区，在笔者及其研究团队亲身实地调查和协商实验的基础上形成了相应文本记录。基于对这5个社区实验中所体现的协商能力关键信息与复合式协商能力类型对照比较，以对不同个案间的协商质量展开标准化评估（见表3-5）。

表 3–5　　　　　　　　社区协商实验个案基本信息

个案名称	协商议题	议题范围	协商地点、人数和类型
1. R 市 DY 社区	就企业入村问题征求村民意见	全体村民	社区会议室召开，参加人员30人，有村两委代表、村监委、乡镇干部、党员和居民代表、村民小组长、专家学者等，村党组织书记主持会议
2. X 县 CL 社区	利用社区公用资金修建文化活动场地、填平坑洼地	3个村民小组	社区会议室召开，参加人员20人，有村两委代表、村监委、驻村第一书记、县镇干部、村民小组组长、"五老"代表、村民代表、党员代表、志愿者代表、社区专干、社会组织代表、当地媒体、专家学者等，村党组织书记主持会议
3. Y 市 ZZ 社区	辖区内水果市场电网升级改造	4个村民小组	协商议事厅召开，参加人员20人，有村两委代表、村监委、县镇干部、南北水果市场居民代表、党员代表、村民代表、社会组织成员、社区志愿者、专家学者等，村党组织书记主持会议
4. T 市 XY 社区	农田改造后沟渠硬化资金来源	3个村民小组	居民家中召开，参加人员20人，有村两委代表、乡镇干部、镇水利部门负责人、法律顾问、村民小组组长、村民代表、专家学者等，村党组织书记主持会议
5. S 县 DF 社区	楼道卫生和楼栋下小型车辆管理	全体楼栋居民	社区会议室召开，参加人员21人，有村两委代表、县镇干部、楼栋长、居民代表、专家学者等，村党组织书记主持会议

第三章　运转协商能力：社区协商系统高质量发展的参与—回应联动

在梳理5个社区协商实验案例基本情况的基础上，将案例呈现出的协商质量按照由高到低的顺序进行依次分析（见表3-6），并把具体协商过程同复合式协商能力类型的比较过程一同阐释（见表3-7）。

表3-6　　　　　　　　农村社区协商实验的质量评估

农村社区治理试验区协商实验个案	协商质量	对应复合式协商能力类型
1. R市DY社区	高质量	强参与—强回应型协商
2. X县CL社区	次高质量	参与弱规则型协商
3. Y市ZZ社区	中高质量	回应弱技能型协商
4. T市XY社区	中等质量	参与弱技能型协商
5. S县DF社区	中低质量	参与弱技能—回应弱规则型协商

个案1中DY社区协商案例对应了强参与—强回应的高质量协商类型。一方面，从个体协商技能的表现看，参与和回应主体均能满足协商系统的具体指标，村民代表前后围绕企业进村的惠农问题共有10次左右发言，在热烈的沟通氛围中逐渐形成3种主要意见，反映了村民不同需求。对此，来自乡镇和社区的代表对村民的每一条主要意见都给予了回应。另一方面，从规则适应能力来看，参与和回应主体也较好地对标了协商系统具体指标。协商规模与场所选择较为合适，参与者状态较好；主持人根据与会代表在提问环节形成的主要问题共发起3次表决，并最终达成前期共识。同时还有专门监督人员和村民代表一同监督议题后续进展。对照可见，该个案的条件符合高质量协商的要求。

个案2中CL社区协商案例对应了参与弱规则型的次高质量协商类型。观察参与和回应主体在个体协商技能的表现后发现，与会代表针对文化场所建设费用和后期维护展开了讨论，有11次发言，而政府和社区根据自身能力从政策支持和场地建设均予以了回应，双方认知、表达和沟通能力均达到要求。同时，从规则适应能力来看，协商场所空间与参与规模相适应，没有影响参与者的发挥；社区支部书记也在监督人员见证下承诺公示此次议题结果。但问题在于，村民代表因场地维护费用的问题引发激烈讨论，导致主持人试图引导的表决程序一度被忽视，而如果代表一直无视主持人的协商程序就会导致协商难以达成结论。好在社区有较好的规则适应能力，可以协助代表提升规则适应能力。由此可见，该个案也能够达到高质量协商的基本要求。

个案3中ZZ社区协商案例对应了回应弱技能型的中高质量协商类型。从参与和回应主体的规则适应能力来看，都符合了协商能力的指标性要求；同时，村民代表的个体协商技能也表现良好，甚至在当事人没有参加的情况下有代表愿意为其利益发声。但问题在于，政府—社区一方，尤其是来自政府的与会人员在个体协商技能方面试图通过大局观等带有明显导向的话语来说服代表同意电网改造，而不是就事论事地与村民代表协商实际利益矛盾。从中引发的问题在于，尽管最终得出了共识，但代表未必真正信服该共识，从而导致这场协商存在失效的风险，显然这与回应主体反映包容性和真实性的个体协商技能有所欠缺存在关联。

个案4中XY社区协商案例对应了参与弱技能型的中等质量协商类型。就参与和回应主体的规则适应能力来看，都基本符合协商能力的要求，而问题在于参与主体的个体协商技能不足。尽管政府和社区都对沟渠硬化的费用问题作出了详细解释，但村民代表在知晓不可能完全由政府出资的情况下也没有表现出过多的妥协意愿，且主动发言代表太少，导致社区试图与村民代表沟通推进共识的过程十分艰难。从中引发的问题也较明显，即参与主体反映在包容性和真实性层面的个体协商技能不足，导致协商程序实质上难以推进，最终达成的共识也只是社区勉强与部分发言代表讨论的结果，较大地影响了协商质量。

个案5中DF社区协商案例对应了参与弱技能—回应弱规则型的中低质量协商类型。从参与主体来看，规则适应能力相对达标，但个体协商技能太弱，针对公共卫生和小型车辆管理的议题，发言人数相对不足，难以推进协商程序。因此，作为回应主体的社区一方为了推进协商程序，由主持人直接综合代表发言并提出了自己的方案，引导大家进行表决，很快达成了共识。这里的问题还是在于参与主体的个体协商技能不足，社区则为了快速推进议程直接快速推进了发言环节，代为提出方案而忽视了规则。长此以往，这种社区主导的表决方式较难有效提升协商质量，协商的目标也难以实现。

表 3-7　　　　　　　　复合式协商能力要素下的个案比较

参与主体村民代表	个体协商技能			规则适应能力		
	协商主体	协商实体	传播过程	协商场所	转化过程	执行过程
	具有包容和理性	表达较好	沟通顺畅	适应环境，表现较自如	在规则范围内积极提问	专职监督/代表监督
1. DY 社区	符合	符合	符合	符合	符合	符合
2. CL 社区	符合	符合	符合	符合	不符合	符合
3. ZZ 社区	符合	符合	符合	符合	符合	符合
4. XY 社区	不符合	符合	不符合	符合	符合	符合
5. DF 社区	符合	不符合	不符合	符合	符合	符合

回应主体政府—社区	个体协商技能			规则适应能力		
	协商主体	协商实体	传播过程	协商场所	转化过程	执行过程
	欢迎不同意见出现	解释较好	沟通顺畅	场所与参与规模适当	引导表决形成共识	接受决议推进执行
1. DY 社区	符合	符合	符合	符合	符合	符合
2. CL 社区	符合	符合	符合	符合	符合	符合
3. ZZ 社区	不符合	符合	符合	符合	符合	符合
4. XY 社区	符合	符合	符合	符合	符合	符合
5. DF 社区	符合	符合	符合	不符合	不符合	符合

五　参与—回应联动以运转协商能力通往高质量协商

上述对协商能力如何运转以提升社区协商系统高质量发展作了分析，并建构出协商能力框架模型及具体类型对 5 个协商实验个案予以质量评估，结果表明，5 个社区协商实验均符合中等以上的质量，其中有 2 个案例的协商质量达到了高质量的协商效果。结合协商能力的框架建构和协商系统的参与—回应联动分析，可进一步得出以下结论。

第一，高质量的社区协商建设需要以更好运转协商能力为基础。依托协商能力要素对 5 个农村社区协商实验的比较与评估表明，协商质量的高低与参与主体和回应主体的能力展现息息相关。由协商个案所呈现的或是过度追求协商结果而忽视协商个体表达，抑或是过度开放个体表达而难以推动协商结果达成的这两种倾向，既凸显了不同主体之间协商能力的不同缺陷，又都难以达到高质量协商的基本要求。因此，新发展阶段的社区治理需要高质量的协商，[1] 而高质量的社区协商必须把运转协商能力作为重要环节加以把握。

第二，农民参与主体和政社回应主体的协商技能需在提升中联动。一方面，从村民参与的过程看，村民作为协商主体仍然存在"有参与无表达""有协商无声音"的现实问题，甚至在利益矛盾突出的情况下依旧难以深入沟通。但要强调的是，对村民个体协商技能的培育不是为了提高协商的入场标准，而是为了符合协商这一"游戏规则"所要求的最低限度的能力，毕竟信息交互是实现协商系统的基本前提[2]。另一方面，从政府—社区回应的过程看，一个明显的问题是，一些与会的政府或社区工作人员在协商中，往往会从职责理性出发[3]，试图以权威认定、资金投入、科学技术等理由来弥合或弹压客观存在的利益纠纷，从而加速推动议程，但实际上这种协商技能反而可能达不到协商目的，以致丧失了协商原有的意义。更为重要的是，不仅农民参与主体和政社回应主体的协商技能均要提升，而且还要联动，提升农民主体和政社主体的复合式协商能力，形成参与—回应的协商系统闭环。

第三，作为回应主体的政府—社区的规则适应能力建设更迫切。将规则适应能力结合协商实践来看，更迫切的要求具体反映为政府—社区在协商制度的构建、协商程序的设定等层面。一方面，就协商制度的构建而言，运用好协商的关键因素在于村民的参与意愿，有了参与意愿，村民才能在协商过程中逐渐提升协商规则适应能力。这就要求政府和社区在协商制度建设上不能摆"花架子"，必须考虑到村民利益及其涉及范围，灵活调整协商规模，创

---

[1] 张大维：《高质量协商如何达成：在要素—程序—规则中发展协商系统——兼对 5 个农村社区协商实验的评量》，《华中师范大学学报》（人文社会科学版）2021 年第 3 期。

[2] 张大维、赵益晨：《引领式协商：协商系统理论下党领导自治的新发展——以广西宜州木寨村为例》，《湖湘论坛》2021 年第 5 期。

[3] 李增元：《当代中国农村社区建设的本土逻辑》，《华中师范大学学报》（人文社会科学版）2020 年第 5 期。

新超越已有的协商单元[①],构建起负责的协商制度,进而优化社区建设的组织策略[②]。另一方面,对协商程序的设定来说,尽管协商存在着一定的共性逻辑,但仍然可以根据实际风俗习惯予以灵活调整,使得正式协商规则也能融入民俗传统之中,这样既在某种程度上降低了规则适应能力对参与者的一般性要求,同时也提升了协商治理的地方性特色。

第四,在中国实践中建构本土协商能力框架以通往高质量协商。只有植根中国协商实践,与国际协商理论前沿对话,才能超越协商系统中的协商能力框架,以适应本土协商系统发展。一方面,从理论上讲,基于中国事实建构出的以个体协商技能和规则适应能力为要素的协商能力二维分类模型,及其与协商系统理论衔接延伸出的要素内涵,并强调农民参与主体和政社回应主体的联动,既是对国际上协商能力三要素和协商系统六要素理论的延伸与突破,更是对我国社会主义协商民主理论的继承和发展。另一方面,从现实来看,把协商能力与社区实践相结合能够深入细节全面考察我国社区协商的实施过程,讲好中国故事,也更有助于推动本土的社区协商系统高质量发展,为社区治理继续提升治理能力,释放更多治理效能,以参与—回应联动来运转协商能力达成高质量协商系统和社区善治。

---

① 张大维、解惠强:《片区协商:超越村组的社区议事单元及其系统运行——基于协商系统理论的农田改造考察》,《广西大学学报》(哲学社会科学版)2021年第3期。

② 张大维、赵益晨、万婷婷:《将服务带入治理:社区能力的现代化建构——服务要素叠加框架下武汉社区抗疫多案例比较研究》,《社会政策研究》2021年第2期。

第四章

农民协商能力与农村社区协商系统质量关系[①]

一 乡村协商质量关切的协商能力及其研究现状

近年来,协商民主在国家治理体系和治理能力现代化中的作用不断彰显,进一步推动协商民主尤其是农村基层协商民主的发展是民主政治建设和乡村建设行动的必然要求。目前,国际上的协商民主理论经历了制度、实践和经验转向,已发展到了第四代的协商系统理论阶段。[②] 但是,国内关于协商系统的研究还较少,基层协商实践中高质量的协商系统仍不完善,其中一大瓶颈便是各参与主体协商能力不足。较早将协商能力与协商质量关联起来进行研究的是约翰·德雷泽克,他认为协商系统的协商能力越大,其协商质量就越高。[③]

在我国农村基层社区协商中,包括政府部门、社区"两委"、社会组织和各类农民等多元主体的协商能力均会对整体协商能力提升与高质量协商系统达成产生影响,如社区"两委"对协商的认知和操作能力、政府对协商的指

[①] 本章由张大维、张航以《农民协商能力与农村社区协商系统质量关系研究——基于乡村建设行动中三个农村社区协商实验的比较》为题,发表于《中州学刊》2021年第11期。

[②] 参见 John S. Dryzek and Simon Niemeyer, *Foundations and Frontiers of Deliberative Governance*, Oxford: Oxford University Press, 2010, pp. 6–10。

[③] 参见 John S. Dryzek, "Democratization as Deliberative Capacity Building", *Comparative Political Studies*, Vol. 42, No. 11, 2009, pp. 1379–1402。

导部署和回应能力[①]等都会显著影响协商绩效。其中，农民的协商能力特别值得关注：一是农村社区协商中多元参与主体中农民的协商能力相对欠缺；二是农民作为农村社区协商中涉及最广泛的要素，是乡村振兴中最重要的主体，不容忽视。[②] 提升农民的协商能力，有利于推动人民当家作主的落实，提升农村社区治理的能力。因此，本章探讨的协商能力主要指农民的协商能力。

在农村基层协商实践中，受社会经济、个体差异、制度保障等诸多条件影响，农民往往要么不参与协商，要么有参与无表达，要么有表达无实效。究其原因，农民的协商参与有其自身逻辑，最重要的就是受其协商能力的制约，同时这种协商能力具有内在的阶梯和阶序。那么，我国农民协商能力的内核是什么？存在哪些要素和标准？究竟何种组合与构成能够推动协商系统高质量运转以达成有效协商？针对这些问题，本章拟对协商能力要素与框架的已有研究进行梳理，从协商系统理论视角出发，根据国际惯例与本土实际，尝试提出适合中国农民协商能力的分析框架，并运用框架模型对山东省Z县、Y县和安徽省T县三个"国家级"农村社区治理实验区围绕乡村建设行动开展的协商实验进行分析，评估案例所展现的协商系统的能力与质量类型，以期为相关理论研讨和实践探索提供参考。

国际学界关于协商能力的研究主要集中在以下三个方面。第一，协商质量视角。德雷泽克开创性地从民主质量视角，建构了真实性、包容性和因应性的有效协商系统框架，以推动协商能力建设。[③] 妮可·库拉托将协商能力作为分析民主质量的一个组成部分，并应用在菲律宾政党制度和政治体系研究中，建立了公共空间、授权空间、传播机制的协商能力分析框架。[④] 第二，协商系统视角。瑟琳娜·佩德里尼从经典的协商标准（如尊重和合理性论证）以及扩展的协商形式（如讲故事）来理解公民和政治精英两种不同政治身份

[①] 张航：《回应前置：农村基层协商走向治理有效的路径探析——以天长市"农村社区治理实验区"为例》，《农村经济》2021年第5期。

[②] 张大维：《优势治理：政府主导、农民主体与乡村振兴路径》，《山东社会科学》2018年第11期。

[③] 参见 John S. Dryzek, "Democratization as Deliberative Capacity Building", *Comparative Political Studies*, Vol. 42, No. 11, 2009, pp. 1379–1402。

[④] 参见 Nicole Curato, "Deliberative Capacity as an Indicator of Democratic Quality: The Case of the Philippines", *International Political Science Review*, Vol. 36, No. 1, 2015, pp. 99–116。

的协商能力和质量。① 唐蓓蓓认为,协商能力建设是一个使公民参与政治体系、积累民主经验的过程,具体可通过社会能力、制度能力和协商系统三个维度来实现,这三个维度分别侧重于公共领域、授权空间和协商行为者。② 卡罗琳娜·米列维茨等人则通过对国际组织案例的研究,认为协商能力有两大类相关因素:一是内含包容性、真实性、公共空间、话语纪律的"高质量协商能力"(协商输入);二是内含赋权空间、传播、反馈回路的"外部效应协商能力"(协商输出)。③ 简·苏伊特等人进一步指出,协商能力是指公民参与协商性政治决策的能力,包括一组资源和能力,协商能力可以帮助公民在做出政治决定之前与他人进行协商。协商能力集中体现在信息资源和情感能力两方面,前者提供事实知识,后者提供必要的同理心。④ 第三,协商心理视角。较具代表性的是朱莉娅·詹斯特尔的观点,她从心理结构视角,证明了复杂思维能力作为衡量协商能力的潜在有用性,并认为其对女性和持更开放观点者的影响更为显著。⑤

国内学者关于协商能力的研究主要有以下两条进路。一是组织的协商能力分析。王维研究了参政党的协商能力,认为协商能力是个体因素、组织因素、制度因素的有机结合和综合运用。⑥ 孙发锋认为中国社会组织协商能力是社会组织在协商活动中体现出的力量、能量和本领,由政治把握能力、内部治理能力、利益代表能力、调查研究能力、对话沟通能力五种要素构成。⑦ 二

---

① 参见 Seraina Pedrini, "Deliberative Capacity in the Political and Civic Sphere", *Swiss Political Science Review*, Vol. 20, No. 2, 2014, pp. 263 – 286。

② 参见 Beibei Tang, "Development and Prospects of Deliberative Democracy in China: The Dimensions of Deliberative Capacity Building", *Journal of Chinese Political Science*, Vol. 19, No. 2, 2014, pp. 115 – 132。

③ 参见 Karolina Milewicz and Robert E. Goodin, "Deliberative Capacity Building through International Organizations: The Case of the Universal Periodic Review of Human Rights", *British Journal of Political Science*, Vol. 48, No. 2, 2018, pp. 1 – 21。

④ 参见 Jane Suiter, Lala Muradova, John Gastil and David M. Farrell, "Scaling up Deliberation: Testing the Potential of Mini-Publics to Enhance the Deliberative Capacity of Citizens", *Swiss Political Science Review*, Vol. 26, No. 3, 2020, pp. 251 – 344。

⑤ 参见 Julia Jennstal. "Deliberation and Complexity of Thinking. Using the Integrative Complexity Scale to Assess the Deliberative Quality of Minipublics", *Swiss Political Science Review*, Vol. 25, No. 1, 2019, pp. 64 – 83。

⑥ 王维:《增强参政党协商能力的路径研究》,《中共浙江省委党校学报》2016年第6期。

⑦ 孙发锋:《当前中国社会组织协商能力的要素、特征及提升路径》,《学术研究》2019年第11期。

是个体的协商能力探讨。李笑宇将公民的协商能力界定为逻辑推理能力、言说能力、判断能力以及乐于表达的性格,他还认为协商能力受经济、教育、文化、性格等多方面的影响。① 谈火生以浙江省温岭市的民主恳谈为例研究了代表的协商能力,认为协商能力可以通过制作议题手册和邀请专家培训等方式来提高。② 张航运用协商系统理论,发现设置开放协商论坛、多元化协商信息传播以及体系化协商流程可以有效提升农民的协商能力。③ 此外,笔者及其团队还探讨了社区能力与协商能力、协商质量之间的关系,认为社区能力的不同导致协商系统不同类型的形成,从而呈现不同的社区协商能力和协商质量。④

综上所述,国际上已有文献大多基于协商系统的分析,分别从国际事务、政党事务、政治体系、身份和性别差异等方面对协商能力进行了探讨,研究成果主要集中在概念界定与测量指标两个方面。不难发现,国际学界对协商能力的研究虽然已有突破,但相关要素框架尚未关注农民这一协商主体,更未对中国经验加以阐释。而国内关于协商能力的研究相对较少,且呈现以下特点:首先,研究对象多集中于政党、社会组织的协商能力,对农民的协商能力涉及较少,这与国际研究的进展相似;其次,研究视角缺乏对国际学术前沿的追踪,已有研究要么集中在微观的协商论坛,要么集中在宏观的公共领域,运用协商系统理论对协商能力进行考量尚处于起步阶段;最后,研究内容尚未系统建立探讨协商能力的分析框架与测量指标。因此,基于对国内外协商能力研究现状的把握,推动对农民协商能力分析框架的建构既具有理论意义,也具有现实意义。

二 协商能力阶梯:高质量协商系统的分析框架

对国内外文献梳理可见,将协商能力置于协商系统中进行研究很有必要。

---

① 李笑宇:《协商民主与群众路线的交融:一个理论建构》,《天府新论》2016 年第 5 期。
② 谈火生:《混合式代表机制:中国基层协商的制度创新》,《浙江社会科学》2018 年第 12 期。
③ 张航:《农民参与协商民主的困境检视及优化路径——基于协商系统理论的解释》,《中国农村研究》2021 年第 2 期。
④ 张大维、赵益晨:《社区能力视角下协商系统实践的类型特征与发展趋向——基于全国首批最具代表性优秀社区工作法的比较》,《上海城市管理》2021 年第 2 期。

早期协商民主理论的批评者们认为，多数协商民主实证研究都集中在"如一次性的小组讨论或同一小组或同一类型机构的单独讨论事件"[1]上，协商民主因其有限的适用目标、实现形式、参与主体出现了"窄化"倾向[2]，遭遇解释力不足的质疑。对此，协商民主论者提出了协商系统理论予以回应，该理论的重要优势在于运用系统性方法超越既有的对单个协商机构和协商过程的研究，从整体上考察它们在整个协商系统中的相互作用，以产生一个健康的协商系统。[3] 德雷泽克等人认为，协商能力建设是由协商系统不同部分之间相互关系共同作用的结果，可以在不同制度中以不同的方式体现出来。[4] 不容忽视的是，农民的组织化参与和个性化表达可谓是协商民主参与的"一币两面"，真实的协商民主并不可能只存在有序的主体参与，因为协商主体的差异化偏好必然导致不同的协商表达与诉求，统筹考虑不同形态的协商主体参与同样离不开系统视角。总的来说，在协商系统理论框架下分析协商能力，既能统筹考虑微观公众论坛和公共协商领域，又可注重对话等协商方式之外的亚协商方式，还实现了协商与决策的衔接。

在借鉴和吸纳国际已有协商能力要素标准基础上，结合笔者研究团队对本土农村基层协商民主实践的长期观察，从协商系统视角分析协商能力，笔者发现本土化的社区协商能力主要表现为参与意识、规则掌握、沟通互动、技术技能、包容决断五个方面，这五个要素的高低很大程度上决定着协商能力的强弱。同时，这五个要素构成了协商能力的阶梯。一是参与意识。参与意识可视为行动者相关行为的心理动机或状态，积极的参与意识会转化为自觉的参与行为。参与意识是农民协商能力形成的基础性条件，没有参与意识，其他能力无从谈起。因此，参与意识在能力阶梯中处于第一梯度。二是规则

---

[1] 参见 Dennis Thompson, "Deliberative Democratic Theory and Empirical Political Science", *Annual Review of Political Science*, Vol. 11, No. 1, 2008, pp. 497–520。

[2] 张大维：《社区治理中协商系统的条件、类型与质量辨识——基于6个社区协商实验案例的比较》，《探索》2020年第6期。

[3] 参见 Jane Mansbridge, "A Systemic Approach to Deliberative Democracy", In John Parkinson, et al. eds., *Deliberative Systems: Deliberative Democracy at the Large Scale*, New York: Cambridge University Press, 2012, pp. 1–3。

[4] 参见 John S. Dryzek and Simon Niemeyer, *Foundations and Frontiers of Deliberative Governance*, Oxford: Oxford University Press, 2010, p. 136。

(程序) 掌握。规则是约束行动者必须、可以或禁止采取相关行动的规定。① 规则掌握体现着农民协商能力的主动性条件,主动了解协商规则有助于农民合理表达自己的意见,这是确保协商治理制度化的必然选择。② 因此,规则掌握处于第二梯度。三是(真实的)沟通互动。安德烈·巴赫泰格在《牛津协商民主手册》中将相互沟通视为协商的最低限度,具体包括权衡和思考共同关心的问题偏好、价值观和利益。③ 协商民主的过程实质上是参与者之间沟通互动的过程,这种沟通的真实性离不开秩序保障,因此沟通互动处于第三梯度。四是技术技能。技术技能指的是参与者在协商中拥有的产生话语民主的一种优势,是技术技能突出者能够借此对其他参与者的观点与协商结果产生显著影响的能力。技术技能彰显着参与者的专业性,因此技术技能是第四梯度。五是包容决断。包容决断是一个复合概念,其中包容是协商系统的最大特征④,决断是建立在充分协商要素基础上起关键作用的环节⑤。包容是决断的前提,决断是包容的目的。包容决断可以理解为参与者在对不同观点充分倾听的基础上做出的最优决策。这种理想状态需要以参与者的公共性为依托,所以包容决断是第五梯度。在这五大要素组成的阶梯模型中,农民协商能力就像梯子上的台阶层层递进,协商能力随着阶梯的上升也依次提高。

协商能力的五要素和阶序性,实际上形成了协商能力的分析框架,即协商能力可以从五个要素及其对应的特征加以测量。协商能力框架有以下要点。第一,协商能力是这五个要素的函数,农民在协商参与中具备的要素越全面和高级,其展现的协商能力越强,越可能达成协商系统的高质量,进而达成好的社区治理,实现社区善治。第二,当目标群体的五个要素有所缺乏时,所呈现的协商能力与协商系统质量并不能处于理想状态,比如当农民的沟通

---

① [美] 埃莉诺·奥斯特罗姆等:《规则、博弈与公共池塘资源》,王巧玲、任睿译,陕西人民出版社2011年版,第39页。
② 党亚飞、应小丽:《组织弹性与规则嵌入:农村协商治理单元的建构逻辑——基于天长市农村社区协商实验的过程分析》,《华中师范大学学报》(人文社会科学版) 2020年第1期。
③ 参见 André Bächtiger, et al. , *The Oxford Handbook of Deliberative Democracy*, Oxford: Oxford University Press, 2018, p. 2.
④ 张大维:《包容性协商:中国社区的协商系统模式与有效治理趋向——以天长市"11355"社区协商共治机制为例》,《行政论坛》2021年第1期。
⑤ 张大维:《党领群议:协商系统中社区治理的引领式协商——以天长市"1+N+X"社区协商实验为例》,《中州学刊》2020年第10期。

互动并不真实、流于形式时，其展现出的协商能力就不充分，协商结果也不能全面反映农民的诉求。第三，协商能力五个要素有其相对应的特点，分别是基础性、主动性、秩序性、专业性、公共性，这些特点是衡量相关要素的指标，特点的彰显程度不同会形成不同的协商组合，进而决定协商能力的高低。第四，协商能力五个要素呈现梯次推进的状态。能力次序的形成受到协商开展的逻辑顺序的影响，同时前一阶段要素的具备往往是后一阶段要素呈现的前提与基础，前者缺乏时后者也较难形成。因此，只有重视满足协商能力的要素及其顺序，才能达到较高层次的协商能力，从而达成协商系统的高质量（见图4-1）。当然，协商能力阶梯模型能否解释中国实践，还需从案例中加以考察。

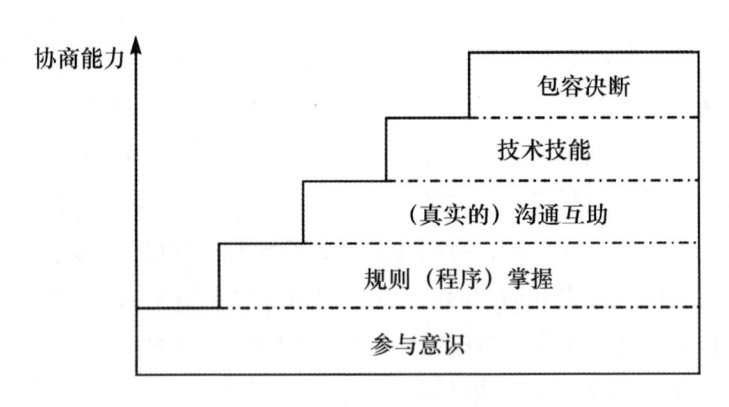

图4-1 协商能力阶梯模型

三 乡村建设行动中三个农村社区的协商实验案例

2018年1月，民政部首次在全国选取48个县市区作为农村社区治理实验区开展试点，山东省Z县、Y县和安徽省T县入选其中。2019年年底至2020年年初，笔者所在研究团队代表民政部对Z县、Y县和T县进行了中期评估，重点就每个实验区的一个协商实验案例进行现场观摩和考核。实地调查发现，三个实验区的协商主题均围绕乡村建设行动（包括村庄规划、基础设施、环境整治、公共服务、农村消费、城乡融合、投入保障、农村改革 8 个方面[①])的相关内容展开,但具体的协商议题有差别,表现出的协商能力特征、协商系统类型、协商质量高低各有不同。从以上建构的协商能力阶梯和协商质量分析框架来看,三个农村社区协商实验案例形成了一组比较样本。基于协商系统视角,这三个案例总体呈现以下三种样态。

案例一是 Z 县 D 社区的土地流转协商。D 社区二村位于镇政府东北 8 公里处,是社区的中心村,有 185 户 676 人,其中党员 22 名,2019 年村集体经济收入约为 50 万元。二村自 2013 年开始将农户与集体的 600 多亩土地流转给农业产业精品园,流转费为每亩 800—1000 元。在协商组织方面,D 社区二村的协商实践依托村委会开展,并未成立专门的村级协商组织。在协商主题方面,该村由 3 名村民代表提出土地流转的协商主题,协商会议决定其余 300 多亩土地是否进行流转。在协商主体方面,共有 24 人参加了协商会议,包括社区"两委"成员、居民代表、驻村工作组,人员构成由村"两委"指定,并未邀请种田大户与会。在协商场所方面,协商会议在村会议室召开。在协商进程方面,首先由村党支部书记作为主持人提出议题,并对议题进行简要分析,然后参会者挨个表态,均持肯定意见,最终参会者 24 人举手表决一致同意。在协商结果方面,协商代表全票通过,下一步村"两委"将入户征求意见,再召开户主会做出最终决定。

案例二是 Y 县 K 社区的大厅重建协商。K 社区位于县城北 10 公里处,覆盖 3 个自然村,共有 980 户 2450 人,其中党员 206 名,2019 年社区集体收入达 800 余万元。在协商组织方面,K 社区的协商实践依托居委会开展,未成立专门的村级协商组织。在协商主题方面,社区既有的红白理事会大厅条件较差,开展相关活动多有不便,故社区一名退休老干部提出重建红白理事会大厅的协商主题。在协商主体方面,共有 20 人参加了协商会议,包括社区"两委"成员、居民代表、老党员、妇女代表、退休老干部、居务监督委员会成员,同时还邀请了镇政府规划办、经管站、民政办等相关人员,具体的人员构成由社区"两委"选定。在协商场所方面,协商会议在居民议事室召开。在协商进程方面,首先由党支部书记作为主持人提出议题,并对议题进行简

---

① 《中共中央国务院关于全面推进乡村振兴加快农业农村现代化的意见》,《人民日报》2021 年 2 月 22 日第 1 版。

要介绍，然后代表发言，除18人持同意观点外，还有2人以"可以装空调改善""能将就"为由反对，在听取其他代表发言后，反对者立马表示了赞同。在协商结果方面，随着相关业务部门发言完毕，协商议题顺利通过，后续还需居民（代表）会议通过后组织建设，落实期限为1年。

案例三是T县X社区的农户换田协商。X社区位于镇中心，由3个行政村合并而来，辖33个居民组，总人口有5365人，其中党员90人，2019年社区集体经济收入为14.3万元。在协商组织方面，T县在全县174个村（社区）均成立了专门的协商组织——协商委员会，X社区也不例外。在协商主题方面，社区以农户换田为协商主题，由于两个居民小组部分土地互有交叉，相当数量农户的取水、耕种等受到影响，因此X社区围绕换地协调事宜开展协商。协商主题由居民向所在居民小组组长反映，议题符合该县民政局制定的协商目录对协商议题的规定，于是协商委员会按协商流程开展协商。在协商主体方面，共有20人参加了会议，包括社区"两委"成员、居民代表、乡贤能人、集体经济组织理事会和监事会成员、居民小组代表、普通居民与换田当事人，其构成包括协商委员会成员以及利益相关方。在协商场所方面，三轮协商分别在社区议事厅、农户家中以及田地现场召开。在协商进程方面，由于与会方利益分歧较大，协商委员会基于公共利益至上原则做通居民小组代表的工作，又通过居民小组代表对重点农户进行情感说服。在协商结果方面，经历三轮协商后，协商双方顺利签署换田协议，协商委员会负责监督并作为见证方签字，社区集体经济股份合作社理事会和监事会成员负责土地丈量与补偿费用核算。

四 案例社区协商能力和协商系统质量的比较及其类型转化

从上述比较中可知，三个社区协商案例展现出了其强弱不同的协商能力以及相对差别的协商特征，并对应着高低各异的协商系统质量。同时，在协商能力阶梯中，随着协商能力的提升，协商系统也朝着更高质量推进。

(一) Z县D社区：土地流转的"咨询型协商"

从Z县D社区二村在土地流转协商中展现的协商能力看，其呈现"咨询型协商"的特点。第一，参与意识方面。在D社区二村协商实践中，协商主题与村民收益密切挂钩，已流转土地的村民尝到了甜头，其他村民也想搭上土地流转"顺风车"，所以村民对此次协商会议的参与意识较强。只有当参与者了解或愿意了解某个特定问题时，对该问题的协商才会有效。[①] 可见，较强的参与意识显著影响协商能力，进而提升了协商系统的质量。第二，规则（程序）掌握方面。虽然县级层面制定了24条协商指导规程和56项指导目录，但各村（社区）在协商开展阶段，仍以收集意见建议为主，体现为咨询形式，相关规则（程序）实际上并未有效运转。在对D社区二村的协商进行观摩时，笔者发现农民的规则（程序）掌握效果一般，主要靠主持人引导。第三，（真实的）沟通互动方面。D社区二村在此次协商实践中，由于本次会议旨在征询村民意向，不涉及与种田大户进行价格探讨，代表在发言时，均对土地流转持肯定意见，缺乏反对意见以及代表之间的讨论，现场气氛较为沉闷，总体上参与者沟通互动情况不够理想。第四，技术技能方面。D社区二村围绕土地流转开展协商时，主要是村民代表在场，与会的驻村工作组不具备专业性，并未邀请相关的农业经济管理部门、种田大户与会，因此协商会议技术技能含量不高。第五，包容决断方面。包容性被协商系统论者视为核心要素，只有在包容性基础上做出合理的协商决断，才能具备充分的合法性。而在D社区二村协商案例中，因缺少沟通互动与反对意见，包容决断因素彰显不足。总体来看，在Z县协商案例中，村民协商参与意识虽然得到激发，但规则（程序）设置并不明确，沟通互动浮于表面，只是简单的问题咨询和意见收集，同时也缺乏专业人士加入，包容决断方面略有欠缺。Z县D社区的农民并未在协商议事中体现出较强的协商能力，协商主要是为了听取群众意见，整体呈现应对性咨询特征，是一种"咨询型协商"。[②]

[①] 参见 André Bächtiger, et al., *The Oxford Handbook of Deliberative Democracy*, Oxford: Oxford University Press, 2018, p.195。

[②] ［美］詹姆斯·S. 费什金：《倾听民意：协商民主与公众咨询》，孙涛、何建宇译，中国社会科学出版社2015年版，第23—24页。

(二) Y县K社区：大厅重建的"回应型协商"

从Y县K社区在协商中展现的协商能力来看，其呈现"回应型协商"的特征。第一，参与意识方面。农村社区是"熟人社会"，人情往来是关系维系的纽带，红白理事会大厅作为人情往来的重要载体，与每一位村（居）民息息相关，因此K社区除指定的居民代表参会外，还有老党员参与，展现的参与意识较强。第二，规则掌握方面。会议大体按照"提出议题—与会人员讨论发言—专业人员发言—形成决议"的既定程序开展，当地居民对协商规则与程序的掌握情况较好。第三，（真实的）沟通互动方面。会议出现了反对者，其在听取其他意见后有所反思，由此可判定当地农民具备一定的沟通互动能力。第四，技术技能方面。4位相关业务部门同志参会回应，从专业性上为参会者给予指导意见，极大提升了代表的协商技术技能。第五，包容决断方面。两位反对者在听取其他代表发言后改变了自己的观点，协商会议也在此基础上做出了最终决断，可以认定K社区农民的协商包容决断能力尚可。总体来看，在Y县协商案例中，居民展现出较好的协商参与意识，对于规则（程序）具有相当程度的了解和运用，形成较为良性的沟通互动，同时通过邀请业务部门与会回应，增加了协商的技术技能，初步具备了包容决断特质。尽管还存在上升空间，但Y县K社区农民已经在协商议事中显现出一定的协商能力，社区和业务部门也通过协商会议在一定程度上回应了群众需求。显然，这是一种"回应型协商"。[①]

(三) T县X社区：农户换田的"包容型协商"

从T县X社区在协商中展现的协商能力来看，其呈现"包容型协商"的特征。第一，参与意识方面。有8位居民小组代表、普通居民作为利益相关方代表主动参加协商会议。这在三个案例中数量最多，因此判断当地农民协商参与意识较强。第二，规则掌握方面。T县曾经通过问卷形式向全部174个农村（社区）群众调查对协商民主的知晓度，调查方式为随机抽查，问卷包括与协商规则相关的问题，X社区共有31人参与调查，其中18人得到100

[①] 张航：《回应前置：农村基层协商走向治理有效的路径探析——以天长市"农村社区治理实验区"为例》，《农村经济》2021年第5期。

分，11 人得分在 80—99 分，因此可以认为当地居民协商规则掌握能力较强。第三，（真实的）沟通互动方面。两个小组就换田事宜共开展三次协商，虽然 X 社区干部通过多种方式说服双方代表，但换田协议仍因历史遗留问题、部分农户对置换价格不满意等情况而多次搁置，最终协议在找准利益平衡点后得以顺利签署。在此期间，利益相关者表达充分，沟通互动真实性较高。第四，技术技能方面。协商系统理论认为协商还应妥善利用非协商方式。当协商民主发生在农村场域，乡土社会既有的协商资源可以在推动协商落地时发挥重要作用。X 社区在协商中邀请乡贤做工作，运用乡贤"感情""道理""面子"等特殊的技术技能，具有较强的乡村情境适用性，因此可以认为当地农民在技术技能方面能力较强。第五，包容决断方面。协商屡次无果后，X 社区反复借助公共集体利益和"情感牌"方式提升参与者的包容能力，最终做出了双方都能接受的协商决断。可以说，农民的包容决断能力随着协商进程获得了极大提升。总体来看，在 T 县的协商案例中，居民协商参与意识较强，对于规则（程序）掌握情况较好，具备真实的沟通互动，运用人情的技术技能推动协商，最终做出最大限度包容参与者诉求的决断。T 县 X 社区的农民在协商议事中展现出较强的协商能力，以广泛性参与和包容性协商发挥了自身在村庄事务中的积极作用，是一种"包容型协商"。[①]

（四）协商能力阶梯递进与协商质量形态转换

从以上对三个案例协商能力和协商质量的评估比较中可以看出，三种协商类型呈现了协商能力的阶梯递进和协商质量的形态转换逻辑。

一方面，协商能力阶梯呈现着递进的过程。整体上看，从参与意识到包容决断五大要素形成能力阶梯，如同一个个台阶，阶梯所处的高度代表协商能力的强度和协商质量的高度。如 T 县 X 社区的农户换田协商较好地具备了五大要素，协商能力自然也就较强。其中，处于能力阶梯中的相对位置越低的要素越容易实现，反之位置越高的要素越难实现。如技术技能、包容决断两大要素均属于较高阶段的协商能力，较难实现。此外，阶梯之间存在进阶关系，只有满足位置较低的要素后才可以"向上攀升"，进阶下一个要素。如

[①] 张大维：《包容性协商：中国社区的协商系统模式与有效治理趋向——以天长市"11355"社区协商共治机制为例》，《行政论坛》2021 年第 1 期。

满足了参与意识这一条件后，就可以考虑规则（程序）掌握因素，若参与意识条件不具备，通常下一因素即规则（程序）掌握因素也难以考虑。

另一方面，协商系统质量会随着协商能力的变化发生形态转换。当协商能力较强时，相应转换的协商系统质量较高，反之则较低。德雷泽克等人指出："当平衡的信息、专家证词和由主持人监督等条件都具备时，则可认为是一种安排良好的协商过程，此时普通人也有能力进行高质量的协商。"[①] 由于协商议题筛选、议程设置、规则执行、组织架构等环节的不同，以及农村社区历史传统、村民个体差异等因素的影响，Z县、Y县和T县三个协商案例所呈现的农民协商能力各有差异，因此形成了不同的协商系统质量（见图4-2）。在Z县"咨询型协商"中，虽然农民的参与意识得到激发，但协商主体未得到充分考虑，意见表达不够全面，更多的是一种意向征询或咨询，协商系统质量打了折扣。在Y县"回应型协商"中，若干反对意见被提出后，其他代表的发言引发了反对者的理性思考，最终在业务部门的介入及回应后反对者打消了疑惑，体现出一定的协商系统质量。在T县"包容型协商"中，协商双方充分沟通互动，运用多种协商手段，经过多轮协商后形成了书面协定，协商系统的质量较高。随着社区协商能力的提升，协商质量也会发生相应转换，如Z县随着社区协商能力的提升获得了协商系统质量的提升，所处位置会攀升到Y县所处的位置。

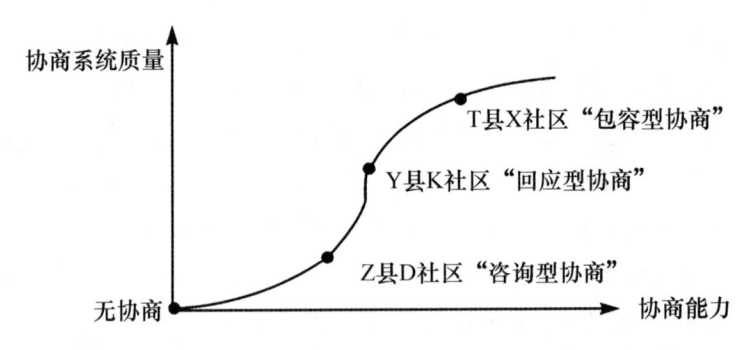

图4-2 三种协商类型在协商能力与协商系统质量框架中的位置

---

① 参见 John S. Dryzek, et al., "The Crisis of Democracy and the Science of Deliberation", *Science*, Vol. 363, Issue 6432, 2019, pp. 1144–1146.

五　结论与启示

新发展阶段需要高质量发展，民主协商也需要高质量发展。[①] 通过协商能力阶梯框架的建立，可以探究高质量协商系统的实践逻辑。农民协商能力的提升，一方面能推动农村基层协商系统高质量发展，加快乡村建设行动的开展，开创乡村振兴新局面；另一方面能向世界讲好中国协商故事，推动中国协商经验"走出去"，为全球协商民主理论的发展表达"中国话语"。因此，对协商能力的研究有着实践和理论的双重意义。在借鉴国际已有要素标准及把握中国协商实践特点的基础上，笔者尝试提出包含五大要素的农民协商能力阶梯，并对在乡村建设行动中产生的三个农村社区协商实验案例进行实证分析，评估其协商能力和协商系统质量。通过上述研究，可以得出以下基本结论。

第一，协商系统理论和方法的引入能够较好地评估和发展农民协商能力。将农民置于协商系统中，从系统的整体视角出发思考农民协商能力的提升，克服了既有研究就农民谈农民的"微观倾向"。从 Y 县 K 社区和 T 县 X 社区的协商案例分析可见，它们都是站在协商系统的高度，通过专业人士、乡贤的引入，以协商系统中的技术技能增加协商的专业性，成功弥补了农民协商能力的不足。

第二，中国实践的协商能力分析框架内含五大要素并具有相应的特点。中国特色的农民协商能力框架主要包含参与意识、规则（程序）掌握、（真实的）沟通互动、技术技能、包容决断五种要素，这五种要素分别对应基础性、主动性、秩序性、专业性、公共性等特点。当相关要素具备时，意味着农民处于相对应的协商能力阶段；当要素情况较好、种类较全时，农民所对应的协商能力处于较高水准。如在 T 县 X 社区案例中，五种相关要素都已具备且比较充分，农民所展现的协商能力也较高。当然，农民协商能力分析框架虽然针对的是农民，但该框架对中国城乡基层社区和相关领域同样具有一定的

[①] 张大维：《高质量协商如何达成：在要素—程序—规则中发展协商系统——兼对 5 个农村社区协商实验的评量》，《华中师范大学学报》（人文社会科学版）2021 年第 3 期。

借鉴性。

第三，协商能力框架内部存在着阶梯关系。五种能力构成一种阶梯模型，其中能力阶梯的最底端是参与意识，最顶端是包容决断，在框架阶序内部存在层层递进的关系。能力从低端到高端的发展既契合了协商实践逻辑顺序，其拾级而上又体现了农民在协商能力方面走向成熟。一般情况下，阶梯底端的能力得不到满足时，高端能力也无从谈起。如在Z县D社区二村的协商中，协商会议的意见表达不够全面，致使后续几项农民协商能力的培育都受到影响。

第四，协商系统质量的高低总体上可以通过协商能力来辨识。当农民有较高的参与协商的能力时，他会在规则范围内提出自己的诉求，在与他人的交流中理性思考，并充分借鉴专业人士的意见，最终充分包容各方意见并在公共利益最大化的基础上做出最佳决断。此时，我们可以认为协商系统可能是高质量的，这种高质量源于农民协商能力的提升。

第五，高质量的协商系统有助于乡村振兴的实现。从理论上讲，协商系统高质量运转的最高目标是达成高的协商绩效，亦即治理有效，从而促进乡村振兴的实现。从实践出发，文中三个案例均属于乡村建设行动，当协商系统处于高质量运转时，其就为乡村建设行动的开展创造了条件，进而推动乡村振兴的实现。

基于以上结论，还可以得到以下启示。一方面，在乡村建设行动中要为培育农民协商能力创造条件。农民协商能力是农村基层协商能力的核心要件，农民这一协商主体的参与能力不能成为协商民主的"短板"，各级政府应当采取针对性策略有效提高农民的协商能力，为协商系统高质量运转和协商实践的高层次发展贡献力量。另一方面，在乡村振兴中要通过系统化路径提升协商质量。协商能力是协商质量提升的充分条件而非必要条件，目前还存在一些影响协商质量提升的相关因素，诸如协商议题筛选、议程设置、协商结果与执行监督等协商系统环节，因此需要借助协商系统视角，从宏观层面的协商出发提升协商质量，为农村社区有效治理贡献协商的力量，从而找准理解中国道路的基础性进口。[1]需要注意的是，阶梯顺序是从一般意义上提出的，

---

[1] 唐娟、谢靖阳：《城市社区协商民主的细节：结构、过程与效能——基于深圳市Y社区居民议事会的考察》，《社会政策研究》2019年第4期。

在不同的地区、场景、条件、事项等的协商过程中可能会有区别，有的要素可能缺失，有的甚至可能调换顺序。因此，通过进一步理论归纳与实践探索，完善与修正协商能力框架将是未来的拓展方向。

第四篇

在哪协商：协商空间

第五章

片区协商：超越村组的社区议事单元及其系统运行[①]

一 基层治理单元研究进路与片区协商

党的十九届四中全会提出要坚持社会主义协商民主的独特优势，统筹推进包括基层协商在内的七大协商体系。当下，社区协商逐渐成为中国特色协商民主在基层的重要实现形式。为达到有效目标，作为协商场域的协商单元选择问题也日益凸显出来。在我国已有的城乡社区协商实践中，协商单元较多是以社区（行政村）和居民小组（村民小组）等基本的社会组织单元为基础，和基层治理单元几乎重合。但中办、国办 2015 年印发的《关于加强城乡社区协商的意见》和 2019 年印发的《关于加强和改进乡村治理的指导意见》提出，需要在考虑不同地域的经济社会发展实际、结合参与主体情况和具体协商事项的前提下，探索不同的居民小区（自然村/村民小组）、社区（行政村）和街道（乡镇）之间结合而成的多类型协商单元和协商形式，实现基层有效治理。目前学界围绕农村社区的基层治理单元研究主要形成了四种视角：自治单元、行政单元、服务单元和改革单元。从基层治理单元的条件基础和设置逻辑来看，已有文献主要有四种研究进路。

第一，基层自治单元研究。该研究源于化解行政村为单元的基层自治面

[①] 本章由张大维、解惠强以《片区协商：超越村组的社区议事单元及其系统运行——基于协商系统理论的农田改造考察》为题，发表于《广西大学学报》（哲学社会科学版）2021 年第 3 期。

临的实践瓶颈。徐勇、赵德健提出，为找回自治应转换价值与制度优先的传统研究范式，结合具体社会条件建构合适的自治单元与形式①。循此路径，邓大才从利益、文化、地域、规模和个人意愿等五要素深入研究了基层自治单元设置的社会基础②。李增元从农民主体性视角，提出基层自治单元的设置须考虑赋予该单元需要承载的功能及单元的自身性质等复杂因素③。2014年中央一号文件提出"可开展以社区、村民小组为基本单元的村民自治试点"，但自治单元规模与层级的确定存在较大争议。学界围绕应将自治单元由行政村下沉至村民小组④，还是由行政村上移至乡镇⑤，或者实行多层级的单元自治展开了持续讨论⑥。问题核心在于不同层级的单元自治分别面临结构性困境，以及民主自治与有效治理的融合和均衡。

第二，基层行政单元研究。该研究的焦点是行政资源整合与基层有效治理，大多以基层行政单元的合并现象为研究对象。唐皇凤等人从提高行政效率的视角，认为"合村并组"等扩大基层行政单元的措施更有利于整合基层治理单元和节省治理成本⑦。但"合村并组"等扩大基层行政单元的做法也存在减弱基层行政单元的凝聚与整合效力、弱化或丧失村庄传统治理资源等功效的问题⑧；面临着无法降低行政成本、无法提高村干部工作积极性和村级组织行政效率、无法改善甚至恶化村级治理等现实困境⑨。关于如何设置合适的基层行政单元，邓大才提出行政单元的合适区间在"最大的发展单元和行

---

① 徐勇、赵德健：《找回自治：对村民自治有效实现形式的探索》，《华中师范大学学报》（人文社会科学版）2014年第4期。
② 邓大才：《村民自治有效实现的条件研究——从村民自治的社会基础视角来考察》，《政治学研究》2014年第6期。
③ 李增元：《农村基层治理单元的历史变迁及当代选择》，《华中师范大学学报》（人文社会科学版）2018年第2期。
④ 程同顺、赵一玮：《村民自治体系中的村民小组研究》，《晋阳学刊》2010年第2期。
⑤ 陈明：《村民自治："单元下沉"抑或"单元上移"》，《探索与争鸣》2014年第12期。
⑥ 张茜、李华胤：《村民自治有效实现单元的讨论与研究》，《中国农业大学学报》（社会科学版）2014年第4期。
⑦ 唐皇凤、冷笑非：《村庄合并的政治、社会后果分析：以湖南省AH县为研究个案》，《社会主义研究》2010年第6期。
⑧ 罗义云：《"合村并组"应慎行》，《调研世界》2006年第7期。
⑨ 田孟：《"合村并组"的政治逻辑与治理困境》，《华南农业大学学报》（社会科学版）2019年第3期。

政与自治均衡所形成的最小单元之间"[①],印子认为行政单元设置与其自身承载的治理能力之间存在正相关匹配关系[②],也有人指出行政单元设置需考虑其对应功能和社会情境等。

第三,基层服务单元研究。该研究着眼于在哪个层面上提供社区服务才能产生最大效益,面对服务群众作为基层治理水平的指标压力,以行政村为基本服务单元的设定也正在实践中调适。从现有的情况看,行政村难以作为满足基层群众服务需求的单一载体。学界关于基层服务单元的界定也如同行政单元的延展与收缩逻辑一样,有人提倡超越行政村的更大规模的服务单元[③],刘强等人则主张以村民小组或自然村为主的小型社区作为公共服务单元的补充,更能贴近群众生活,可提供更有针对性和精准性的服务[④]。但由于服务单元与行政单元本身的性质不同,服务单元设置更具弹性。根据具体的服务对象、服务内容和服务特点,把不同层次、多种类型的服务单元结合起来已是基本发展趋势。

第四,基层改革单元研究。该研究侧重于探索农村集体产权制度改革的推进。自2015年中央正式启动改革以来,单元选择逐渐进入学界视野,但目前尚未有除农村集体产权改革之外的改革单元的研究。农村集体产权制度改革由中央统一引导、地方政府具体操作。党亚飞从政府干预的视角论证了不同政府类型的权力介入程度与村民行动空间之间的关系,认为政府介入权力越小则农民自主选择改革单元的可能性和灵活性越大[⑤]。从经验的角度看,不同的地方政府会根据不同的目标取向和改革内容选择不同的改革单元。杨明基于对国家级农村集体产权改革试点的调查,认为目前主要有村—组两级单元、村—组复合单元及村级整合单元三类不同的单元选择实践,而且改革单

[①] 邓大才:《均衡行政与自治:农村基本建制单位选择逻辑》,《中共中央党校(国家行政学院)学报》2019年第1期。

[②] 印子:《乡村基本治理单元及其治理能力建构》,《华南农业大学学报》(社会科学版)2018年第3期。

[③] 邓大才、张利明:《多单位治理:基层治理单元的演化与创设逻辑——以中国农村基层治理单元演化为研究对象》,《学习与探索》2017年第5期。

[④] 刘强、马光选:《基层民主治理单元的下沉——从村民自治到小社区自治》,《华中师范大学学报》(人文社会科学版)2017年第1期。

[⑤] 党亚飞:《政府类型、行动空间与村民自治有效性——以京鄂皖农村集体产权改革试验区为考察对象》,《农村经济》2020年第3期。

元越与村民小组重合，改革成本越低、改革成效越高①。

由此看来，已有研究大多按照社会单元和行政单元来设定基层治理单元，对跨越基本单元、以具体事项解决为导向的片区治理关注不足。尤为重要的是，协商治理虽已成为当前基层治理的主要方向，但针对基层协商单元的研究还较少。鉴于熟人社会里的情感联结等因素，李晓广认为村民小组是开展协商治理最便利的场域②。党亚飞等人从协商组织的弹性能力和协商规则嵌入这两个变量的组合类型探究了多层次复合协商单元体系③。任路在分析协商民主作为村民自治的有效实现形式时指出，应打破以往单一的组织体系、封闭的参与主体和村庄边界的三重限制，在坚持跨区协商议事中探索适度规模的村民自治单元④。虽然这些分析为协商单元的研究提供了基础，但是还没有专门的跨区协商单元实践和理论探讨，尤其是还没有探索片区协商的有效性。

综上所述，本研究旨在突破协商是按照村/社区、小组/自然村等一定的自治单元和行政单元来完成的一般认识，回答以片区为单元的协商究竟能否成为基层协商实践中一种重要选择。基于这一问题意识，本章以2019年12月底安徽省天长市向阳社区农田改造中的沟渠硬化协商为例，运用当前国际上协商民主的前沿理论——协商系统理论为主要分析工具，探讨片区协商的形成及其系统运行逻辑。

二 分析工具：协商系统理论及其要素

"协商系统"一词最早由简·曼斯布里奇在其《协商系统中的日常对话》一文中提出⑤。其主张应该从话语和观点的流动性、复杂性和广阔性来理解协

---

① 杨明：《绕不开的"组"：中国农村集体产权改革的单元选择——基于农村集体产权制度改革试点的调查》，《四川师范大学学报》（社会科学版）2020年第3期。

② 李晓广：《论协商治理视域下村民小组自治的有效实现》，《学术界》2019年第4期。

③ 党亚飞、应小丽：《组织弹性与规则嵌入：农村协商治理单元的建构逻辑——基于天长市农村社区协商实验的过程分析》，《华中师范大学学报》（人文社会科学版）2020年第1期。

④ 任路：《协商民主：村民自治有效实现的路径转换与机制重塑》，《中共浙江省委党校学报》2016年第5期。

⑤ 参见 Macedo S., *Deliberative Politics*: *Essays on Democracy and Disagreement*, Oxford: Oxford University Press, 1999。

商，采取更具包容性的系统视角整合孤立的协商过程。

（一）协商系统的内涵外延

2012年，由约翰·帕金森和曼斯布里奇主编的《协商系统》一书问世，帕金森、曼斯布里奇、西蒙·钱伯斯（Simone Chambers）和马克·沃伦等多位协商民主理论家总结了协商系统的概念，即一种通过论辩、证明、表达与说服等手段来应对冲突和解决问题的交谈式系统。在这种良好的协商系统中，他们提出相关观点的说服应该替代压制、压迫和轻率的忽略。从规范层面来说，系统化路径意味着人们应该从系统整体的视角而不是以组成系统的部分来评价系统[1]。总之，协商民主理论家认为协商系统包含四个部分：有约束力的决策、与做出这些决策直接相关的一系列活动、与这些具有约束力的决策相关的非正式交流，与共同关切的议题有关的正式或非正式交流论坛。并且，他们也探讨了符合协商系统的行为或制度的标准要素，并将其归结为三类：能否有助于达成集体或公共决策[2]；能否体现反思性、尊重他人以及交流性等协商行动的典型特征[3]；能否有助于整个协商系统发挥平等、包容、给予理由等民主功能[4]。另外，协商系统论者认为协商系统也包含一些其本身不具备协商性的非协商成分，但"如果非协商性行为能够带来积极的系统性协商后果，那么人们就应该将它们看作是协商系统的一部分"[5]。

（二）协商系统的三重维度

1. 多元主体与多类形式组成动态协商网络

协商系统的提出是为了弥补微观、具体和分散的小规模协商存在的民主

---

[1] 参见 Parkinson J. and Mansbridge J., *Deliberative System*, Cambridge: Cambridge University Press, 2012, pp. 4–5。

[2] 参见 Parkinson J. and Mansbridge J., *Deliberative System*, Cambridge: Cambridge University Press, 2012, p. 5。

[3] 参见 Smith W., "The Boundaries of a Deliberative System: The Case of Disruptive Protest", *Critical Policy Studies*, Vol. 10, No. 2, 2016, pp. 1–19。

[4] 参见 Konps A., "Deliberative Networks", *Critical Policy Studies*, Vol. 10, No. 3, 2016, pp. 1–20。

[5] 参见 Dryzek J., "Reflections on the Theory of Deliberative Systems", *Critical Policy Studies*, Vol. 10, No. 2, 2016, pp. 71–77。

功能缺陷。协商民主理论最初界定的协商参与主体是指受决策影响的个体，但由于复杂的代表机制和过于强调理性交流规范，这一笼统的定义通常只狭隘地指向少数精英群体。协商系统的提出者认识到了协商民主的大众面向，根据协商系统理论，应摆脱一些正式规范的束缚，只要利益相关的多元主体（包括不同社会身份和职业的普通个体、官员、专家、企业家等）均可直接参与协商。另外，虽需强调理性认识在协商中不可或缺的作用，但除了理性，协商还应包含叙事（讲故事）、谈判、巧辩、讨价还价等多种交流形式[①]。而且，协商系统更应被视为一种过程，而不是正式的协商机构之间的静态关系，协商主体在此过程中开展的协商事务表现出动态性和持续性[②]。由历时性和广阔范围的多元主体及多类协商形式组成的动态协商网络才能最终促成真实有效的协商。

2. 不同层次的协商空间与场所的结构整合

为了使面对面议事转化为大规模协商能更好地发挥民主功能，协商系统诉诸空间与场域的结构整合。从协商系统的视角看，一些场所（个人）更能提供高质量的理由，一些场所（个人）具有更强的积极倾听和寻找共同点的能力，还有一些场所（个人）能发挥融合边缘化意见或新思想的作用[③]。因此，超越任何单一的协商空间、场域和结构，将宏观的政府机构和党派协商、中观的公共领域协商、微观的特设论坛等整合到协商系统当中是较可取的路径。并且协商系统不只是把各个协商部分整合在一起，还强调跨越不同空间、场域和结构的混合协商类型。此外，协商系统的各个部分之间相互学习运行经验是重要的，比如将微观公众会议的一些程序与机制最大化到宏观协商当中。但更关键的是协商系统各部分之间的相互连接性、相互依赖性以及它们之间的分工。如罗伯特·E. 古丁指出，系统的每一部分都有民主和协商的优势和缺陷，需按照一定的结构顺序排列以确保在系统整体上遵循和发扬协商

[①] 参见 Bächtiger A., Dryzek J. S., Mansbridge J., et al., *The Oxford Handbook of Deliberative Democracy*, Oxford: Oxford University Press, 2018, pp. 20-21。

[②] 参见 Bächtiger A., Dryzek J. S., Mansbridge J., et al., *The Oxford Handbook of Deliberative Democracy*, Oxford: Oxford University Press, 2018, pp. 432-446。

[③] 参见 Bächtiger A., Dryzek J. S., Mansbridge J., et al., *The Oxford Handbook of Deliberative Democracy*, Oxford: Oxford University Press, 2018, p. 15。

民主的所有规范①。

3. 决策权力吸纳非正式的协商场域和意见

协商系统的雏形是哈贝马斯提出的双轨协商民主模式——强公共领域协商与弱公共领域协商。强公共领域协商指国家和政府机构的正式协商，弱公共领域协商指社会公共领域的非正式协商。这一构想的目的是实现贴近生活经验的非行政性的社会场域、非正式协商意见与政治系统中心的决策之间的有机衔接。钱伯斯进一步强调了大众协商的重要性，而大众协商呈现为在多重分歧的背景下开展的一系列去中心的、多元的、复杂的重叠对话②。艾丽斯·杨（Iris Young）同样认为大众协商过程是无主体和去中心的，而且协商民主应被视为一个连接人们和当权者的系统过程，通过此系统过程使大众协商意见对当权者的决策产生重大影响③。

从协商系统理论来看，协商是广泛化、多层化、去中心和超时空的。由此可见，协商场域并不局限于行政单元或自治单元。而且协商有其本身的运作系统，只要具备协商系统的各要素，就可以构成真实有效的协商。从协商系统的内涵看，中国城乡基层的片区协商应被纳入一种合乎标准的协商系统形式。

三 案例呈现：农田改造中的片区协商

片区治理已在中国一些地方实践中展现了新的思路。韩瑞波从自治单元的视角提出片区可以是行政村与村民小组之间的一种非正式治理单元④。笔者根据近年的调研发现，以具体的基层治理事务为导向，不但可以由一个行政村（社区）内的几个村民小组，也可以在几个行政村（社区）或几个乡镇间组成不同规模与层级的片区进行协商议事解决问题。例如，安徽省天长市大

---

① 参见 Goodin R. E. , "Sequencing Deliberative Moments", *Acta Politica*, Vol. 40, No. 2, pp. 182 – 196。

② 参见 Parkinson J. and Mansbridge J. , *Deliberative System*, Cambridge: Cambridge University Press, 2012。

③ 参见 Young I. , *Inclusion and Democracy*, Oxford: Oxford University Press, 2000, pp. 38 – 41。

④ 韩瑞波：《"片区自治"：村民自治有效实现形式的新探索》，《探索》2020 年第 1 期。

通镇涉及两个村（社区）以上的片区事项，由镇分管领导和镇直部门牵头，相关村（社区）关联人员参加，形成镇级大协商格局。2019年处理徽通家园售房矛盾，由分管镇委副书记牵头，会同元通社区、大通社区、街南社区及规划、司法、信访等部门组成大协商机制，效果比较明显。以下将重点对跨越多个村小组的片区协商进行案例分析，呈现天长市向阳社区农田改造中沟渠硬化的片区协商过程和有效治理路径。

（一）协商议题：组长牵头提出与社区党总支审核

向阳社区的高庄、浮山、祝庄等3个村民组在2019年面临着农田改造中的沟渠硬化问题。起初，村民们在村民组内和村民组之间，经过亲戚、邻里等社会关系之间的多方非正式交流与商议，使得沟渠硬化问题得到3个村民组的普遍响应而初步定为需要协商解决的议题。继而经过3个村民组组长之间的商议，以及取得本组内村民同意后，形成议题提议方案：在一定时间段里，由3个村民组组长联合本组村民共同向社区党总支以口头的方式提出申请。社区党总支收到3个村民组的申请后，党总支书记组织社区"两委"会议就此展开审核。以是否事关多人利益为核心取舍标准，社区"两委"会议同意3个村民组提出的解决农田改造中沟渠硬化问题的申请，并决定把3个村民组召集起来组成专门的片区单元，围绕农田改造这一个议题展开协商。

（二）协商组织：党总支书记负责与多类主体参与

协商参与主体也由社区"两委"会议商议决定。社区"两委"会议讨论并确定参与协商的人员组成方案后，随即以口头形式告知3个村民组组长通知本组村民。协商参与人员分为两种类型：首先是由3个村民组选出代表参与协商，村民代表是协商的基本主体；其次由社区两委成员分工联系和邀请与农田改造中沟渠硬化问题有关的市镇政府人员以及协商技术专家参与，以确保村民和政府的有效沟通，以及商议过程符合协商程序与原则。经过社区两委、3个村民组的干部和村民多次沟通商议，最终确定参与协商者20人。在性别结构上，男性14人，女性6人；在年龄结构上，青年2人，中年13人，老年5人；在身份结构上，3个村民组的村民代表（包括3个村民组的组长和会计）共14人，镇政府干部2人（农办主任和水利站长），技术专家2人（社区法律顾问和大学教师各1人），主持人1人（社区党总支书记），以及记录员 1 人（社区干部）（见表 5-1）。根据议事规则，只有 14 名村民在协商过程中有表决权，其余参与人员有问题分析与建议的权利。

表 5-1　　　　　　　　　　协商参与人员结构

性别结构	男性 14 人，女性 6 人
年龄结构	青年 2 人，中年 13 人，老年 5 人
身份结构	主持人 1 人（社区党总支书记）
	记录员 1 人（社区干部）
	3 个村民组代表共 14 人
	镇政府干部 2 人（农办主任和水利站长）
	技术专家 2 人（法律顾问和大学教师各 1 人）

（三）协商过程：两轮协商与三种方案

社区党总支书记、村民组干部、村民在社区居委会办公室、村民家里等正式和非正式场所经口头商议等非正式沟通后，把协商地点确定在高庄组一户村民家的院子里。会场的准备工作由社区与村民组的干部和工作人员负责，会场所在的村民家协助。协商会议由社区党总支书记主持和推进。在会议开始前，社区党总支书记宣读了会前与技术专家商定的四点协商规范：参加协商的人员不准吵架；不发表与主题无关的言论；重复的内容不要说；可以举手发言，也可以按顺序发言。这四点规范基本保证了意见交流的协商性和民主性。

第一轮协商由 3 名村民组干部带头发言，引起了其他代表的热议，表达农田改造中沟渠硬化存在的具体问题，后由主持人归纳并确认问题（见表 5-2）。发言顺序根据个人意愿依次进行，方式是自由的。

表 5-2　　　　　　　　　　第一轮协商发言情况

顺序	内容
浮山村民组组长	高标准农田改造中的沟渠硬化，关键问题是资金，希望政府能够解决资金问题

续表

顺序	内容
高庄村民组会计	高标准农田改造是执行中央政策，关键是硬化沟渠时村里村民贫富有差距，筹钱困难
高庄村民组组长	农田改造是好事，但改造后小田变大田，下雨难清沟，所以沟渠需硬化
3个组村民代表	针对以上3人的发言展开了附议讨论

发言完毕后主持人总结：一是是否硬化沟渠，二是资金如何筹措，并提议大家就是否同意硬化沟渠充分讨论。为定量处理，社区党总支书记请与会村民代表举手表决。经举手表决，在场参与协商的14名村民代表一致同意硬化沟渠。村民代表表决后，镇农办主任表示尊重村民的意愿，会争取上级政府的资金支持，并指出资金支持模式是"社区—镇—市"逐级预算，需要层层上报。高标准农田改造涉及1万亩地，投资1500万元，当初社区规划预算时并没有该项预算，因此硬化沟渠的费用不在这1500万元之内，而资金变更须符合预算更改程序。镇水利站站长表示需要向镇分管领导汇报这一情况，而资金需上报申请，但不能保证一定到位。社区法律顾问也发表了看法，认为沟渠硬化涉及3个队，群众意见合情合理，但要通过合法程序由社区两委形成书面报告，上报镇政府，镇政府再向市政府汇报，争取项目资金支持。

听取参与者各自的意见后，社区党总支书记认为沟渠硬化的主要价值在于增加水塘的蓄水量，这将十分有利于农田改造，还表示尽量不增加群众负担，达成三级合力筹措资金。同时，她也提出了在国家无法补贴的情况下的方案，即按照家庭经济条件向农户筹资，不统一划分筹资标准，每个农户出资金额可以不等。围绕主持人提出的方案建议，与会人员展开了第二轮协商，发言顺序和主要内容（见表5-3）。

表5-3　　　　　　　　　　第二轮协商发言情况

顺序	内容
高庄村民组组长	有的农户能拿得出钱却不拿，有的拿不出钱却拿了。这样会引发群众间的互相猜疑，导致人心不齐

续表

顺序	内容
高庄村民组会计	我们村民组有 20 多户，200 多亩田，大家分到的田的数量不一样，加上农村矛盾也多。迁坟、迁树大家都支持，但不想出资
3 个组村民代表	根据以上 2 人的发言展开了附议讨论

两位村民组干部的发言触及了资金筹集的一些核心问题，随后其他村民代表展开了附议讨论，但也难以达成共识。针对此交流困局，社区党总支书记进一步表示会根据资金变更原则上报镇政府，尽量争取政府的资金支持。但如果资金有缺口，建议 3 个村民组进一步协商农户可承担的资金数额，可能出现每户村民出四五十元钱的情况。在总结大家发言与分析向阳社区实情的基础上，此次协商参与专家按照"政府—村民小组—村民"这样的主体结合和渐次下移的出资顺序对硬化沟渠的资金问题提出了 3 种方案。3 种方案得到在场人员的点头认同后，社区党总支书记请 14 名村民代表对 3 种方案分别表决。3 种方案内容与表决结果见表 5-4。

表 5-4　　　　　　　　　　3 种方案与表决结果

方案集	方案内容	表决结果
方案一	政府负担全部所需资金	14 人同意
方案二	政府和村民小组共同承担所需资金	4 人同意
方案三	政府不出资，村民组出一部分资金，群众再筹一部分资金，每户 50 元左右	11 人同意

第一种方案的资金全部由政府承担，无论是社区、村民组还是村民均不必出资，相互之间也没有利益纠纷，得到了村民代表的一致同意。对于第二种方案，只有 4 人同意，分别是浮山和祝庄 2 个村民组长、高庄 1 个村民组会计，以及 1 个村民代表。这主要是因为高庄村民组无集体资产，其组长不同意；而对村民组集体财产的使用，多数村民代表持有不同意见。第三种方案在村民小组间和村民间均衡出资，有 11 名村民代表表示同意。协商表决后，社区党总支书记宣布本次协商会议结束，并表示下次协商会议时给大家反馈

结果。

（四）协商评估：利益相关者在协商过程中和协商后的监督

在向阳社区农田改造协商的整个过程中，3个村民组代表是发起人、参与者和监督方，社区党总支书记虽负责主持协商，并针对事件过程进行解释和回应，但不干预和主导协商结果。参与这次协商议事的代表是3个村民组里较有威望或能力较强的村民。从发言主体来看，虽然村民组长或会计发言相对较多，但村民代表均围绕提议展开了充分讨论，并进行了辨识性表决。3个村民组中没有成为此次协商代表的许多村民也围观了这次协商会议，不但在会议间歇及时和村民代表交流讨论，也在整个会议过程中起到了良好的监督作用。协商会议虽然没有即时形成可执行的一致性协商结果，但社区"两委"表示将根据其和乡镇官员争取政府资金支持的情况，形成进一步的决策意见或再次开展村民协商，并在公开透明的原则下欢迎利益相关者加强日常监督。

四 逻辑分析：片区的协商系统及运作

向阳社区农田改造的片区协商，大体上形成一个"确定协商议题—明确协商主体—规范协商程序—运用协商成果—监督协商过程"的完整系统，不仅符合《关于加强城乡社区协商的意见》的指导性程序，更重要的是契合了协商系统的理论与运作逻辑。

（一）问题和事项导向下的片区整合

学界围绕基层协商的研究成果较多，但大多认为基层协商应以行政村（社区）村民小组为单元，以正式的场所为载体，以政府人员和基层干部为主体，通过正式会议展开协商。而片区协商与传统的协商形式不同，其运行的基点是以基层的具体治理事务为导向，强调更完整和系统的协商。首先，片区协商跨越并重新融合了政府机构、社会公共领域和特设论坛协商的边界，不但将一个社区中的3个村民组组合成可行的协商片区，而且在整个过程中结合了官民正式协商与村民之间的非正式协商，而以村民家里为协商场所的做法体现了协商系统对非正式场所的吸纳。其次，向阳社区的片区协商吸纳多元主体参与（上至镇政府干部，下至村民组代表，还有作为第三方的技术专家），但协商表决权只归村民代表所有。最后，这一做法既促进了政府官员、相关专家与普通村民之间认知优势的互补，也真正体现了人民当家作主的价值内涵。

（二）体现民主功能的片区协商过程

协商系统囊括了与决策相关的正式与非正式协商交流，但要求协商必须能够发挥民主功能。首先，这次片区协商是从群众到社区干部的自下而上的发动逻辑，并且社区干部主要以是否事关多人利益为取舍标准审核并通过议题。其次，从参与主体结构看，片区协商实现了性别、年龄和身份特征等方面的平等。再次，主持人与技术专家商定的四点协商规范符合协商民主理论的一般交流规范。最后，向阳社区农田改造的片区协商从协商程序规范到自由交流次序，再到现场表决以形成影响最终决策的意见，都内含了平等、包容、尊重、讲理、反思等国际协商民主理论家十分强调的协商民主价值。

（三）片区协商推进的开放与动态性

协商系统理论不同于传统协商民主理论的地方不仅在于其突破了空间性，而且增加了历时性。不同于以往协商会议是一次性完成的认识，协商系统理论把协商理解为开放性和动态性的持续过程。向阳社区的片区协商没有一次性完成的设定，而且在协商过程中注重议题的层层推进，并随着议题的深入交流而形成了渐次递进的两轮协商，最终围绕技术专家提出的 3 种方案分别表决，基本反映了村民代表的态度，但也没有如传统协商民主理论一样强调协商结果的共识一致。对于最终将选取何种方案，需根据当地政府资金申请情况，也表示有再次协商的可能。多轮协商直到形成符合民意的决策的做法，体现了协商系统的理论主张，也证明了协商系统是把协商民主落实到社会现实中的一种可行性途径。

（四）决策尊重并优化片区协商意见

协商民主的最终目的是把民众交流所产生的高质量意见转化为政府的决

策。协商系统理论家们在提出协商系统时，延续了哈贝马斯把公域协商与政府协商相结合的双轨协商民主模式，包含了以协商系统为工具进而使得民众意见对政府决策产生实质性影响的构想。与长期困扰西方社会的民众意见与政府决策衔接困境相反，何包钢认为把民众意见及时、有效地转化为决策是中国协商民主的巨大优势①。以向阳社区的片区协商为例，社区决策者不但及时掌握和判断群众反映的农田改造问题，而且发起和组织协商会议，更在协商过程中以村民代表的交流情况为基础，辅助性地推进议题的深化讨论，并最终把村民代表的表决结果记录在案以作为下一步行动的依据。镇农办主任和水利站站长参与协商过程，另有其他利益相关者现场观摩，也可及时吸纳群众意见，优化相关政策。可见，片区协商实现了民众协商与决策的密切互动和融合。

（五）治理与行政因素融合片区协商

协商系统的方法要求对协商的分析不能只局限于协商程序和协商要素，还要注重与协商相关的外部环境条件。如史蒂芬·艾尔斯特布（Stephen Elstub）和彼得·麦克拉沃蒂（Peter McLaverty）所言："在协商系统中的每个实践未必全都是协商性的，但每次实践都要在协商的总体要求下进行。"② 向阳社区的片区协商以乡村振兴战略为背景，协商议事符合好的协商系统标准和乡村有效治理的需要③。与此同时，当地政府支持协商民主成为基层治理的重要形式，使得片区协商具备了良好开展的前提基础。另外，争取政府资金支持是向阳社区农田改造协商的商议焦点，镇干部出席协商并积极为村民争取资金，也是助推达成协商方案的关键。由此可见，治理与行政因素虽然本身没有协商性质，但也与协商过程密切融合，成为片区协商系统化运行的必要组成部分。

---

① 参见 HE B. G., "Deliberative Culture and Politics: The Persistence of Authoritarian Deliberation in China", *Political Theory*, Vol. 42, No. 1, 2014, pp. 58 – 81。
② 阎孟伟主编：《协商民主：当代民主政治发展的新路向》，人民出版社2014年版，第54页。
③ 张大维：《社区治理中协商系统的条件、类型与质量辨识——基于6个社区协商实验案例的比较》，《探索》2020年第6期。

五 基本结论与协商趋向

随着乡村社会环境和基层治理环境愈加复杂化,探讨协商治理形式对基层治理现代化和乡村振兴具有重要的理论与实践意义。以往的基层治理单元研究局限于行政建制单元或者强调自然村等传统社会单元的复归,但从当下发展看,跨单元、事项导向的基层治理特征更加明显。基于此,本章主要以协商系统理论为分析工具,通过分析安徽省天长市向阳社区农田改造中沟渠硬化协商,呈现了片区协商的实践,揭示了其运行机制和逻辑。总体上可以得出以下基本结论。

第一,片区协商虽还未形成正式的基层协商治理制度,但在实践中却已是一种操作性强、易成为常态的新型协商治理形式。片区协商的成功运行不仅呈现了跨越基本的社会单元和行政单元的成熟的协商形态,而且还展示了突破主体、场所和交流形式等一般限制之上的基层自治和治理探究的丰富可能性。

第二,片区协商作为一个较为成熟的基层治理形态,虽然不是在协商系统理论指导下有意识的探索实践,但表明中国基层社区已存在协商系统的实践。在西方传统制度主义和价值优先的理论视野中,只有欧美等发达国家的社会中才有成熟的协商民主,这带有明显的偏见和误导。而在最新的协商系统理论视域下,作为人民当家作主的重要形式,中国协商民主不仅真实存在,而且具有新时代社会主义的独特逻辑和优势[①]。

第三,可引入和辩证地借鉴协商系统理论以分析中国丰富的协商民主形式。协商系统理论是协商民主理论发展的最新标识,在一定程度上去除了西方价值判断,其宽阔、多元的视野对不同类型社会中的协商民主有着较强的科学分析意义。如曼斯布里奇等协商民主论者指出的,协商系统理论有三方面优点:在复杂化的现代社会中处理协商民主的规模问题;分析协商系统各要素的优势、缺陷以及它们之间的分工关系;找出系统中的薄弱环节并自我

[①] 张大维:《党领群议:协商系统中社区治理的引领式协商——以天长市"1+N+X"社区协商实验为例》,《中州学刊》2020年第10期。

修缮①。我们可以在批判吸纳的基础上创新，让中国的协商话语体系走向世界。

第四，运用协商系统理论拓展城乡社区协商的主体、场所、实体、传播、转化和执行等，将传统认为是非正式的协商纳入社区协商范畴。应以保障基层群众基本权利和规范协商程序为前提，结合具体协商事项和多元参与主体的情况，坚持参与和协商并重②；利用大数据和各类网络平台等最新技术手段，开拓灵活多样的协商新形式；整合基层协商的社会和制度资源，以系统的整合效力最大化发挥基层协商的作用。

---

① 参见 Parkinson J. and Mansbridge J., *Deliberative System*, Cambridge: Cambridge University Press, 2012, p.4。

② 张大维:《国际风险治理：分析范式、框架模型与方法策略——基于公共卫生风险治理的视角》,《国外社会科学》2020年第5期。

第六章

协商式嵌合：结构—行动框架下五社联动的交互逻辑[①]

一 五社联动的研究进展及其相对优势何在

社区作为基层的基本单元承担了治理的功能，前后历经"社区服务""社区建设""社区治理"三个阶段。1986年，民政部首次提出社区服务的构想，并于1987年在武汉召开了"全国社区服务工作座谈会"，标志着社区服务的正式启动。随后，2000年由中办、国办联合印发的《中共中央办公厅、国务院办公厅关于转发〈民政部关于在全国推进社区建设的意见〉的通知》标志着社区建设的实验探索转向在全国范围内的正式推行，并以和谐社会与和谐社区的建设方向为旨归。党的十八大以来，随着以习近平同志为核心的党中央对城乡社区治理的一系列顶层设计不断深化，城乡社区治理理念逐渐为社会所熟知，多方联动与多元互动则成为社区治理现代化的探索趋向。2015年，民政部在重庆组织召开了全国社区社会工作暨"三社联动"推进会，"三社联动"也从最开始的政策尝试向理论探索和治理实践迈进，并最终推动了社区"五社联动"的发展与创新[②]。已有相关研究可从政策与学术两方面回顾。

一方面，从政策梳理看，社区治理的初期探索中，上海最早引入了社会

[①] 本章由张大维、赵益晨、马致远以《协商式嵌合：结构—行动框架下五社联动的交互逻辑——趋向基层治理现代化的多案例比较》为题，发表于《中国农村研究》2023年第1期。

[②] 夏建中：《从社区服务到社区建设、再到社区治理——我国社区发展的三个阶段》，《甘肃社会科学》2019年第6期。

工作力量，于 2004 年提出发挥社区、社工、社团"三社互动"的作用，以服务社区建设。三社联动这一概念的提出，则是民政部门在三社互动基础上进行思路调整的结果，更加强调了联动效果和协同效应的发挥。2013 年，民政部将三社联动列为社区治理创新的工作重点，在城市社区开始推进与实践。2017 年，在社区领域首份以中共中央、国务院名义印发的《关于加强和完善城乡社区治理的意见》中指出，要推进社区、社会组织、社会工作的三社联动，制定三社联动机制的相关配套政策。在中央确立三社联动的顶层设计和安排后，各地结合自身优势在实践中不断探索，产生了一系列经验，包括上海的专业化社工推动模式、南京的街居体制改革模式、广州的"135"模式、北京的"4+3"模式、苏州姑苏区"政社互动"相结合模式等，三社联动作为基层社会治理的创新点呈现出相应的治理成效。然而，在各地经验做法不断增多的同时，三社联动的发展也不可避免地伴随着一些新问题的出现，表现为三社主体参与的泛化、联动效应的虚化等。针对实践中三社联动出现的问题，为进一步补充和完善社区的治理力量，多地探索提出五社联动的新模式试图解决已有的不足。例如安徽省、广东省、浙江省、湖北省等地都有针对五社联动的不同探索，其中以湖北省在新冠疫情下由民政部指导提出的五社联动较具代表性，其在三社联动基础上，融合社区志愿者社会慈善资源等两类新主体，形成"五社联动"助力化解"疫后综合征"，推动疫后的经济社会重振，为湖北乃至全国展示了创新基层社会治理、激发社会活力的"湖北经验"。鼓励社会力量参与基层治理，创新社区与社会组织、社会工作者、社区志愿者、社会慈善资源的联动机制，也体现在 2021 年由中共中央、国务院印发的《关于加强基层治理体系和治理能力现代化建设的意见》之中。

另一方面，从理论研究看，学界以往主要还是以三社联动为切入点，但已开始关注五社联动。学界早期主要集中于三社联动的应然价值，后期更加注重实证考察，主要可分为四类。一是对三社联动的整体性研究。包括三社联动的内涵外延[1]、历史演进[2]、发展条件[3]等方面，这一类研究主要集应然

---

[1] 顾东辉：《"三社联动"的内涵解构与逻辑演绎》，《学海》2016 年第 3 期。
[2] 徐永祥、曹国慧：《"三社联动"的历史实践与概念辨析》，《云南师范大学学报》（哲学社会科学版）2016 年第 2 期。
[3] 关爽：《城市社区治理中"三社联动"的发展条件与支持体系建设——基于治理情境的分析》，《华东理工大学学报》（社会科学版）2019 年第 6 期。

层面，对三社联动进行了规范性认识。二是对三社联动运行机制的探讨，主要包含结构—机制[1]、嵌入型机制[2]、接纳—嵌入—融合机制[3]、机制—流程[4]等视角，实证讨论了三社联动的运转过程。三是借助不同理论考察三社联动，包括协同型治理[5]、共生型治理[6]、协商式治理[7]等治理视角，以及项目制的视角[8]，复合党建的政策执行视角[9]等，这些不同视角拓展了三社联动的认识空间。四是从主体维度考察三社联动效应，如强调专业社工的缺位与补位[10]、社工机构的介入作用[11]等。这些不同的理论侧面，丰富了对三社联动的认识，也为五社联动的提出和发展提供了有益的基础。而针对五社联动的研究还相对较少，主要是对五社联动的内涵界定[12]、城乡要素[13]、疫后重振[14]、

---

[1] 曹海军：《"三社联动"的社区治理与服务创新——基于治理结构与运行机制的探索》，《行政论坛》2017年第2期。

[2] 徐选国、徐永祥：《基层社会治理中的"三社联动"：内涵、机制及其实践逻辑——基于深圳市H社区的探索》，《社会科学》2016年第7期。

[3] 王学梦、李敏：《接纳、嵌入与融合："三社联动"的内在机理与关系建构》，《治理研究》2018年第6期。

[4] 闫学芬、韩建民：《基层社会治理中的"三社联动"：机制与流程分析——基于典型城市的实践探索》，《广西社会科学》2017年第9期。

[5] 方舒：《协同治理视角下"三社联动"的实践反思与理论重构》，《甘肃社会科学》2020年第2期。

[6] 闫臻：《共生型社区治理的制度框架与模式建构——以天津KC社区三社联动为例》，《中国行政管理》2019年第7期。

[7] 杨晟途、牛海英：《"三社联动"，社区协商议事接地气》，《中国社会工作》2021年第15期。

[8] 曹海军：《"三社联动"视野下的社区公共服务供给侧改革——基于S市项目制和岗位制的案例比较分析》，《理论探索》2017年第5期。

[9] 颜克高、唐婷：《名实分离：城市社区"三社联动"的执行偏差——基于10个典型社区的多案例分析》，《湖南大学学报》（社会科学版）2021年第2期。

[10] 张大维、赵彦静：《"三社联动"中社会工作的专业缺位与补位》，《中州学刊》2017年第10期。

[11] 谢蓓、王希：《"三社联动"下社工机构介入社区服务专业化探析》，《广西民族大学学报》（哲学社会科学版）2017年第3期。

[12] 任敏、胡鹏辉、郑先令：《"五社联动"的背景、内涵及优势探析》，《中国社会工作》2021年第3期。

[13] 任敏、齐力：《"五社联动"框架下"五社"要素的城乡比较》，《中国社会工作》2021年第7期。

[14] 湖北省武汉市民政局：《汇众智 凝共识 聚合力 以"五社联动"新模式助力武汉疫后重振》，《中国民政》2020年第20期。

为民服务[1]、共建策略[2]、社工作用[3]等方面的经验总结和分析，从理论层面把握五社联动的主体优势[4]、模式归类[5]等研究还相对缺乏。

在回顾了已有政策和理论研究后可知，各界的关注点开始从三社联动迈向五社联动并非巧合。虽然各地五社联动主体各不相同，但是目标较为一致，即通过发挥社区中更多主体和资源优势，进一步提升社区的服务能力。那么，实践中的五社联动，对三社联动的提升体现于何处？仅仅体现为联动主体数量的增加，还是对既有联动模式和联动效应的提升，这需要在实践和理论上得到回答。对此，以近期开展的武汉市江夏区城乡社区样板打造项目为契机，笔者研究团队进驻样板社区并与项目购买社工合作开展现状评估和实验工作后发现，在武汉市中心城区或明星社区以外，远城区已呈现出了较有代表性的五社联动经验模式，其中以江夏区金口街闸东社区较为典型，且在研究团队的介入下已取得初步成效，这为五社联动在远城区社区治理中的推广和应用提供了借鉴意义。

二　五社联动的个案社区选取及其案例呈现

（一）个案社区的禀赋结构

本章选取的个案闸东社区不是明星社区，也不是中心城区发展相对成熟的城市社区，而是特大城市远郊城区中城镇化过程中的城乡接合部社区，其能在治理"疫后综合征"过程中通过五社联动驱动社区治理创新，体现出了一定的实践可复制性和学理可分析性。闸东社区隶属于武汉市江夏区金口街

---

[1] 湖北省民政厅：《开展"五社联动"行动 用心用情为群众服务》，《中国社会报》2021年6月7日第3版。

[2] 汪阔林：《"五社联动"中的共建共治密码》，《中国社会工作》2021年第10期。

[3] 夏学娟、张威：《"五社联动"：社工"穿针引线"助力基层治理》，《中国社会工作》2021年第16期。

[4] 湖北省民政厅"五社联动"课题组：《"五社联动"中社会工作者的专业优势初探》，《中国民政》2021年第10期。

[5] 任敏：《"五社联动"参与社区治理的三种模式及其共同特点》，《中国社会工作》2021年第10期。

道，位于湖北省长江支流沿线两岸，其成立于 2000 年 4 月，由原两个渔业村合并而成，占地面积 2 平方公里。闸东社区由东河嘴（咀）、内河嘴（咀）、曹家榜、堤防四个自然村板块构成，被划分为 2 个网格，7 个居民小组。社区总居民户 729 户，其中农业户口 104 户；常住人口 800 人，其中 60 岁以上老人 444 人，80 岁以上 93 人，属于典型的城乡接合老龄化社区。

根据 2021 年 4 月湖北省民政厅关于印发《湖北省城乡社区"五社联动"工作指引》的定义，五社联动是以社区为平台、社会工作者为支撑、社区社会组织为载体、社区志愿者为辅助、社区公益慈善资源为补充的新型社区治理机制。紧接着中央提出了"创新社区与社会组织、社会工作者、社区志愿者、社会慈善资源的联动机制"，通常也被称为"五社联动"机制。而闸东社区从总体上看已具有五社联动的发展基础和个案分析的研究价值，具体来看有以下几个层面。

一是社区层面。闸东社区两委 6 人，社区干事 6 人，其中 1 人持有中级社工师资格。社区工作人员以老党员居多，平均年龄为 43 岁，班子成员团结一致，工作思路具体明晰，是社区工作的核心力量。二是社工层面。闸东社区自 2016 年引入居家养老社工服务机构，其主要负责为社区居民提供医疗咨询、精神文化服务等内容，受到社区居民的好评。社区支部书记持有中级社工师证，具有社工专业技能。此外，社区先后与两家社工机构签订协议，以开展社区活动、挖掘志愿者、培育社区社会组织为主要内容。同时，社区联合社工将"积分兑换"机制纳入志愿队伍管理，已取得积极成效。三是社区社会组织层面。目前有老年大学、舞蹈队、志愿保洁队等 3 个较为成熟的社会组织。老年大学在每周一、周三、周五下午开展楚剧（戏曲）、乐器演奏等文娱活动，参与人员具有一定文艺特长，年龄普遍集中于 60 岁以上。舞蹈队成员 20 余人，以闸东社区及周边妇女为主，年龄集中于 45—70 岁，日常活动集中于跳广场舞，部分参与一些舞蹈节目。志愿保洁队由 9 人构成，在队长影响下主动开展环境保洁工作，效果明显。四是社区志愿者层面。社区在册志愿者 300 余人，其中网上注册 100 余人；实际常驻社区志愿者 180 余人，包括单位下沉党员志愿者 70 余人以及开展志愿服务的社区社会组织成员等，主要集中于道路清扫、防汛巡逻等活动。五是社区慈善资源层面。社区一方面注重日常性社区慈善资源积累，另一方面也积极发挥社区各类能人资源链接临时性慈善资源。

（二）五社联动的案例呈现

为积极响应民政部和湖北省推进五社联动实践的号召，闸东社区从疫情后期便积极投身五社联动工作中，从社区抗疫到疫后社区治理常态化，闸东社区不断丰富五社联动的具体实践，以下五个案例是基于深度访谈和参与观察后总结形成的，并以个案形式展现闸东社区在不同的协商空间中多元主体之间的互动与联结，试图从中归纳出闸东社区五社联动的经验做法和运行机制。

1. 疫情防控期间五社主体联动的自觉组织与有效延续

以下两个案例主要展现了2020年武汉抗疫期间闸东社区不同主体参与社区抗疫的代表性经验，在此过程中，社区、社会组织、社会工作者、社区志愿者、社区公益慈善资源在没有政策指导的情况下，社区党组织根据实际需要通过不同主体间的联动配合，为抗疫成功发挥了关键作用，并将其经验成功延续至疫后社区服务和治理当中。

案例1：社区链接慈善资源，商议助力疫情有效防控

疫情防控期间，为全力应对医疗物资匮乏问题，闸东社区组建了社区干部主导、志愿者辅助、慈善资源助力的社会服务网络。一方面，社区动员辖区内两家企业捐赠各类防疫物资。一名社区工作人员表示，"当时我们就想尽办法找防疫物资，社区内两家企业正好是从事生物制药的，我们就主动链接了一定量的防疫物资，两家公司也是慷慨解囊，能给我们那么多物资在当时来说真是不容易"（访谈记录：20210726ZYX）。另一方面，社区居民也广泛参与自救，由社区发动居民参与的公益资源链接机制为社区防疫募集了大批资源，这些资源均通过社区网格员、志愿者的服务机制进行了合理分配。一名社区网格员表示，"刚开始我们给居民们买菜买药，那真的是繁杂得很，人手不够用，一天忙到晚事情都做不完，后来在街道的帮助下，找到了专门代买生活用品的公司，我们就将居民的需求与公司提供的套餐相对接，极大地减轻了我们的工作难度"（访谈记录：20210726ZXZ）。疫情结束后，针对居民身心健康方面的强烈需求，社区工作人员凭借自身资源，在与社区成员商议后向街道层面积极申报协调，成功为社区链接到江夏协和医院的专家义诊资源，并在社区开展了专家义诊服务。这名社区工作人员后来回忆说："那次活动是提前两天就通知的，但没有想到能来那么多居民，义诊当天下着小雨，本来是9点钟开始，7点多的时候居民就排到居委会院子外面去了，人太多了，就像炸锅了一样，好在义诊最后能有序进行，居民们都十分满意。"（访谈记录：20210726ZXZ）

案例2：发掘内河嘴志愿力量，商量以规范环保服务

闸东社区内河嘴片区在疫情防控期间自发组建了一支流动志愿者队伍，队长徐姐是一名退休职工，其开展志愿服务的动机起先是缓解志愿者的道路值守压力并顺便做一些道路保洁工作。"我们旁边就是公路，来来往往的车较多，害怕司机乱停车，再有就是看着这些守点的人三班倒太辛苦了，我们能换就换一下，好让别人休息休息。"（访谈记录：20210611XNS）在其影响下，周边部分居民也参与到清扫片区垃圾的志愿活动中来。"我们也是看到徐姐有时候在清理河边的垃圾，我们就帮她一把，后来也就自然而然地跟着她做了，反正我们退休了，也比较闲，做点事情锻炼了身体，又美化了社区环境。"（访谈记录：20210613LNS）社区网格员在走访过程中发现志愿居民的志愿行为后，上报社区支部书记，在徐姐与社区、社工的充分协调沟通后，在疫情防控期间，"内河嘴环保志愿服务队"正式成立，设队长1名，固定成员共9名，社区为其配备马甲、帽子、扫把等设备。社区支部书记表示，"志愿者活动肯定要大力支持啊，这也是在培养她们自我管理生活区域，提高她们的自治能力"（访谈记录：20210623ZYX）。疫情后，在社工培训指导下，"积分兑换"机制与志愿服务结合了起来，作为队长的徐姐已经能够自行管理积分账本，并教会队员以积分兑换生活用品。

2. 疫后五社联动服务机制的广泛运用与成熟发展

以下三个案例展现了疫后闸东社区广泛通过五社联动服务机制开展具体社区服务和治理工作的大致过程。同时，相较于疫情防控期间的即时性要求，疫后五社联动服务机制运行更具条理性，在应对不同类型的社区公共事务上也更加成熟化。

案例3：社区联结家委会，协商成功安装曹家塝路灯

曹家塝小组居民主要由某生物制品厂改制后遗留的退休职工组成，属典型的老旧居民区。为方便夜间出行，居民希望能够在半山腰安装2—3盏路灯，并先后向企业负责人、社区工作人员表达过相关诉求，但由于特殊历史背景，该片区管辖主体不清晰，长期处于"两不管"境地。2021年上半年，居民集体向社区提出三条要求，第一，"X公司有责任为退休老职工提供相关服务与保障，有义务更新维护原属于生物制品厂的生活基础设施"（访谈记录：20210604WXS）。第二，"目前居住的多是60岁以上的退休职工，视力较差，晚上出行没有路灯怕摔着，另外，夏天经常有蛇出没，夜间过黑容易引发安全问题"（访谈记录：20210604ZNS）。第三，"山上虽然只居住了几家人，但并不是只有这几家人有需求，居民间难免晚上会串门，照明是为所有居民提供便利"（访谈记录：20210604YNS）。与此同时，居民也运用了一些灵活策略，通过拨打市长热线、向媒体反映等方式引入外部力量增强曝光度。以样板社区打造为契机，专业社工能够以第三方身份进行入户调研充分了解居民诉求，并将主要意见分别向X公司家委会和社区沟通反映，尝试协商解决策略。最终，由金口街道协调，在闸东社区与X公司及其家委会的多次协商下，X公司愿意出资作为公共服务资源在半山腰处安装3盏路灯，并由其家委会承担路灯管理、缴纳电费等责任。社区支部书记也通过向街道反映电路分线问题，成功联系到电力部门上门搭线，使片区居民的生活出行得到了安全保障。

案例4：社工发动大学生志愿者，议定暑期特色课程

2021年暑假期间，社工、专家团队及社区工作人员在入户走访中发现，孩子家长对暑期作业辅导或托管服务有强烈需求。于是，在专家团队指引下，社工们通过入户宣传邀请辖区内部分孩子和家长共同参与了青少年活动协商。在第一次协商后，社工团队决定一周开展两次青少年活动，但在开展第二次协商确定活动类型与形式前，社工表示工作压力过大，"我们承担的工作内容较杂，除了青少年群体外，还要围绕妇女、老人开展一系列活动，一周开设两次青少年活动对我们来说工作量较大，若是有人可以协助活动筹备及开展的话，就能稍微缓和一些"（访谈记录：20210714ZY）。于是，通过社区支部书记和社工的多方宣传，成功发掘两位本地在读大学生通过社区志愿者身份加入其中。社工回忆说："我找到的大学生志愿者是学体育专业的，能够带领小朋友们开展健美操等体育娱乐活动。"（访谈记录：20210721ZY）随后在与家长第二次协商时，两位本地大学生志愿者分别向各位家长介绍自身专业及特长，并主动承担起社区暑期青少年活动中的作业辅导及日常工作任务，获得家长一致好评。

案例5：社区社工全力配合，舞蹈队协商新建摄影队

舞蹈队是闸东社区目前最为活跃的社会组织之一，成员约50人，人员流动性大，灵活性强，主要来自社区及周围居民。而她们大部分也是社区妇女之家的重要成员，是日常国家政策、法律法规的重要传递者。社区网格员表示，"阿姨们参与活动很积极，平时的精神面貌也能够带动到其他居民"（访谈记录：20210617LQ）。疫情后为有效探索五社联动机制，2021年6月以来，在社工邀请专业老师向舞蹈队讲授仪体仪态课程时，大家的爱美意识有所加强，激发起一些成员的摄影兴趣。其中一位成员表示，"看到同龄的老师那么有气质，会生活，我们也要向其学习，不仅学习跳舞，也要学学摄影，把自己拍美一点"（访谈记录：20210604WNS）。获知该想法后，社工趁热打铁，课后便建立微信群尝试拉队伍。随着摄影课程及外出拍摄实践活动的开展，吸引了居民加入其中。随后，在社区积极支持下，社工精心组织队员们开展"我的队伍我做主"协商活动，引导大家就摄影队队名、队长、队服、队规等议题开展讨论。目前，闸东社区金河公益摄影服务队正式成立，设队长1名，成员将近15人。队员们表示，"我们自己给队伍起了名字，有了队服，正式了不少，接下来就要好好地为邻居们拍照片啦，还是蛮开心的"（访谈记录：20210726SNS）。随后，社工又尝试将"积分兑换"纳入摄影活动，引导摄影队为居民服务、为社区服务，拉近了各片区居民关系，推动形成了邻里互助的和谐氛围。

三 五社联动下多层次交互的关键环节聚焦

基于上述5个案例的总结和提炼，本研究发现从抗疫中不断丰富发展的闸东社区五社联动实践也逐渐累积形成了系统性的经验创新。其中，信息交互、主体交互、服务交互等三个层次的交互过程是闸东社区五社联动的三个关键环节,正是这三个环节使五社联动相较于三社联动发生了质变,在协商空间拓展、机制建设、活动实施中显现出强覆盖、强引领、强回应的特质,同时又能相互衔接,最终形成不同协商空间中五社联动多层次交互的"闸东模式"(见表6-1),该模式主要包括以下三个方面。

(一) 信息交互强覆盖

信息交互是开展社区服务的基础环节。没有足够的信息,社区服务也就无从谈起。五社联动的价值突破点之一就在于将更多的社区资源和力量组织到社区的统一部署和领导之下,并重新使其下沉到社区的日常服务与生活交往之中,进而获取更多的关键内容,拓宽社区对信息掌握的覆盖面。

在闸东社区的5个案例比较中,强覆盖体现在以下两方面。一是多样性。信息的表达方与需求方的主体都更加多元,既可以是普通居民、社会组织负责人,也可以是社区工作者、志愿者。二是主动性。信息接收方获得信息的方式更多是"五社"主体在主动开展上门服务的过程中与信息表达方的交谈得知的。多样性与主动性进一步拓展了信息交互的传播空间,尤其是在居民的日常生活空间和"五社"主体的社区空间之间建立起了更为丰富的联系和纽带,为开展社区服务提供了更多可能。

(二) 主体交互强引领

主体交互是开展社区服务的核心环节,该环节主要表现为事件相关主体间的交互过程。在此过程中,从五社联动中的社区层面看,党组织必须发挥更加关键的引领作用,从而牢牢把握住对社区工作的领导权,也进一步使社区各主体之间的工作更加规范化、明晰化。

在闸东社区的5个案例比较中,强引领主要呈现出两方面特征。一方面是聚合性。这与信息交互过程密切相关。"五社"主体所接收的信息最终聚合到社区进行协调,并由社工开展推进实务工作,充分发挥各主体间的优势治理效能[①]。另一方面是协商性。通过前述案例可知,协商往往是社区在处理各项问题时的常用方式,由社区邀请相关利益主体参与到协商讨论之中,并逐

---

① 张大维:《优势治理:政府主导、农民主体与乡村振兴路径》,《山东社会科学》2018年第11期。

步达成解决方案。在聚合性和协商性的作用下,主体间的交互过程使得社区这一核心力量的作用更加凸显,既有了前瞻性的问题把握,也有了制度化的协商机制,为社区服务的广泛开展与工作衔接奠定了基础,指明了方向。

(三) 服务交互强回应

服务交互是开展社区服务的实施环节。服务交互与主体交互密不可分,不同的主体交互过程塑造了不同的服务交互方式。总体而言,五社联动所形成的服务交互过程表现出强回应的特质,并呈现出三种交互模式。而能够实现强回应,既是五社联动内部要素互动的产物,也是五社联动在信息的空间交互、主体的机制交互下产生的结果。

在闸东社区的 5 个案例比较中,强回应主要表现为两个方面。一是保障性。这与五社联动的内部要素中的社区公益慈善资源密不可分。无论社区服务还是社区治理,必要的资源投入是开展工作的基础,而社区公益慈善资源就为夯实基础提供了必要保障。由案例可知,一旦缺少了该资源的介入,案例 1 和案例 3 存在的居民需求未必能够以目前所呈现的方式得到解决,同时还可能出现更大困难。二是灵活性。根据不同主体交互形式的差异,服务交互过程也呈现出相应变化。例如,案例 1 和案例 3 的主体交互过程主要以社区为主导,因而服务交互过程表现出更为明显的简单需求—回应模式;而案例 2 的主体交互过程中有了来自居民社会组织代表的参与,服务交互过程也随之呈现出代表参与—回应模式;案例 4 和案例 5 的主体交互则有更多居民愿意主动参与,因而其服务交互过程也呈现出大众参与—回应模式(见表 6-1)。

在保障性和灵活性的带动下,五社联动的服务实施环节既有相似特征,也带有明显差异,但均能依托不同主体及多种回应模式在具体行动中实现需求与服务的交互,逐步提升社区服务的参与感和效能感。

表 6-1 "闸东模式"中五社联动的多层次交互过程

案例及其交互形态		不同协商空间的信息交互		主体交互	服务交互
		信息表达方	信息接收方		
案例 1	能人链接慈善资源	社区居民	社区	社区、能人(社区工作人员)	简单需求—回应模式

续表

案例及其交互形态		不同协商空间的信息交互		主体交互	服务交互
		信息表达方	信息接收方		
案例2	内河嘴环保志愿服务队规范化	内河嘴居民	社区网格员	社区、社工、志愿队队长	代表参与—回应模式
案例3	曹家塝路灯安装	曹家塝部分退休职工	社区、社工、家委会	社区、家委会	简单需求—回应模式
案例4	暑期特色活动链接本地大学生志愿者	社区居民	社工、社区	社区、社工、居民	大众参与—回应模式
案例5	摄影队建设	舞蹈队负责人、曹家塝居民	社区、社工	社区、社工、居民	大众参与—回应模式

四 结构—行动框架下五社联动的协商嵌合

前文依据5个具体案例归纳出五社联动下多层次交互的"闸东模式",并从信息交互、主体交互、服务交互等三个层次归纳总结了闸东社区的五社联动经验。在此基础上,本章以结构—行动框架为切入,试图深度剖析并阐明五社联动运转的内在逻辑,提出协商结构是主导服务交互模式的关键因素,不同服务交互模式所对应的协商结构与五社联动的多层次交互过程形成了结构性嵌合,从而使五社联动运转起来。

(一)协商结构类型及其对应的服务交互模式

前文分析已指出,协商是五社联动在主体交互过程中不可或缺的机制性安排。进一步的实证调研发现,不同的协商参与主体会形成不同的协商结构,具体而言包括了权威引领型结构、能人协同型结构和包容混合型结构,由此对应了五社联动服务交互的简单需求—回应模式、代表参与—回应模式、大众参与—回应模式等三种模式(见表6-2)。

表6-2　　　　　　协商结构类型及对应的五社联动服务交互模式

协商结构类型	协商结构的主体特征	服务交互模式
权威引领型	社区权威单方面主导	简单需求—回应模式
能人协同型	社区权威和能人代表共同协商	代表参与—回应模式
包容混合型	社区权威和居民大众共同协商	大众参与—回应模式

1. 权威引领型协商结构——简单需求—回应模式

权威引领型协商结构是指在五社联动过程中，仅以围绕社区两委为核心的关键少数"权威"参与的协商状态。由于社区多元主体之间在权力上的非对称状态，社区两委相较于社会工作者、社区社会组织、社区志愿者、社区居民等主体，具有组织、权力、资源、信息等方面的优势。因此，由社区少数权威主导协商过程往往具备更高效率，有利于减少社区内公共物品供给与社区治理中的低效性、无序性。

在前述案例中，案例1和案例3表现出较为明显的权威引领型协商结构，即由社区权威单方面主导协商过程，并形成方案推动相关服务开展，由此对应了简单需求—回应的服务交互模式，即由"问题提出—社区权威接收简单需求并开展协商讨论对策—以服务回应满足相应诉求"的三个步骤构成。

2. 能人协同型协商结构——代表参与—回应模式

能人协同型协商结构相较于权威引领型协商结构的重要特征在于，社区正式权力场域之外的社区能人代表被整合纳入社区协商机制之中，社区协商过程中的协同合作过程初步显现。究其原因，是社区居民需求的多样化与社区服务的精准化之间存在的客观张力，使少数权威式的协商结构难以涵盖社区居民的利益诉求和主张，从而促使权威引领型协商结构向能人协同型协商结构发生了转变，并由此在五社联动的主体交互中出现了少数社区能人代表的参与，推动协商的主体结构由单一的社区权威向社区权威和能人代表共同协商转变。

在前述案例中，以案例2为代表的清洁服务队负责人的协商参与表现出较为明显的能人协同型协商结构，由此对应了代表参与—回应的服务交互模式，即由"问题提出—社区权威接收需求并与议题相关的社区能人协商讨论—形成方案共同推动服务"的三个步骤构成。

3. 包容混合型协商结构——大众参与—回应模式

包容混合型协商结构是指在社区协商过程中，包含社区权威、社区能人、社区普通居民等在内的行动者均能被纳入的协商结构，均可以通过一定的机制和程序参与到社区协商中来。包容混合型协商结构的最大特征是包容性，不仅是参与主体的包容，而且是参与环节的包容——从主体到场所，从决策到监督，整个过程都具有广泛的包容性。[①] 以社区协商共治为制度导向的五社联动，其所具有的正当性、合法性以及权威性在一定程度上正是取决于其所体现出来的包容性，即作为社区治理对象的社区主体被有效纳入治理决策的制定过程中，在协商对话中表达诉求与意见，并对社区治理的决策发挥着平等的影响。

在前述案例中，不论是案例4的居民参与式协商还是案例5的社会组织成员共同参与式协商，各类主体均可参与到协商过程中去，表现出较为明显的包容混合型协商结构；同时，案例4中孩子家长们的积极讨论以及案例5中舞蹈队成员的群体性参与，都鲜明反映出大众参与—回应的服务交互模式，即由"问题提出—社区权威接收需求并与议题相关的居民协商讨论—形成方案共同参与服务"的三个步骤构成。

综上可见，第一，不同的协商结构与服务交互模式之间呈现出较为密切的对应关系；第二，不同协商结构既会受到议题类型的影响，同时也和社区居民的活跃度密切相关；第三，五社联动的过程既可以呈现出单一主体的协商结构，同样也能够呈现出能人参与、大众参与的协商结构，有着更加多元、更加务实的特征。

（二）协商与五社联动交互过程的结构性嵌合

"嵌合"一词多用于生物医药等学科，而在社会科学研究中主要指作为系统整体层面的各要素之间所具备的内在一致性联系[②]。前文分析指出协商类型与五社联动的交互模式之间存在着一一对应关系。从"闸东模式"五社联动

[①] 张大维：《包容性协商：中国社区的协商系统模式与有效治理趋向——以天长市"11355"社区协商共治机制为例》，《行政论坛》2021年第1期。

[②] 张晓岚、沈豪杰：《内部控制、内部控制信息披露及公司治理——嵌合治理框架的建构及理论诠释》，《当代经济科学》2011年第6期。

的多层次交互过程来看：第一，元协商的价值内涵①同信息交互环节高度一致；第二，不同的协商结构主要由五社联动的主体交互环节呈现；第三，与协商结构相应的服务交互模式也和五社联动的服务交互环节一致。由此可见，协商与五社联动二者之间表现出一致的结构性嵌合关系，"五社"之所以能"联"和"动"关键在于其形成了一种协商式嵌合逻辑，同时也展现出多层次交互过程中信息交互、主体交互和服务交互的内在次序（见图6-1）。

以此为导向，一方面，可进一步探讨五社联动中信息交互、主体交互、服务交互这三个交互环节的内在关联，即按照"信息交互—主体交互—服务交互"这一顺序不断循环的过程。如前文所述，呈现元协商内涵的信息交互传递是主体交互的关键环节，通过聚合过程将信息汇集到社区，从而推动主体交互与协商结构的形成，主体交互的不同协商结构又进一步塑造出不同的服务交互模式。而信息交互与社区服务过程息息相关，后者为信息的空间交互和传递提供了关键的必要条件。另一方面，协商在信息交互、主体交互和服务交互中的嵌合带动作用，为五社联动的多层次交互过程提供了重要的原动力，从而使五社联动从多层次的交互环节中运转起来，实现"联"与"动"的有机结合。

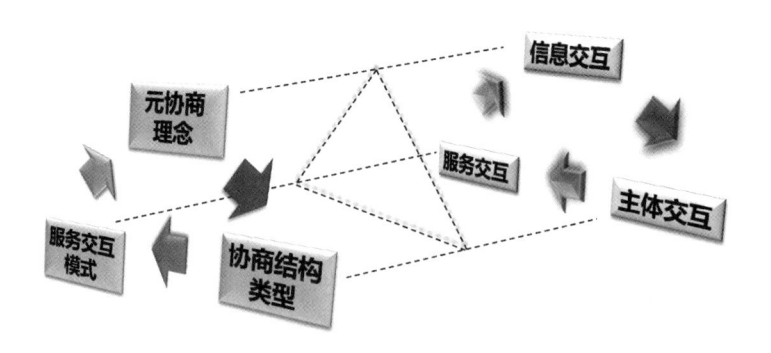

图6-1 协商嵌合五社联动的关联示意图

---

① 元协商的价值内涵是指，一些话语和行为实体尽管并非完全具有协商特征，然而在某一特定的时间点上这些话语和行为实体能够为协商过程提供合理的发展线索。参见 D. F. Thompson, "Deliberative Democratic Theory and Empirical Political Science", *Annual Review of Political Science*, Vol. 11, 2008, pp. 497–520。

五　结论与延伸

以五社联动促进社区治理，是实现社区治理现代化的新路径。武汉市江夏区闸东社区以协商嵌合五社联动，在三社联动实践的基础上进一步总结提升出信息交互、主体交互和服务交互的多层次交互过程，形成了具有自身特色的五社联动"闸东模式"，并进一步以结构—行动分析框架呈现出协商在五社联动中的关键作用，体现为协商式嵌合以驱使"五社"能"联"和"动"，阐明了五社联动运转的内在逻辑。通过上述分析，可以得到以下主要结论。

一是五社联动多层次交互过程相较于三社联动有了质的提升。相较于三社联动，"闸东模式"五社联动的价值体现在其多层次的交互过程之中，具体表现为更强覆盖的信息交互环节、更强引领的主体交互环节以及更强回应的服务交互环节。在这三个环节作用下，信息的空间拓展、主体的机制建设、服务的活动实施都有了不同以往的新发展和新特征。

二是不同的协商结构及其对应形成的服务交互模式应以务实、灵活为导向。本章通过运用结构—行动框架联结了"闸东模式"下三种协商结构及其对应的服务交互模式，比较了不同模式间的区别和联系。但在此应特别指出的两点是：一方面，尽管权威引领型协商结构有其优势，但仅有这种类型的协商结构显然不能达到五社联动的要求，五社联动仍然需要更多社区能人、社区公众的参与，而协商结构是否能够达到包容混合的状态某种程度上便反映出社区参与的实际情况；另一方面，这并不意味着权威引领型协商结构的质量一定落后于包容混合型协商结构，应立足实际，认识到权威引领型协商结构也具有行动高效的优势特征，对于社区而言应选择符合实际情况的协商结构开展工作，只要能增强协商能力、提高协商质量都可以尝试[1]，不必因协商结构中缺乏更多参与主体而有所顾虑。

三是协商与五社联动的嵌合为解决"五社"主体的"联"与"动"提供了方向指引。前文分析可知，通过协商结构与五社联动之间形成了结构性嵌

---

[1] 张大维、张航：《农民协商能力与农村社区协商系统质量关系研究——基于乡村建设行动中三个农村社区协商实验的比较》，《中州学刊》2021年第11期。

合，一方面体现在三种协商结构与服务交互模式之间的对应关系，另一方面则表现为社区协商过程与"闸东模式"五社联动的对应关系。由上述两对关系延伸出协商在运转五社联动中的关键作用，即协商是"五社"主体"联"和"动"的重要原动力，推动了信息交互、主体交互、服务交互这一循环过程。

四是五社联动的高度适应性为后续演变发展提供了新的可能。五社联动提出的背景是在已有三社联动的基础上，针对"疫后综合征"的问题所进行的治理创新。结合"闸东模式"的经验总结可以进一步看到，该模式的潜力不仅局限于对"疫后综合征"的治理，还在于由特殊治理模式到常态化治理模式的切换与转化，实现与常态化治理的衔接。在这个过程中，体现出一种高度适应性特征，某种程度上是一种适应性治理，这种有机的转化和调整，也为五社联动的后续演变发展乃至基层治理现代化都提供了新的可能。

第五篇

增效协商：协商资本

第七章
高质量协商发展的协商资本培育路径[①]

一 将协商民主融合社会资本的协商资本带进来

"十四五"时期我国进入高质量发展阶段,这就需要贯彻新发展理念,转变发展方式,推动质量变革。习近平总书记指出,高质量发展不只是一个经济要求,而是对经济社会发展方方面面的总要求。在社会治理领域,党的十九届五中全会对提高基层治理水平提出明确要求,强调"完善基层民主协商制度"[②]。协商的传统发展侧重于硬件建设,高质量发展更重视软件提升,包括基于程序和规则、制度和机制优化的人员配备、技术支持、资源获取,以及与之相关的场景营造、赋权增能、问责自决等,总体上属于协商资本的范畴。

学界关于社会资本和协商民主的研究较多,但关于二者融合构成的协商资本概念和理论在国际上才刚提出。有关协商质量的研究逐步增多,但关于协商系统中协商资本如何影响协商质量的研究还较少。涉及协商资本和协商质量的相关研究主要有以下三个方面。

第一,协商资本的概念源流研究。既有研究主要是从社会资本与协商

[①] 本章以《高质量协商发展的协商资本培育路径——基于干部、专家和媒体介入社区协商的实验研究》为题,发表于《南京大学学报》(哲学·人文科学·社会科学)2022年第2期。

[②] 《中国共产党第十九届中央委员会第五次全体会议文件汇编》,人民出版社2020年版,第60页。

民主的关联切入,路易吉·博比奥(Luigi Bobbio)曾就通过民主协商来建设社会资本进行了探讨,认为协商理论正在迅速兴起和扩散以延展社会资本理论①。阿夫松·阿夫萨希(Afsoun Afsahi)则将从社会资本到协商资本作为一个谱系进行了分析,认为在协商系统领域,社会资本正在转向协商资本②。张大维等人曾对社区与社会资本进行了研究,认为二者之间呈现出互惠性、分离性和逆向性的关系特征,需要在居民沟通协商中培育社会资本,才能与社区建设相得益彰③。

第二,协商质量的影响因素分析。相关研究更多是从协商能力对协商质量的改善展开,德雷泽克从提升民主质量的视角,提出了改善协商质量的设想,并落脚到协商能力建设上,由之建构了一个包括真实性、包容性和结果性的有效协商系统框架④。由此也延伸出提高协商质量的协商能力建设研究,并逐步拓展出协商资本的探讨。马丁·卡尔森(Martin Karlsson)从互动(沟通强度)、质量(沟通水平)、包容(包容程度)等方面测量了政治博客圈的协商能力⑤。基于此,马库斯·霍尔多(Markus Holdo)从参与式预算中重新认识了有效协商的包容性,认为其体现为内含协商技能、能量和能力的协商能力,提出了从协商资本看待协商能力的新视角⑥。之后,莫妮卡·伯格等人从"全球环境治理"(GEG)中,研究了政府间气候变化专门委员会(IPCC)在提升协商能力方面的角色和功能⑦。近来,阿夫萨希就商议意愿中的性别差

---

① 参见 Luigi Bobbio, "Building Social Capital Through Democratic Deliberation: The Rise of Deliberative Arenas", *Social Epistemology*, Vol. 17, No. 4, 2003, pp. 343 – 357。

② 参见 Afsoun Afsahi, "The Role of Self-Interest in Deliberation: A Theory of Deliberative Capital", *Political Studies*, 2021。

③ 张大维、殷妙仲:《社区与社会资本:互惠、分离与逆向——西方研究进展与中国案例分析》,《理论与改革》2010 年第 2 期。

④ 参见 John S. Dryzek, "Democratization as Deliberative Capacity Building", *Comparative Political Studies*, Vol. 42, No. 11, 2009, pp. 1379 – 1402。

⑤ 参见 Martin Karlsson, "Interactive, Qualitative, and Inclusive? Assessing the Deliberative Capacity of the Political Blogosphere", *Democracy in Dialogue, Dialogue in Katarzyna Jezierska*, Farnham: Ashgate Publishing Limited, 2015, pp. 253 – 272。

⑥ 参见 Markus Holdo, "Deliberative Capital: Recognition in Participatory Budgeting", *Critical Policy Studies*, Vol. 10, No. 4, 2016, pp. 391 – 409。

⑦ 参见 Monika Berg and Rolf Lidskog, "Pathways to Deliberative Capacity: The Role of the IPCC", *Climatic Change*, No. 148, 2018, pp. 11 – 24。

异对协商能力的影响进行了探讨①，并提出了协商资本理论的命题。在国内，学界对协商质量及影响其发展的协商能力关注相对有限，仅从制度环境建设、社会资本提升、治理结构优化等方面对协商能力提出了相关对策分析，总体还处于初步讨论阶段，尚未形成较大的理论增量。

第三，协商质量的评价测量探讨。无论是协商能力，还是继而兴起的协商资本是否改善了协商质量，这就需要对协商质量进行测量。国际上对协商质量的评量较多放在协商系统中来考察，而协商系统方法和理论的研究是近十年兴起的，目前正在走向反思、修正和成熟。国内相关研究才刚开始。关于在协商系统中如何来测量协商，马克·R. 斯坦伯格和安德烈·巴赫泰格等人较早提出了"话语质量指数"（DQI）②。尽管尤尔格·施泰纳（Jürg Steiner）在《协商民主的基础》一书中对其进行了修订，但当前仍有影响③。此外，国际上还提出了主体间一致性指数、认知复杂性指数、结论支持性指数、认知绩效指数，以及直接测量指标和间接测量指标等。近来，朱莉娅·詹斯特尔还开发了"综合复杂度量表"（IC）④，巴赫泰格和约翰·帕金森则专门撰写了《绘制与测量协商：趋向一种新的协商质量》一书，从六个要素探讨了协商系统质量的测量问题⑤。近来，申博京（Bokyong Shin）等人还用网络分析和时序分析相结合的方法，建构了评价在线协商质量的新指标⑥。国际上开始关注协商资本与协商质量的单体研究，意识到协商能力对协商质量有影响，但还未触及协商资本和协商质量的关联研究。我国目前对协商资本的学术分析较少，缺乏对协商质量的学理研究。基于此，本章将拓展已有研究，

---

① 参见 Afsoun Afsahi, "Gender Difference in Willingness and Capacity for Deliberation", *Social Politics: International Studies in Gender, State & Society*, 2020。

② 参见 Marco R. Steenbergen, André Bächtiger, Markus Spörndli, and Jürg Steiner, "Measuring Political Deliberation: A Discourse Quality Index", *Comparative European Politics*, 1, 2003, pp. 21 – 48。

③ 参见 Eleonore Fournier-Tombs, "Delib Analysis: Understanding the Quality of Online Political Discourse with Machine Learning", *Journal of Information Science*, Vol. 46, No. 6, 2020, pp. 810 – 822。

④ 参见 Julia Jennstål, "Deliberation and Complexity of Thinking, Using the Integrative Complexity Scale to Assess the Deliberative Quality of Minipublics", *Swiss Political Science Review*, Vol. 25, No. 1, 2019, pp. 64 – 83。

⑤ 参见 André Bächtiger and John Parkinson, *Mapping and Measuring Deliberation: Towards a New Deliberative Quality*, Oxford: Oxford University Press, 2019, pp. 111 – 129。

⑥ 参见 Bokyong Shin and Mikko Rask, "Assessment of Online Deliberative Quality: New Indicators Using Network Analysis and Time-Series Analysis", *Sustainability*, Vol. 13, No. 3, 2021, pp. 1 – 21。

在国际对话中展示中国经验，探讨在乡村振兴和农村治理现代化背景下，我国农村社区协商系统中协商资本是如何与协商质量相联结，又是如何发挥作用，以及协商系统的高质量发展应该转向何方。本章将重点运用实验研究方法，即通过干预或控制一些协商变量来观察因变量或总体结果的变化，具体是将干部、专家和媒体等行动变量作为赋能的协商资本，介入全国首批农村社区治理实验区的社区协商系统，评量协商质量的变化，来回答以上的关联性问题。

二 协商系统中协商资本与协商质量的关联趋向

协商民主是在适当的条件下，人们能够并愿意以开放的方式相互交流，并为其立场提供理由和解释而共同做出决定。协商民主理论和实践不断发展，已经历了四个代际，即从制度转向、实践转向、经验转向阶段，进入了系统转向阶段，即协商系统阶段。

（一）协商系统的建构与应用

协商系统，是简·曼斯布里奇从日常谈话中提出的更具广阔性和包容性的协商概念，不仅适用于非正式的谈话讨论，也运用于代表性立法机构[1]。卡罗琳·M.亨德里克斯扩展了这一概念，展示了非正式公共领域如何能够与更正式的政府环境中的协商联系起来，公共和私人行为者参与协商论坛发挥的关键作用[2]。帕金森则展示了多个行为者和机构在政策制定中的整合性协商效应[3]。德雷泽克在《协商治理的基础和前沿》一书中明确了作为第四代协商民主理论的"系统转向"时代的到来，协商系统作为方法和理论逐步得到学

---

[1] 参见 Jane Mansbridge, "Everyday Talk in the Deliberative System", Stephen Macedo, *Deliberative Politics: Essays on Democracy and Disagreement*, Oxford, UK: Oxford University Press, 1999, pp. 211 – 239。

[2] 参见 Carolyn M. Hendriks, "Integrated Deliberation: Reconciling Civil Society's Dual Roles in Deliberative Democracy", *Political Studies*, Vol. 54, No. 3, 2006, pp. 486 – 508。

[3] 参见 John Parkinson, *Deliberating in the Real World: Problems of Legitimacy in Deliberative Democracy*, Oxford, UK: Oxford University Press, 2006, pp. 166 – 173。

第七章　高质量协商发展的协商资本培育路径　127

界认可①。之后，曼斯布里奇等8位协商民主领军学者在《协商系统：大规模的协商民主》一书中，以"协商民主的系统方法"为题作为开篇全面阐释了协商系统的内涵和外延，标志着协商系统理论逐步走向成熟②。协商系统理论，是协商民主理论的深化发展，是由既相对独立又相互依存的要素组成的协商民主复杂整体，不仅内含正式协商，也包容非正式协商；既可从过程—事件来评估协商要件，也可从程序—规则来测量协商质量。在社区中，协商系统便是居民协商议事要件的环境背景及其有效组合的体系，其要素完备程度直接标示着协商质量高低③。近年来，协商系统理论逐步运用于更广的领域。例如，马库斯·霍尔多提出了协商系统如何回应违反基本协商规则以体现包容性的策略研究④，里基·迪恩（Rikki Dean）等人将协商系统作为民主创新设计的案例研究⑤，阿夫萨希进行的协商系统中的残疾人生活研究⑥，范梅芳（Mei-Fang Fan）开展的协商系统中原住民在长期照顾服务中的政治参与研究⑦，以及凯瑟琳·霍尔斯特（Cathrine Holst）从公民运用网络媒体参与协商议事受限而提出改进协商系统理论的深化研究等⑧。此外，将协商系统的完备度作为考察协商质量的研究开始出现。例如，2020年丹妮卡·弗劳斯（Dannica Fleuβ）等人对当下国际上两种知名的民主

---

① 参见 John S. Dryzek, *Foundations and Frontiers of Deliberative Governance*, Oxford: Oxford University Press, 2010, pp. 6 – 10。

② 参见 Jane Mansbridge et al., "A Systematic Approach to Deliberative Democracy", John Parkinson and Jane Mansbridge, *Deliberative Systems: Deliberative Democracy at the Large Scale*, New York: Cambridge University Press, 2012, pp. 1 – 26。

③ 张大维：《社区治理中协商系统的条件、类型与质量辨识——基于6个社区协商实验案例的比较》，《探索》2020年第6期。

④ 参见 Markus Holdo, "Violations of Basic Deliberative Norms: The Systemic Turn and Problems of Inclusion", *Politics*, Vol. 40, No. 3, 2020, pp. 348 – 362。

⑤ 参见 Rikki Dean, John Boswell and Graham Smith, "Designing Democratic Innovations as Deliberative Systems: The Ambitious Case of NHS Citizen", *Political Studies*, Vol. 68, No. 3, 2020, pp. 689 – 709。

⑥ 参见 Afsoun Afsahi, "Disabled Lives in Deliberative Systems", *Political Studies*, Vol. 48, No. 6, 2020, pp. 751 – 776。

⑦ 参见 Mei-Fang Fan and Sheng-Chun Sung, "Indigenous Political Participation in the Deliberative Systems: the Long-term Care Service Controversy in Taiwan", *Policy Studies*, First Published On line April 30, 2020, pp. 1 – 20。

⑧ 参见 Cathrine Holst and Hallvard Moe, "Deliberative Systems Theory and Citizens' Use of Online Media: Testing a Critical Theory of Democracy on a High Achiever", *Political Studies*, Vol. 69, No. 1, 2021, pp. 129 – 146。

质量测量方法（"民主晴雨表"和"民主多样性工程"）的协商性进行评估，从测量民族国家的协商能力视角，指出了已有研究的系统挑战和方法缺陷，提出了扩大测量协商的策略[1]。2020年年底帕金森等以苏格兰独立公投辩论会为例，运用大数据评量了协商系统的质量效用情况[2]。本章所说的农村社区协商系统，是指将农村社区中的正式或非正式协商所需要的载体要素和过程要素看作一个整体，包括协商主体、协商场所、协商实体、传播过程、转化过程、执行过程等要素围绕协商形成了一个中观系统，其运行的好坏就涉及协商质量问题。

（二）协商质量及其影响因素

协商系统理论的提出在某种程度上是基于对美好协商质量的追求。国际上虽已关注协商质量研究，但目前并未给出明确定义，即使是在巴赫泰格等关于测量协商质量的新著中也没有直接界定[3]。已有研究多从协商质量所需的条件和要素，具备的特性和表征来解释。总体来看，协商质量是指协商系统中协商主体、协商场所、协商实体、传播过程、转化过程、执行过程等的要素完整情况、条件拟合程度，以及呈现的协商实效好坏、协商水平高低。在实践中，常用好的协商来指协商质量高，反之则低。

从上述分析可知，评量协商质量的高低一方面受到协商系统中各要素的影响，另一方面也和参与主体的特性密切相关，其中通常认为的一个基础因素便是协商能力。协商能力，是德雷泽克从增进民主质量和协商水平角度提出的能动概念，即一个政治或社会系统在多大程度上主持真实性、包容性和结果性的协商，程度越高，协商能力越强。第一，真实性。指协商必须以非强制的方式引发反思，将特定的主张与更一般的原则联系起来，并展示协商资本的互惠性。第二，包容性。适用于政治或社会环境中出现的利益和话语

---

[1] 参见 Dannica Fleuβ and Karoline Helbig, "Measuring Nation States' Deliberativeness: Systematic Challenges, Methodological Pitfalls, and Strategies for Upscaling the Measurement of Deliberation", *Political Studies*, 2020, pp. 1 – 19。

[2] 参见 John Parkinson, Sebastian De Laile and Núria Franco-Guillén, "Mapping Deliberative Systems with Big Data: The Case of the Scottish Independence Referendum", *Political Studies*, 2020, pp. 1 – 23。

[3] 参见 André Bächtiger and John Parkinson, *Mapping and Measuring Deliberation: Towards a New Deliberative Quality*, Oxford: Oxford University Press, 2019, pp. 104 – 107。

范畴，缺乏它可能会有深思熟虑，但不会有协商民主，其已逐步成为协商系统的首要特质。第三，结果性。意味着协商过程必须对集体决策或社会结果产生影响，尽管这种影响不一定是直接的，也不一定涉及政策决策的实际制定。协商思想的核心是一个发达的民主质量概念，即一个系统的协商能力越大，其民主质量就越高。德雷泽克认为，协商能力具有一些促进因素和阻碍因素。影响协商能力的促进因素有：一是较高的识字和教育水平，二是共享或通用的语言，三是互惠的复选投票系统设计，四是多元的国家结构和制度，五是不同的政治文化。影响协商能力的阻碍因素有：一是宗教原教旨主义，二是意识观念的一致性，三是分段的自治性，这些都抑制了协商所需观点的多样性。协商的功能不仅有助于政权或组织的生存，而且还可以提高民主质量，具体来说包括：一是更具合法性，二是更有效地处理分裂和解决社会问题，三是更有能力解决社会选择的基本问题，四是更具反思性地纠正自身的缺陷。有效的协商是民主的核心，是高协商质量的表征，其关键是要有协商能力，协商能力可以通过不同方式进行配给，从框架建构和要素组建来看，一个高质量的协商需要高度真实性、包容性和结果性的有效协商系统。从协商能力建设的角度对民主质量进行分析，需要考虑到协商系统的完整程度[1]。妮可·库拉托后来也援引了德雷泽克的定义和框架，提出将协商能力作为民主质量的一个指数[2]。

（三）协商资本的提出与关联

近来的研究开始关注到在协商能力之外，协商资本作为一个关键因素对协商质量的重要作用。协商系统的有效运行，需要丰富的资本纽带。协商资本，作为学术概念在国内还少有研究，在国际上也是近来提出的。阿夫萨希在加拿大不列颠哥伦比亚大学攻读政治学博士学位时，受到政治学家芭芭拉·阿尼尔和马克·沃伦等教授在社会资本和协商民主研究领域的影响，提出了协商资本研究的话题。2016年，其在博士论文《我们能谈谈吗？商谈意

---

[1] 参见 John S. Dryzek, "Democratization as Deliberative Capacity Building", *Comparative Political Studies*, Vol. 42, No. 11, 2009, pp. 1379-1402。

[2] 参见 Nicole Curato, "Deliberative Capacity as an Indicator of Democratic Quality: The Case of the Philippines", *International Political Science Review*, Vol. 36, No. 1, 2015, pp. 99-116。

愿考察与协商资本促进》中，以商谈意愿、协商资本与协商能力为主题进行了实验研究①。同年，霍尔多在《协商资本：参与式预算中的承认》一文中指出，协商资本是获得"技能"（skills）、"能量"（competence）和"能力"（capacity）等协商能力的资源，这一概念突出了协商实践的象征价值，并就其用于更广泛的公共领域的重要性提供了另一种看法。他认为协商资本具有两层内涵。第一，协商资本。是指存在于参与者之间由这些参与者通过深思熟虑的实践来产生、诠释和争取该领域的"象征性回报"。协商资本不是单个个体的资源生产，而是协商领域的成员只有作为该领域的成员形成一个整体才能产生回报。在实践中，协商领域是由斗争和权力塑造的，这个领域的资本是通过更简单的协商形成的，它是由认同某些公民义务（包括辩论和提问等）的行为者聚集在一起形成的。协商资本发挥作用，就是为争取承认奠定基础。第二，协商资本。是指缺乏主导资本形式的参与协商行为者的一种资源，一种可在更广泛的公共协商领域利用的资源。协商资本将注意力转向具有其自身含义和独特协商实践领域的特殊性，这为该领域及其成员提供了一种新的资源②。2021 年《政治研究》杂志刊发了阿夫萨希的《自身利益在协商中的作用：一种协商资本理论》一文，标志着协商资本理论的正式提出。他进一步指出，协商资本可以被概念化为参与者在协商过程中进行投资的副产品，是积极的协商行为产生的互惠性回报。高程度的协商资本可以产生更好和更容易的协商对话，低程度的协商资本就不会实现良好的协商议事，从而缺乏公开、尊重和建设性的协商。他认为，协商资本是关系资本的一种形式，它存在于协商过程中对话者之间的纽带中。从资本的意义上讲，协商可以投资，也可以撤资，尽管这种对协商动态的理解或框架是原始的，但它是从协商民主理论中汲取的，尤其是从着眼于小型协商性参与中的协商过程以及有关社会资本的研究中获得的③。

综上所述，协商资本与协商质量分别形成了相对完整的理论。但将其关

---

① 参见 Afsoun Afsahi, *Can We Talk? Examining Willingness and Facilitating Deliberative Capital*, Vancouver, Canada: Doctoral Dissertation of Political Science, University of British Columbia, 2016, pp. 49 – 100。

② 参见 Markus Holdo, "Deliberative Capital: Recognition in Participatory Budgeting", *Critical Policy Studies*, Vol. 10, No. 4, 2016, pp. 391 – 409。

③ 参见 Afsoun Afsahi, "The Role of Self-Interest in Deliberation: A Theory of Deliberative Capital, *Political Studies*, 2021, pp. 1 – 18。

联就会发现,第一,协商资本与协商质量理论都是在协商系统理论框架下来讨论的,二者都是基于协商系统理论形成的新的理论创新。第二,在评量协商质量方面,除了从协商系统的要素来衡量外,已有研究主要将协商能力作为衡量协商质量的关键因素。第三,引入协商资本的概念并试图使其与协商质量相关联,将协商资本作为影响协商质量的另一关键因素来探讨高质量协商系统的发展转向,是一个值得进行实证检验的问题。

三 干部、专家和媒体介入社区协商的实验案例

以上理论假设,可以通过评量乡村振兴背景下协商系统中行为主体介入协商案例前后对协商系统的影响来验证。这首先就要确定拟考察的变量是什么,也就是要选定考察对象。

社区协商实验选取的行为主体为行政干部、专家行家、传播媒体三大介入变量[1],这是基于国际研究和本土实践的综合考量。曼斯布里奇等人在阐释协商系统方法和理论时,就从功能实现的视角提出,有效的协商系统需要三大要素和条件:一是专家,二是压力和抗议,三是媒体[2]。近来,露丝·莱特博迪(Ruth Lightbody)等人专门研究了专家在民主创新和协商政治中专业知识普及的作用[3]。詹妮弗·J. 罗伯茨(Jennifer J. Roberts)等人则直接研究了协商中专家的角色和作用,通过案例分析提出专家在微型公众协商议事中,

---

[1] 本章所指的行政干部、专家行家和传播媒体,简称干部、专家、媒体,都相对宽泛。干部,大致是指分管社区相关工作的基层或地方干部;专家,大致是指参与社区相关工作的拥有一定专业技能或行业才能的热心人,如退休村干部、教师、医生、律师、能人、乡贤等,最好具备协商知识或有过协商培训经历;媒体,大致是指具有记录过程、监督全程和传播能力的各类公共或私人媒体,如县乡村的线上线下媒体平台等。

[2] 参见 Jane Mansbridge et al., "A Systematic Approach to Deliberative Democracy", *Deliberative Systems: Deliberative Democracy at the Large Scale*, New York: Cambridge University Press, 2012, pp. 1 - 26。

[3] 参见 Ruth Lightbody and Jennifer J. Roberts, "Experts: the Politics of Evidence and Expertise in Democratic Innovation", *Handbook of Democratic Innovation and Governance*, Cheltenham, UK: Edward Elgar Publishing Limited, 2019, pp. 225 - 238。

尤其是在指导和制定决策方面占据重要地位①。应对新冠疫情等风险治理时，在国际 RMDT 信任性风险管理决策树模型中，公众和政府信任的达成就强调需要聘请专家或选取合适的公务员进行沟通协商。詹弗兰科·波马托（Gianfranco Pomatto）则专门研究了新闻记者和媒体在民主创新和协商议事中的角色和功能②。结合来看，专家行家和媒介媒体是高质量协商系统的两大实体要素，同时需要根据情况邀请和吸纳不同层级干部在内的多元协商主体参与政策解释、资源支持等的协商对话。基于此，结合乡村振兴中农村社区协商治理实践情况，本章将选取干部、专家、媒体三大行为主体作为农村社区协商实验的考察对象，评价其介入协商前后，案例中协商系统各要素质量的变化情况。

本章的协商实验案例来源于中央提出乡村振兴战略后，民政部确定的全国首批 48 个农村社区治理实验区中的 5 个。它们均处于中部地区，总体上经济发展水平相当，分别为安徽省天长市、河南省嵩县、河南省汝州市、河南省禹州市、河南省西平县等整体实验区所在的村（社区）。5 个协商实验案例均在笔者现场指导下于 2019 年年底到 2020 年年初进行，鉴于 5 个案例均是限定在大体相当的规模内协商，暂不考虑社区禀赋的差异和影响。为明晰地呈现协商过程和关键节点，对 5 个协商案例进行以下结构化处理。

第一，案例 1 所讨论的议题是天长市 XY 社区的农田沟渠硬化问题。该议题涉及 3 个居民组，由 3 个居民组长提出，经过两委讨论，决定在下辖高庄居民家中开展协商，各类居民代表、镇干部、专家行家（含律师）等 20 人参加，由村党总支书记主持，居民代表监督了此次会议，其结构化数据如下（见表 7-1）。

---

① 参见 Jennifer J. Roberts, Ruth Lightbody, Ragne Low and Stephen Elstub, "Experts and Evidence in Deliberation Scrutinising the Role of Witnesses and Evidence in Mini-publics, a Case Study", *Policy Sciences*, 53, 2020, pp. 3–32.

② 参见 Gianfranco Pomatto, "Journalists: the Role of the Media in Democratic Innovation", *Handbook of Democratic Innovation and Governance*, Cheltenham, UK: Edward Elgar Publishing Limited, 2019, pp. 269–278.

表7-1　　　　　　　天长市XY社区的沟渠硬化协商案例

	序号	引导者/介入变量	引导/介入主要内容	参与居民的直接反应
协商流程关键节点	1	主持人	讲解规则，第一轮讨论，形成3个观点	1. 农田改造是好事，但改造沟渠需硬化 2. 村民贫富有差距，筹钱有困难 3. 希望国家政策能支持
	2	专家	讲解协商要领，引导第一轮表决	与会的14名代表一致同意硬化沟渠，但不同意由村民出钱
	3	乡镇干部	政策会给予支持	参与代表明晰了政策，但因涉及农户出资，部分代表反对
	4	法律顾问	就相关问题作法律说明	
	5	主持人	第二轮讨论，提出新方案，除政府支持外根据家庭条件分类出资	参与代表提出新问题，由于每户田亩数量不一，田上的坟头、树木等情况复杂，贫富程度也不同，因而难以设定出钱的标准
	6	专家	引导将前述发言总结为三个方案并表决	1. 政府负责所有硬化资金 2. 政府和居民小组共同承担所需资金 3. 政府不出资，居民组出一部分，群众再筹一部分，每户50元左右
协商结果			方案一全票通过，方案二4人赞成，方案三3人反对	

从结构化数据可以看出，案例1的协商质量相对较好。与会的专家、乡镇干部和法律顾问都从村民的角度给予了解释和引导，在释疑和解答中，村民的反应逐步活跃起来，因而整体上协商质量有所提升。

第二，案例2所讨论的议题是嵩县DFY社区的环境卫生问题。该议题主要涉及小区楼栋楼道卫生和小型车辆公共区域停放，由几位楼栋长和居民代表共同向社区两委班子进行了反映，经过支部讨论后决定在支部会议室召开会议，各类居民代表、县镇干部、专家行家等21人参加，由党支部书记主持，居民代表负责监督。其结构化数据见表7-2。

表 7-2　　　　　　　　嵩县 DFY 社区环境卫生协商案例

	序号	引导者/介入变量	引导/介入主要内容	参与居民的直接反应
协商流程关键节点	1	主持人	分为两组议题，以楼道卫生清洁开始第一轮讨论，有两种意见	1. 楼栋各层的卫生都由所在的住户负责清洁 2. 各家的楼道除楼层外一至六楼的走廊由楼栋居民自行协商轮流清扫
	2	专家	介绍协商程序和规则、方法和技巧，归纳上述意见后引导表决	表决显示无人反对
	3	主持人	以楼下小型车辆停放展开第二轮讨论，有两种意见	1. 可在非主干道地带设临时停靠点供所有电动车、摩托车等小型车辆停放 2. 所有小型车辆均可临时停靠路边，但要有人监督
	4	主持人	提出可统一规划车棚和停车位	立即得到多数与会代表的认可
	5	专家	引导居民统计了小型车辆的使用情况并展开表决	居民梳理了各自的主要用车需求
协商结果	议题二 9 人支持前两种意见，15 人支持第三种意见，8 人三种方案都支持			

从结构化数据可以看出，案例 2 的协商质量较一般。与会代表对于议题本身的参与度相对有限，讨论程度相对不足，但在专家的积极引导下，与会代表能够更加清楚理解议题以及各类方案，梳理与议题相关的利益诉求，最终形成一定程度的讨论，协商质量有所改善。

第三，案例 3 所讨论的议题是汝州市 DY 村的招商引资。该议题主要关于企业入村建厂推进当地就业和经济发展的问题，由 DY 村党支部提议，在村会议室召开协商，各类居民代表、镇干部、专家行家等 30 人参加，由村支部书记主持，监委会成员和居民代表参与并监督了全场会议。其结构化数据见表7-3。

表7-3　　　　　　　　　　汝州市DY村招商引资协商案例

	序号	引导者/介入变量	引导/介入主要内容	参与居民的直接反应
协商流程关键节点	1	主持人	就企业入村前期工作展开讨论，形成三种意见	1. 企业进村后能否帮村里修路 2. 能否利用水电灌溉距工厂较近的农地 3. 村中有两条排水渠在建设时堵塞，能否帮助挖开疏通
	2	专家	普及协商知识，归纳三类意见并引导表决	第一和第三项无人反对，第二项有9人明确反对
	3	主持人	引导第二轮讨论	1. 企业还能否继续征收家里闲置承包地 2. 企业以后能否给村里建个沼气池搞发电 3. 企业能否给村里建蔬菜基地
	4	乡镇干部	重申议题是解决企业入村工作	参与代表表现出理解，会场陷入平静
	5	主持人	引导第三轮讨论	企业入村后能否多招村民进厂打工
协商结果			所有问题均得到记录和回应，并进一步由村干部与企业进行协商对话	

从结构化数据可以看出，案例3的协商质量较好。与会代表的参与度较高，发言讨论较为积极，同时在专家引导下代表们能够基于理性判断对不同代表的诉求予以相对公正的评判，因而表现出了较为理想的协商质量。

第四，案例4所讨论的是禹州市ZZ社区的电网升级。主要涉及社区下辖水果市场的电网升级改造，由ZZ社区两委提议，在社区会议室召开，各类居民代表、市街干部、专家行家等20人参加，由村党委书记主持，监委会成员全程监督了本次会议。其结构化数据见表7-4。

表 7-4　　禹州市 ZZ 社区电网升级协商案例

	序号	引导者/介入变量	引导/介入主要内容	参与居民的直接反应
协商流程关键节点	1	主持人	介绍电网改造背景，引导自由讨论	由于水果市场仅涉及 4 个村民小组，而农网改造要进行资金投入，剩余 7 个小组整体福利是否受影响
	2	专家	梳理代表意见并引导投票	有 14 人持相同疑虑
	3	主持人	解释疑虑	1. 改造只是时间先后问题 2. 集体经济收入充裕，不影响福利分配 3. 电网改造有国家专项资金，自己出资少
	4	专家	引导再次表决	多数代表支持这一解释
	5	主持人	引导第二轮讨论	水果市场的电网过去是村民个人投资的，这次电网改造后这 7 户村民是否能接受
	6	主持人	回应问题	没有意见，陷入小段沉默
	7	专家	梳理观点鼓励发言，随之形成两个问题	1. 电网改造要投入多少钱 2. 具体怎么分配
	8	市街干部	解释政策，说明安全隐患，同时考虑大家诉求	回应得到居民认同
协商结果			最终表决，全票通过	

从结构化数据可以看出，案例 4 的协商质量也较好。与会代表始终紧扣自身利益和当事人的直接利益，在专家引导下，与会代表与主持人的沟通和互动进一步明晰了电网改造的支出构成比例。代表们能够听取干部的建议，在理性分析后形成决议，表现出较高的协商质量。

第五，案例 5 所讨论的是西平县 CLZ 村的新建球场问题。村委在驻村第一书记的政策争取下，提议用专项资金修建足球场，村两委决定由党支部书记主持，在村会议室召开协商会议。各类居民代表、县镇干部、专家行家、媒体记者等20人参加，村监委会和媒体全程监督了本次会议。其结构化数据见表7-5。

表7-5　　　　　　　　西平县CLZ村新建球场协商案例

	序号	引导者/介入变量	引导/介入主要内容	参与居民的直接反应
协商流程关键节点	1	主持人	介绍背景，展开讨论	1. 希望解决好场地排水问题 2. 希望减少对居民出行造成影响
	2	专家	归纳意见，引导表决	14名代表赞同
	3	主持人	引导第二轮讨论	1. 有无建的需求和必要 2. 是否还需村民掏钱 3. 能否安装路灯和摄像头 4. 能否建无障碍通道 5. 空地能否安装健身器材
	4	专家	专家引导县镇干部解释	获得多数代表认可
	5	县镇干部	要分阶段看问题，总体支持建设	
	6	主持人	引导第三轮讨论	就是否收保洁费的问题展开激烈争论
	7	专家	引导理性分析	争论持续
	8	县镇干部	提供政策支持	
	9	专家	总结争论问题	1. 足球场后续建设村集体能否承担 2. 村民对足球场是否有需求 3. 不建设对村庄有多大坏处
	10	驻村第一书记	回应问题	氛围逐渐冷清，以倾听为主
	11	主持人	总结发言并引导表决	
	12	媒体	全程摄影记录	—
协商结果			最终表决，全票通过	

从结构化数据可以看出，案例 5 的协商质量也相对较好。与会代表的参与积极性较高，在专家引导下形成的意见都与球场建设和自身利益直接相关。但同时，在县镇干部和驻村第一书记的政策解释和问题回应后也能够理解其中的问题要害，使得协商程序得以继续推进，同时媒体运用摄影技术全程记录了这一过程，使得协商的公开性和真实性得到保障，整体上看有较高的协商质量。

为便于清晰地掌握 5 个实验案例的核心特征和考察变量，可以将社区协商中实验行动者变量介入协商的案例描述进行简化（见表 7-6）。同时，也可以大致预判协商资本、协商能力和协商质量的总体情况，下文将做具体的评量分析。

表 7-6　　　　社区协商案例中的实验行动者变量的介入情况

项目	案例1 天长 XY 社区	案例2 嵩县 DFY 社区	案例3 汝州 DY 村	案例4 禹州 ZZ 社区	案例5 西平 CLZ 村
协商主题	沟渠硬化	环境卫生	招商引资	电网升级	新建球场
参与人数	20	21	30	20	20
居民类型	两委、村民代表、利益相关方	两委、楼栋长、居民代表、利益相关方	两委监委党员和居民代表、小组长	两委、监委、居民和党员代表、社会组织、志愿者	两委、监委、驻村第一书记、五老、村民党员代表志愿者、社工、社会组织
涉及范围	三个小组	所有楼栋	全村村民	全村小组	全村小组
协商场所	居民家中	大会议室	小会议室	协商议事厅	小会议室
变量1 行政干部	介入	未介入	介入	介入	介入
变量2 专家行家	介入	介入	介入	介入	介入
变量3 传播媒体	未介入	未介入	未介入	未介入	介入

续表

项目		案例1 天长 XY社区	案例2 嵩县 DFY社区	案例3 汝州 DY村	案例4 禹州 ZZ社区	案例5 西平 CLZ村
协商资本		提升	极大提升	提升	提升	极大提升
协商能力	真实性 包容性 结果性	相对增强	相对增强	相对增强	相对增强	相对增强
协商质量		提高	极大提高	提高	提高	极大提高

四 作为协商资本的变量对协商质量的影响评估

从上述案例呈现来看，协商资本是在协商能力之外影响协商质量的又一关键因素，其可以由多个变量构成，不同的干预产生的结果也不一样。与此同时，协商资本作为单独的关键要素，需要进一步的评量验证。

第一，干部、专家和媒体三个变量扮演了较好的协商资本角色。结合前述国际上对协商资本的界定，从3个变量介入5个协商案例的关键节点来看，他们成为居民畅所欲言参与协商的"资本"纽带，都对协商过程产生重大影响，形成了居民满意的"回报"决议。总体来看，三大行动变量已经构成了协商资本，并符合协商资本兼具的两层内涵。具体来看：由于干部、专家和媒体的介入引导，居民能更充分地参与发言、提问、沟通和辩论，在这个过程中，居民的观点和意见得到主持人或政府社区的关注，并影响了参与者的投票表决和决策形成。一方面，居民的积极参与获得了相应的认可回报，这就是第一个层面的协商资本；另一方面，干部、专家和媒体是居民外在获得的技术、知识、政策和后盾资源，这就是第二个层面的协商资本。因此，三大行动者可以作为协商资本的变量来考察，帮助5个案例中的居民提升了协商资本，其中DFY社区和CLZ村的协商资本得到极大提升，DFY社区的协商在专家介入下，居民将那些涉及议题但自己难以表达的关键信息做了梳理，进一步提升了对议题可行性的思考认知过程，由此提升的协商资本使得相对一般的协商质量获得了极大提升。而 CLZ 村的协商在专家的多次介入后，使具有强烈参与感和主体意识的与会代表能够更加清楚争论的焦点，并针对焦点背后的信息予以更加积极的反馈，逐渐形成并积累下丰富的协商资本，在较好的协商能力基础之上进一步优化了协商质量。

第二，在考察作为协商资本的三大变量是否对协商质量产生直接影响之前，除了选定拟考察的行为主体变量外，还需要评量 5 个案例中影响协商质量的另一个关键因素"协商能力"的变化情况，看其是否受协商资本影响发挥了增强协商质量的叠加优势。就协商能力的框架特征和评量而言，国际上已有成果参考从而相对简单。如前所述，主要是德雷泽克提出的，即由真实性、包容性和结果性构成的有效协商系统框架。就真实性而言，三大主体的介入，使得代表从有所顾虑、不敢发言，只说边角、不讲关键，到发自内心地自由表达真实想法、争议辩论，红脖子、扯袖子，从冷漠到激情，从沉闷到活跃等。具体来看，随着不同变量的介入，5 个案例中参与主体的协商能力在原先基础上都得到了相应增强，但效果有限。其原因在于协商能力的实质性提升需要一定时间和经验的积累，并非短暂的一两次干预就能够实现。因此，在协商实验中，受到干部、专家和媒体影响的参与主体也更多表现出行为或态度上的变化，但并未从根本上转变其协商意识及其行为逻辑，但对于实验而言，已经可以观察到因协商资本带来的协商能力相对增强的意外效果，对于协商质量也产生了一定的积极影响。

第三，协商资本作为独立的关键要素对协商质量产生了较大影响。就协商质量的要素程序和评量来看，国际上近十年来开始关注。主要的有：詹姆斯·费什金提出的信息、实质性平衡、多样性、自觉性、公平考量等 5 要素指标[1]。德雷泽克提出后被概括为 6 要素标准的公共空间及其开放性、授权空间及其灵活性、传播及其连接性、问责制及其回应性、元协商及其组织性、决断力及其自主性[2]。帕金森与巴赫泰格提出的协商主体、协商场所、协商实

---

[1] 参见 James S. Fishkin, *When the People Speak: Deliberative Democracy and Public Consultation*, Oxford: Oxford University Press, 2009, pp. 33 – 43。

[2] 张大维:《党领群议：协商系统中社区治理的引领式协商——以天长市"1 + N + X"社区协商实验为例》，《中州学刊》2020 年第 10 期。

体、传播过程、转化过程、执行过程 6 要素指标[1]。在此基础上，笔者还以中国实证探讨了社区协商系统的条件和质量辨识问题[2]，并建构了高质量协商达成的"要素—程序—规则"指标体系[3]。鉴于协商系统理论的最新发展和评量协商系统质量的最新成果，结合中国社区协商实验的本土实际，既借鉴了国际上较流行的巴赫泰格和帕金森 6 要素指标，也加入了中国化的 8 个程序指标，并进行了大致对应，以整合来评量行为主体作为协商资本介入实验后，协商质量的变化情况。

为了便于分析，将 5 个案例社区、6 个要素标准、8 个程序标准及其具体指标，以及 3 类行为主体变量在介入前和介入后的协商质量进行了简约化处理（见表 7-7）。

表 7-7　　　　社区协商案例中的实验行动者变量对协商质量的影响

行动者变量/ 协商系统的质量标准			案例 1 天长 XY 社区		案例 2 嵩县 DFY 社区		案例 3 汝州 DY 村		案例 4 禹州 ZZ 社区		案例 5 西平 CLZ 村	
介入变量			行政干部 专家行家		专家行家		行政干部 专家行家		行政干部 专家行家		行政干部 专家行家 传播媒体	
要素 标准	程序标准	具体 指标	介入前	介入后	介入前	介入后	介入前	介入后	介入前	介入后	介入前	介入后
协商 主体	提出议题 确定议题 组织协商	主体 特征	较好	+ + +	较好	+	较好	+ + +	较好	+ + +	较好	+ ++ +
协商 场所	环境配套	地点 场景	较好	× ×	不确定	×	一般	× ×	一般	× ×	一般	× × ×

---

[1] 参见 André Bächtiger and John Parkinson, *Mapping and Measuring Deliberation: Towards a New Deliberative Quality*, Oxford: Oxford University Press, 2019, pp. 111-129。

[2] 张大维：《社区治理中协商系统的条件、类型与质量辨识——基于 6 个社区协商实验案例的比较》，《探索》2020 年第 6 期。

[3] 张大维：《高质量协商如何达成：在要素—程序—规则中发展协商系统——兼对 5 个农村社区协商实验的评量》，《华中师范大学学报》（人文社会科学版）2021 年第 3 期。

续表

行动者变量/协商系统的质量标准			案例1 天长 XY社区		案例2 嵩县 DFY社区		案例3 汝州 DY村		案例4 禹州 ZZ社区		案例5 西平 CLZ村	
介入变量			行政干部 专家行家		专家行家		行政干部 专家行家		行政干部 专家行家		行政干部 专家行家 传播媒体	
要素标准	程序标准	具体指标	介入前	介入后	介入前	介入后	介入前	介入后	介入前	介入后	介入前	介入后
协商实体	人员赋能	条件形式	一般	ー ++	一般	+	较好	+ ++	较好	ー ++	较好	? + ×
传播过程	沟通传递	环节步骤	一般	× ++	一般	+	不确定	× ++	一般	++	一般	+ + ×
		信息传递	一般	++	一般	+	较好	++	一般	++	一般	+ + +
		气氛	一般	+ ++	一般	+	一般	? +	较好	ー ++	较好	? + ×
转化过程	协商监督	时长	一般	+ ++	不确定	+	较好	++	较好	++	较好	+ ++ ×
		监督	不确定	++	不确定	+	较好	++	较好	++	较好	+ + +

续表

行动者变量/ 协商系统的质量标准			案例1 天长 XY社区		案例2 嵩县 DFY社区		案例3 汝州 DY村		案例4 禹州 ZZ社区		案例5 西平 CLZ村	
介入变量			行政干部 专家行家		专家行家		行政干部 专家行家		行政干部 专家行家		行政干部 专家行家 传播媒体	
要素 标准	程序标准	具体 指标	介入前	介入后	介入前	介入后	介入前	介入后	介入前	介入后	介入前	介入后
执行 过程	结果 运用	有无 结果	不确定	＋ ＋	一般	＋	较好	＋ ＋	一般	？ ＋	一般	？ ＋ ×
		有无 反对	一般	？ ＋	一般	＋	一般	＋ ＋	较好	？ ＋	较好	？ ＋ ×

根据协商系统所含有的要素和程序，对干部、专家、媒体等三类行动者变量介入案例前后的协商质量变化予以评量和比较，得出以下基本判断。

第一，协商主体要素的质量在行动介入后明显提升。行动者变量在介入前，各案例的协商主体多样，且均参与到从提出议题、确定议题再到组织协商的过程，总体基础较好。随着作为协商资本的变量介入，协商主体变化较大。一是协商主体的类型和组织形式变得多元，丰富了协商的主体层次，增大了交流的开放空间。二是主体提出的议题逐步细化，5个案例都产生了多种议题方案。例如，案例3由"村民能为企业做什么"牵出了"企业能为村民做什么"的议题，案例5由足球场建设引出了配套建设和后续维护等次生问题。三是介入主体普及了协商专业知识，讲授了协商技巧技术，促使协商主体逐渐在一个平等尊重、自由理性的基础上交流对话。总体来看，协商主体的发言水平、对话热度、观点难度、尖锐程度等有较大提高，协商质量明显提升。

第二，协商场所要素的质量在行动介入后影响有限。行动者变量在介入前，各案例的协商场所欠佳，在规模适度、开放接纳、轻松温馨等要素上均有某些缺失，总体环境一般。一是规模上，案例2在大报告厅，主持人在台上与参与者的互动存在距离感；二是开放性上，其他4个案例的协商场所大小（规模）虽与参与者人数较匹配，但稍显封闭，开放程度还不够；三是温馨程度上，除了案例1直接将协商场所选在了田边路旁的居民家中进行，其他均选择了会议室，微显压抑。随着作为协商资本的变量介入，协商场所并没有太大变化。协商场所是在介入前就已经布置好，变量未能参与到事前对协商场所的组织安排中，虽然三大主体提出了改进建议，让场所变得更加温馨、开放等，但在当次协商中并不能及时改变，因此，变量介入对当次协商的有效影响不大。

第三，协商实体要素的质量在行动介入后差异较大。行动者变量在介入前，案例1和2的协商实体一般，案例3、4、5相对较好。随着作为协商资本的变量介入，对交流讨论的话语载体、条件形式和人员赋能等协商实体的影响不一。一是启发式提议，激发主体热烈讨论。5个案例的居民开始讨论均较简短，在变量发言后，沉闷氛围消减而继续讨论。二是定论式引导，促成理性共识与草率了断并存。案例3、4、5因居民发言过于积极，导致长时间难以达成一致，变量介入后分析归纳，引导村民达成了共识。但案例4在干部介入后，马上达成了共识，负面影响明显。三是权威性解释。在争论僵持时，变量适度介入的权威性解释可带来积极影响，如案例3在干部介入后却激发了讨论，但案例5在干部介入后沉寂片刻后又接着讨论，影响则不确定。

第四，传播过程要素的质量在行动介入后改善显著。一是从环节步骤来看，变量介入前，代表倾向于各说各话，而主持人也侧重逐一解释，缺乏对已明晰的观点进行归纳，造成议事的环节步骤节点不明。变量介入后，变得更加明晰。其中，专家的效果最为突出，在5个案例中都有明确总结观点并引导分析的过程；一些干部也能在发言混乱的情况时适当发挥聚焦作用，如在案例4、5中均有体现。二是从信息传递来看，变量介入前，信息传递主要是代表之间以及干部与主持人之间，5个案例的主持人均表现出仅顾回答或记录问题以加速议程，而少有兼顾到代表是否理解问题。变量介入后，推进了传递过程的信息简约化、问题明晰化、对象整体化，5个案例都能体现专家的相关作用，除案例2的4个案例也能看到干部的相应作用。尤其是专家引导表决，确保全员参与的整体化。

第五，转化过程要素的质量在行动介入后总体向好。一是在协商气氛上三类变量实现了调节优势的互补性，二是在协商时长上三类变量促进了话题讨论的充分性，三是在协商监督上三类变量保障了议事表里的一致性。具体来看，首先，从气氛看，变量介入前，前2个案例一般，后3个案例相对积极。变量介入后，干部会适时引向可控和团结的气氛，而专家则会适时引向积极和活跃的气氛。其次，从时长看，变量介入前，前2个相较后3个案例，发言不够积极，讨论较短；变量介入后，讨论更充分和深入，增加了时长。最后，从监督看，变量介入前，后3个相较前2个案例监督力量更强。变量介入后，在监督形式上，增多了"见证人"。尤其是案例5还有媒体参与，增强了第三方监督；在监督实质上，变量使讨论更加切题，规避了主持人或其他人跑偏议题。

第六，执行过程要素的质量在行动介入后出现分化。专家介入后对5个案例的执行过程都产生了积极影响，但干部介入后的影响则不一。一是从有无结果看，变量介入前，案例1、3相较案例4、5讨论时间短，结论是多方案的，难成共识。干部介入后，试图引向一致意向，但效果不同。案例1、3并没有完全随干部介入而停止讨论，而是经充分讨论后才形成共识，案例4、5随干部的总结性发言便形成了一致结论。而专家介入5个案例后，引导多次阶段性表决后，最后才形成结论，提升了质量。二是从有无反对看，变量介入前，5个案例均有反对，但程度不深。变量介入后，前3个案例依旧存在反对，而案例4、5中，专家介入后仍有反对，但干部介入后反对就变少了，后都达成一致意见。另外，因案例2复杂程度相对较低，专家介入后先有反对，后则较快达成共识。

总体上看，协商系统质量在作为协商资本的干部、专家和媒体等行为变量介入后发生了很大变化，协商系统的质量有了明显提高。尽管对不同要素、程序和指标的质量影响会有差别，而且积极影响、消极影响、影响存疑和没有影响等四种结果都存在，但可以明显看到，积极影响占绝对主导，消极影响极少，个别未产生影响，少量影响在一次协商中还难确定。另外，从三类变量来看，专家的积极影响最大，干部介入不当会带来消极影响，媒体因其静态特性只在监督等方面产生明显积极影响。将其与协商资本和协商质量关联则表现为，由于干部、专家和媒体等行为变量的介入，不仅增加了居民参与讨论、表达、诠释以及倾听、沟通、妥协以争取"想要的利益"和"象征性回报"，使得开始束手无策、无所适从或缄默盲从的居民获得了可以利用的协商资源，因此构成了前文所述协商资本理论所具备的"回报"和"资源"两层内涵，形成了一定的协商资本并提高了协商质量，因此其积极作用就明显成为主要方面。而由于专家的立场中立性、方法专业性和介入频繁性等，其构成的协商资本更大，对协商质量的积极作用则最大；干部如果将潜在具有的行政主导、目标预设和气氛把控等特征带入协商，介入后在少数情况下也可能抑制居民参与和讨论，因此个别情况下导致削减协商资本，消极作用偶尔可能出现；媒体的独立性、单一性和监督性特征，使得其对协商资本提升有积极效应，从而对协商质量也会产生一定帮助。

五　结语

发挥社会主义协商民主独特优势，完善基层民主协商制度，需要促进协商系统的高质量发展。而协商系统的高质量发展，需要有抓手载体和操作环节，从以上分析可以看出，其需要转向培育协商资本之路。

协商系统发展可以有多种路径，既可以是类型上的强制性协商、引导性协商、自主性协商的提档升级，也可以是程度上的权威性协商、行政性协商、包容性协商的转型提质。以高质量协商系统发展为目标，需要通过在乡村振兴中的社区治理来提升协商能力的同时，更加注重协商资本的培育和积累，以增进协商质量。具体来讲要注重以下几方面的工作。

第一，新时代社区协商的高质量发展由环环相扣的三部分构成。协商系统的高质量发展需要构建要素完整、条件拟合、水平匹配的农村协商体系。以往的协商发展侧重于协商场所建设、协商组织架构和协商流程厘清等，高质量协商发展更注重协商系统再造、协商能力提升、协商资本培育等，这是新时代和新发展阶段的要求和目标。

第二，农村社区协商高质量发展需要立足本土的协商系统建构。农村社区的协商治理和服务首先需要完备的协商系统，既要有国际通约的协商主体、协商场所、协商实体、传播过程、转化过程、执行过程等完整的要素或与之类似的元素，也要有本土惯用的提出议题、确定议题、组织协商、环境配套、人员赋能、沟通传递、协商监督、结果运用等完整的程序或与之相似的流程及其相应的具体指标。虽然强调要素的完备程度、程序的拟合程度，但乡村协商并不一定是刻板严肃的，也可以是弹性宽松的系统要素组合。

第三，社区协商系统高质量发展要关注协商能力提高这个基础在乡村振兴中，干部、专家和媒体等协商资本之所以可以增强协商能力，在于其提高了农民的协商意识、协商意愿、协商技能和协商效能感，而这恰恰是能否达成高质量协商的关键。在农村社区的协商治理和服务中，要注意把握协商能力的关键要素。从具体的要素看，既需要增强协商的真实性、包容性和实效性，也需要增强协商的互动性、质量性，还需要增强协商的技能、能量和能力。从宏观的系统讲，则需要增强协商的社会能力、制度能力和参与能力等[①]。

第四，协商资本的有效培育是社区协商系统高质量发展的关键。协商资本概念丰富了基于熟人构成的协商治理和服务路径，这是过去较少关注的，也很少将其作为影响协商质量的关键因素。协商资本理论既是对社会资本理论的拓展，也是对协商民主理论的丰富，更是协商民主发展到协商系统最新阶段后，研究增强协商能力以提高协商质量的有效概念工具。在乡村建设行动中，要通过在协商系统中内在争取和外在赋予大力培育协商资本。从内在争取方面看，居民要积极争取参与协商和获得外在协商资源，以增强协商资本。从外在赋予方面看，农村社区协商需要注意：一是要注重挖掘潜在的退休能人、"五老"乡贤和外聘专家，二是要关注协商知识的普及和技能培训，三是要争取行政干部和媒介媒体适时正确参加协商。

此外，协商系统的高质量发展要善于开展试点实验。从5个实验案例来看，民政部推行的农村社区治理实验区，取得了较好的协商实验效果。基于此，2020年10月民政部印发了《关于开展村级议事协商创新实验的通知》，计划分两年在1000个左右的行政村开展协商实验和试点创新，并于2021年底确认了首批497个全国村级议事协商创新实验试点单位，这是一个很好的

---

① 参见 Tang Beibei, "Development and Prospects of Deliberative Democracy in China: The Dimensions of Deliberative Capacity Building", *Journal of Chinese Political Science*, Vol. 19, No. 2, 2014, pp. 115 – 132.

推广。根据党的十九届五中全会和 2021、2022 年中央一号文件精神，乡村建设行动中的村庄发展规划、基础设施建设、人居环境整治、公共服务提升、城乡融合发展等乡村建设行动项目，都可以尝试运用协商实验的方式，真正推动多领域、多层次的协商系统高质量发展。

第八章

协商资本与协商能力嵌合：
高质量协商的发展逻辑[①]

一 协商程序的既有研究及其对协商质量的影响

党的十九届五中全会明确提出，我国已转向高质量发展阶段。对于高质量发展的意涵，习近平总书记指出，"高质量发展不只是一个经济要求，而是对经济社会发展方方面面的总要求"[②]。因而，作为实现高质量发展的应有之义，在社会治理层面推动基层协商实践高质量建设的重要价值不言而喻。要实现基层协商民主高质量建设，须从其中关键之处着手。2015年，由中办、国办印发的《关于加强城乡社区协商的意见》清晰界定了基层协商的主要任务，具体包括协商的内容、主体、形式、程序以及成果等五方面。其中，协商程序作为民主选举、民主协商、民主决策、民主管理和民主监督过程中广泛应用的重要环节，在基层民主建设和基层治理方面发挥了不可忽视的作用。同时，结合已有经验，治理成效显著的地区大都能结合本地实际开拓协商程序创新，如安徽天长和宁波宁海等的议事五步工作法、广西宜州和成都新津等的议事六步工作法，等等。而对于党的十九届五中全会提出完善基层民主

[①] 本章由张大维、赵益晨以《协商资本与协商能力嵌合：高质量协商的发展逻辑——以村民自治第一村的协商程序创新为例》为题，发表于《社会主义研究》2023年第2期。
[②] 《习近平在参加青海代表团审议时强调 坚定不移走高质量发展之路 坚定不移增进民生福祉》，《人民日报》2021年3月8日第1版。

协商制度的"十四五"发展目标而言，鼓励并推广与当地实际相结合、形成具有地方特色的协商程序创新不失为一个重要方向，也是通向高质量协商的应有之义。

回顾对协商程序的既有研究，学者关注度相对有限，主要集中于通过实证研究重点论述了协商程序在基层民主建设和基层协商治理两方面的作用。一方面，从基层民主建设看，姜裕富指出，协商价值寓于其程序性之中，协商民主是一种程序性民主[1]。韩福国认为，程序是协商民主实现制度化建设的创新路径[2]。为有效发挥协商民主的基层实践，戴激涛提出可将协商程序应用于公共预算[3]，张琼则提出要将协商程序实际应用于工资集体协商实践[4]。另一方面，从基层协商治理出发，张晨等人认为完善协商程序可将协商民主从理念向基层日常治理实践过渡[5]。韩福国等人通过定量研究也发现，协商程序完善有助于提升公共治理效能[6]。同时，其还进一步指出协商程序可为基层治理的单中心决策应对多中心社会结构问题提供共治可能[7]。吴明熠同样认为，协商程序有利于完善公众参与行政决策，优化公共参与实践[8]。赵玉增等人进一步指出应构建符合自身特色的协商程序，提升基层治理能力[9]。王栋则提出了社会协商、界别协商和评议协商等三种协商程序规范以优化社会组织的协

---

[1] 姜裕富：《村民决策中的协商程序——以浙江省衢州市"民主决策五步法"为分析背景》，《调研世界》2006年第10期。

[2] 韩福国：《超越"指定代表"和"随机抽样"：中国社会主义复式协商民主的程序设计》，《探索》2018年第5期。

[3] 戴激涛：《协商机制在预算审议中的引入：财政民主之程序构造》，《苏州大学学报》（哲学社会科学版）2010年第6期。

[4] 张琼：《基于协商民主的工资集体协商程序完善研究》，《湖北社会科学》2012年第3期。

[5] 张晨、赵云云：《走向程序民主：城市社区基层议事协商机制的建构——以苏州工业园区Q社区实验为例》，《地方治理研究》2017年第3期。

[6] 韩福国、萧莹敏：《协商民主的基层实践程序与效能检验——浙江温岭参与式公共预算的制度分析》，《西安交通大学学报》（社会科学版）2017年第5期。

[7] 韩福国、胡春华、徐晓菁：《协商式共治："社区共营"的中轴性程序及其创新价值》，《新视野》2020年第3期。

[8] 吴明熠：《从听证走向协商：公众参与行政决策的实践反思与程序嬗变》，《甘肃行政学院学报》2020年第2期。

[9] 赵玉增、毕一玲：《基层协商民主与治理能力现代化及其程序规制》，《济南大学学报》（社会科学版）2020年第6期。

商治理效能①。张大维从协商系统理论的辨识性出发②，提出了八个协商程序标准用于高质量协商建设评估③。

综上可见，既有研究的关注点主要集中于程序化的协商实践在基层民主或基层治理中的作用和价值，而对协商程序本身的优化和发展问题研究较少。尤其是对全国业已形成的具有开拓性，甚至是标识性的地方协商程序创新，能否提升和如何改善协商质量这一关键问题，仍缺乏一个有力的解释范式和可行的实践进路，这为本章提供了进一步研究的空间。但与此同时，学界一般也认为构建协商程序能够进一步强化基层协商治理，推进共建共治共享。而这一观点与目前开展的美好环境与幸福生活共同缔造活动的"共谋"理念不谋而合。因此，基于对农村社区协商过程的实证调查，本章类型化梳理了广西宜州合寨村新村屯的协商程序创新过程，并引入新的研究视角，解读个案协商程序的创新路径和程序质量，从而阐释协商程序创新背后的高质量协商发展逻辑。

二 一般化协商程序与创新性实践：新村屯案例

广西宜州是全国首批乡村治理体系建设试点单位，我国第一个村民委员会就诞生于宜州合寨村。新村屯是合寨村的一个自然屯，在合寨村最初制定村规民约、推动建设村民自治的过程中发挥了关键作用④。近年来，为进一步规范村民自治建设，宜州区在各自然屯的村民自治实践中总结出"阳关议事六步法"。该议事程序主要通过设立屯级党群理事会、户代表会议和屯务监事会等三个主要自治组织，通过三个屯级自治主体间的互动形成六步议事法，取得了积极成效。调研团队在实地走访和入户访谈中发现，在合寨村新村屯

---

① 王栋：《社会组织参与协商治理程序的规范化逻辑》，《天津行政学院学报》2015年第6期。
② 张大维：《社区治理中协商系统的条件、类型与质量辨识——基于6个社区协商实验案例的比较》，《探索》2020年第6期。
③ 张大维：《高质量协商如何达成：在要素—程序—规则中发展协商系统——兼对5个农村社区协商实验的评量》，《华中师范大学学报》（人文社会科学版）2021年第3期。
④ 参见谢树强《走进共和国史册的小村——广西宜州合寨村纪事》，作家出版社2011年版，第122页。

开展民主选举后的村民自治实践，集中体现为以民主协商带动民主决策、民主管理和民主监督所形成的"全过程"民主[①]，并通过程序化形式融入"阳光议事六步法"所规范的一般化协商程序之中。同时，在一般化协商程序外，新村屯还与自身特点和议题实际相结合，形成了符合自身实际的创新性实践，以增强协商议事程序的实效性。

（一）合寨村新村屯一般化协商程序

宜州区所推广的"阳光议事六步法"可以简要分为两个部分。其中前四步作为第一部分，均为由屯党群理事会与屯级党组织、党员和村"两委"确认议题和工作方案的过程；第五和第六步为第二部分，简要说明了召开户代表会议，开展民主议事，并形成决议和监督执行的过程。本章重点关注的协商程序在村民议事的部分，而较少讨论党组织先议制度的内容，故而将党组织确定议题和工作方案的步骤缩减为一步，也就是前期准备过程。同时，根据合寨村新村屯的党群理事会章程，把阳光议事六步法中的第五和第六步拓展为代表讨论、方案表决、确认同意、监督见证的4个标准化程序，加上前期准备共同形成了新村屯开展协商自治的5个一般化协商程序（见表8-1）。

表8-1　　　　　　　新村屯一般化协商程序的具体内容

协商程序	一般化程序	具体内容
第一步	前期准备	屯党群理事会与屯党支部、党员群众共同确定议题并形成工作方案
第二步	代表讨论	由党群理事会召集户代表会议讨论议题和方案
第三步	方案表决	所议事项经过60%以上到会人员同意便形成决议
第四步	确认同意	同意议定方案的户代表当场签订同意书
第五步	监督见证	屯务监事会全程见证

为便于理解，本章通过一个常规案例对上述一般化协商程序予以说明。2021年，新村屯党群理事会就修建公共蓄水池问题召集了户代表会议开展讨

[①] 张大维、赵益晨：《引领式协商：协商系统理论下党领导自治的新发展——以广西宜州木寨村为例》，《湖湘论坛》2021年第5期。

论。受地形影响，新村屯时常出现春旱，急需一个日常蓄水设施。为此，新村屯党群理事会通过与屯党支部、党员群众商讨后确定了一个工作方案，并召集户代表开展讨论。由于新村屯常年有大量青年人（同时是户代表）外出务工，因此征求户代表意见的过程就分为线下户代表开会商讨和线上聊天群的网上商议。最终，公共蓄水池的议题获得了60%以上户代表的同意，所有同意该议题的户代表可以通过不同形式签订同意书作为证明。同时，屯务监事会全程见证了上述讨论和签订过程（见表8-2）。

表8-2　　　　　　　　　修建公共蓄水池的协商程序

一般化程序	案例1：修建公共蓄水池
前期准备	党群理事会与屯党支部、党员群众共同确定议题并形成工作方案
代表讨论	由党群理事会召集户代表会议讨论议题和方案
方案表决	经过线下户代表商讨和线上聊天群沟通，修水池获得60%以上户代表同意，由屯青中年协会承办，并集资发动在外务工青年主动捐款
确认同意	同意议定方案的户代表通过不同形式签订同意书
监督见证	屯务监事会全程见证

（二）新村屯协商程序的创新性实践

如上所示，在新村屯自治实践中，一般化的协商程序多适用于常规性公共议题，而当涉及一些特殊问题时，新村屯党群理事会也能根据实际情况在5个标准化程序外拓展新的协商程序，在实现屯内公共利益最大化的同时提升了屯内自治公信力，并由此形成了新村屯协商程序的创新实践。经过与新村屯党群理事长的访谈，梳理了两个代表性案例进行分解，阐明其程序创新的原因和过程。

案例2是修建环屯公路。因环屯路必须经过几家农户承包地，但党群理事会没有更好的解决办法，便先提出一个方案让户代表讨论。尽管在户代表会议上多数同意修建，也签订了同意书，但其中几家利益相关农户的极力反对使这项议题难以为继。党群理事会成员便在第一次户代表会后，以非正式方式开展家访，通过与每一户的私下讨论尽可能达成共识，同时也相应调整工作方案,并召集第二次户代表会议进行讨论。在确保每一位利益相关户代表同意且总数达标后,才形成最终决议,并再次签订同意书。屯务监事会成员全程见证(见表8-3)。

表8-3　　　　　　　　　　修建环屯路的协商程序

一般化程序	创新性实践	案例2：修建环屯公路
前期准备	—	党群理事会与屯党支部、党员群众共同确定议题并形成工作方案
代表讨论	—	由党群理事会召集户代表会议讨论议题和方案
方案表决	—	因受环屯路造成直接损失的部分户代表反对提议,会议决议无法推进
确认同意	—	已同意议定方案的户代表通过不同形式签订同意书
—	非正式入户讨论	针对提出反对意见的部分直接利益相关户,由党群理事会入户开展讨论和说服工作
—	方案再调整	根据入户达成的共识,党群理事会对原有方案予以修正
—	二次代表讨论	党群理事会第二次召集户代表会议讨论议题和新方案
—	二次方案表决	确保每一位直接利益相关的户代表同意,并达到会议通过标准后,形成决议
—	二次确认同意	同意决议的户代表再次签订同意书
监督见证	—	屯务监事会全程见证

案例3是选聘屯青中年协会领导班子。青中年协会是新村屯的重要社会组织,是组织并引导屯内青年群体的主要载体,在屯内公共事务中发挥着重要力量,因而其领导班子成员的推选工作十分重要。为此,新村屯在一般化程序外延伸出更具创新性的协商程序,通过把曾任村屯公职的村民纳入顾问组织,授予其名誉理事长和理事顾问等职务,并凭借其工作经验,为党群理事会提供重要参考和建议。在选聘青中年协会领导班子的议题上,党群理事会在通过前期准备提出拟定人选后,要先交由屯内顾问组织讨论,在名誉理事长、理事顾问等所有人达成一致意见后,党群理事会再公布最终拟定人选,

交由户代表会协商讨论,并形成最终决议。屯务监事会同样全程见证(见表 8-4)。

表 8-4　　选聘屯青中年协会领导班子的协商程序

一般化程序	创新性实践	案例 3:选聘屯青中年协会领导班子
前期准备	—	党群理事会与屯党支部、党员群众共同确定议题并形成拟定人选
—	顾问讨论	由党群理事会召集名誉理事会会长、理事顾问讨论拟定人选
—	形成决议	名誉理事会会长、理事顾问达成一致意见后形成决议,由党群理事会公布最终拟定人选
代表讨论	—	由党群理事会召集户代表讨论议题和方案
方案表决	—	经过线下户代表会商讨和线上微信群沟通,拟定人选获得 60%以上户代表支持
确认同意	—	同意议定方案的户代表通过不同形式签订同意书
监督见证	—	屯务监事会全程见证

三　协商程序的创新路径:一个协商资本的视角

上述案例充分展示了一般化协商程序及其创新性实践的具体过程。为了深入解析协商程序的创新路径,下面通过协商资本的视角予以阐释。

(一)协商资本的概念提出和理论意涵

协商资本作为一个学术概念在国内还少有涉及,在国际上也属于前沿话题。协商资本是基于社会资本和协商民主理论基础上的融合创新,其提出在某种程度上源于对协商能力研究的批判性反思,致力于提高协商质量。在协商能力的研究中,学者们多从协商能力的理想化情境出发,认为协商能力对于个体而言是平等的和普遍的。而凯文·奥尔森(Kevin Olson)发现,现实问题在于，人的能力不存在绝对平等，于是这种能力的不平等会在协商中延续下去，可能导致某些人的协商能力表现得高于他人，使实际的协商过程复制了社会差异而非削弱这种影响①。基于此，马库斯·霍尔多进一步指出，应该从协商能力之外更多关注能力本身的意义和价值②。换言之，在关注参与主体协商能力的同时，更要关注不同主体间协商能力能否被认可，只有那些能够被特定协商场域认可的协商能力发挥，才能达到皮埃尔·布尔迪厄（Pierre Bourdieu）所描述的"感知和承认为合法的"③，从而影响其他协商主体对某一特定议题的认知和态度，协商资本的概念也由此应运而生。

所谓协商资本，是指个人或群体在特定场域中基于一定声望和认可而获得的资源，且能通过履行与协商议题相关的"公民义务"而不断累积④。这就意味着，协商资本的积累有着更具包容性的时空范围，而不局限在特定的协商场域⑤。协商资本的来源也拓展为参与主体在其他时空范围对协商议题持久关心和主动了解的过程，并由此积累了公民参与公共事务的义务和责任。除此之外，阿夫松·阿夫萨希的研究还指出，在特定场域内的协商资本既可以投资也可以撤出，是否投资或撤出取决于参与主体的特定意愿，积极投入协商资本的主体能够围绕一定的议题和规则展开积极讨论和对话，并在对话中逐渐获得认可⑥。

综合前述学者的观点可知，作为主动将协商资本投入议题中的个体，其能在特定协商场域中获得更多认可，并作用于其他协商主体对协商议题的认知和看法。同时，尽管协商资本的发挥需要个体具备一定的协商能力，但更重要的在于参与主体在各种不同的时空场域对协商议题本身的了解情况。只

---

① 参见 Olson K., "Legitimate Speech and Hegemonic Idiom: The Limits of Deliberative Democracy in the Diversity of its Voices", *Political Studies*, Vol. 59, No. 3, 2011, pp. 527–546。

② 参见 Holdo M., "Deliberative Capital: Recognition in Participatory Budgeting", *Critical Policy Studies*, Vol. 10, No. 4, 2015, pp. 391–409。

③ 参见 Bourdieu P., "Social Space and Symbolic Power", *Sociological Theory*, Vol. 7, No. 1, 1989, pp. 14–25。

④ 参见 Holdo M., "Deliberative Capital: Recognition in Participatory Budgeting", *Critical Policy Studies*, Vol. 10, No. 4, 2015, pp. 391–409。

⑤ 张大维：《包容性协商：中国社区的协商系统模式与有效治理趋向——以天长市"11355"社区协商共治机制为例》，《行政论坛》2021年第1期。

⑥ 参见 Afsoun Afsahi, "The Role of Self-Interest in Deliberation: A Theory of Deliberative Capital", *Political Studies*, First Published Online, January 20, 2021。

有积累了一定量的协商资本，参与主体才能以沟通的方式表达对协商议题的看法，并收获相应承认与声望。

协商资本视角的引入对于考察合寨村新村屯协商案例中的程序设置问题极富启发意义。将前文三个案例的不同协商程序透过协商资本的视角予以深入考察后发现，不同协商主体间表现出的差异化协商资本特征为新村屯协商程序的创新性实践埋下了伏笔，并由此表现出协商主体、协商资本与协商程序之间的逻辑关联。

（二）案例中不同主体间协商资本类型

在前述的三个案例中，可将参与协商过程的主体简要分为四类，分别是党群理事会成员、户代表会的普通村民、受议题直接影响的利益相关户及被党群理事会聘请的名誉顾问。其中，党群理事会作为由屯内选举产生的自治管理组织，是屯内协商自治的责任主体，因而党群理事会成员更多以协商程序主导者的身份参与到每一项具体议事程序中。因此，党群理事会的协商资本暂且不在讨论范围之内。本章所关注的是其他三类主体的协商资本对协商程序的影响。根据协商资本特征，可将除党群理事会成员外三类主体所表现出的协商资本类型予以分类。

第一，屯内普通村民的协商资本主要源于对协商议题的特定投入。因其对公共事务的参与和了解水平相对有限，一般来看，其难以在会议之外积累一定的协商资本，更多的是在会议现场从党群理事会成员处公开了解议题的关键信息，并结合自身经验形成特定议题下的群体话语和协商资本。

第二，利益相关村民的协商资本主要源于对协商议题的固有投入。因其对议题所涉及自身利益部分必然拥有更多的关键信息，这便成为其协商资本的主要来源。由此，对协商议题的固有投入便是其主要的类型特征。

第三，名誉顾问的协商资本主要源于对议题相关事务的长期投入。因其曾任村屯公职的经历使其积累了丰富经验，对一些特定事务的处理较普通村民更为稳健，而这些经验也必然成为其积累下的协商资本，能够在特定议题中发挥关键作用。

（三）协商资本对协商程序创新的影响

在此基础上，结合新村屯的三个案例可进一步展现不同类型的协商资本对协商程序创新性实践产生的不同影响。

第一，普通村民特定投入的协商资本可通过一般化协商程序予以吸纳。在新村屯一般化协商程序中，代表讨论和方案表决程序的确定，既与普通村民的协商资本存在关联，更与民主协商的价值目标息息相关。通过普通村民协商资本的特定投入，表达出有价值的观点和看法可以为议题方案的实施和推进提供更多有益的补充和修正，这也是设置代表讨论和方案表决程序实现民主决策的重要原因。但同时，将村民代表纳入民主协商程序，也是展示新村屯协商民主合法性的关键步骤[1]。因此，换个角度讲，哪怕普通村民没有投入必要的协商资本，但只要按照流程通过了代表讨论、方案表决程序，便已经为议题方案的通过奠定了合法性基础。由此可知，普通村民特定协商资本的投入只能是一般化协商程序的充分不必要条件，对协商程序创新实践的影响相对有限。

第二，利益相关村民固有投入的协商资本影响催生了非正式入户走访程序。由案例2可知，党群理事会必须尊重所有受环屯路影响的相关农户的诉求表达，哪怕是在已经获得多数支持情况下，党群理事会仍需通过非正式入户走访再与这些反对者进行沟通，并逐步达成最终共识。而这种创新性程序的延展显然是受每一个利益相关农户所掌握的协商资本的影响，正是由于党群理事会对其协商资本的认可，并鼓励其通过非公开渠道表达利益诉求，才会延伸出该程序尽可能地考虑这些"关键少数"的意见，毕竟不充分考虑利益相关方的协商程序只会失去更多村民的信任。

第三，名誉顾问长期投入的协商资本影响形成了特定议题的事前咨询程序。由案例3可知，党群理事会在一些需要经验指导的议题方面较于普通村民格外需要名誉顾问们的意见和建议，必然因其在某些特定议题上的建议更具有参考价值，使之从一般化的代表讨论和方案表决程序中剥离出来，提升特定协商议题的实效性，并由此形成特定议题的事前咨询程序。

（四）协商主体、资本与程序内在关联

从前述分析可以看到，不同主体间形成的三类协商资本及其对协商程序不同程度的影响，由此可以简要梳理出协商主体、资本和程序之间的逻辑关

---

[1] 参见 Dingwerth K., *The New Transnationalism: Transnational Governance and Democratic Legitimacy*, Palgrave Macmillan, 2007, p. 28。

联，形成对协商程序创新路径的逻辑阐释（见图 8-1）。具体体现为以下两方面。

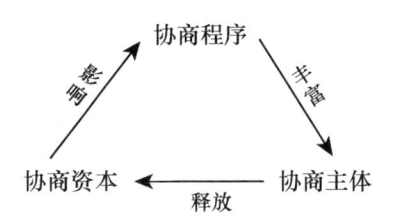

图 8-1　协商主体、协商资本与协商程序的内在关联

一方面，不同协商主体能释放出不同特征的协商资本。因不同主体对不同议题的了解程度不同，因而也必然具有不同特征的协商资本。能够识别不同协商资本之间的差异既是协商程序创新的关键环节，也是协商程序主导者治理能力的重要体现。

另一方面，不同特征的协商资本能够影响甚至拓展出创新性协商程序。不同特征的协商资本首先会通过一般化协商程序发挥影响，如果协商主体所投入的协商资本能够通过一般化协商程序予以吸纳，便可以顺利推进到下一阶段的一般性协商程序。可一旦协商主体所投入的协商资本对议题影响重大，公开性、一次性的一般化程序难以使其意见得到充分表达时，协商程序的主导者就必须尊重相应主体意愿来创新协商程序，确保相应协商主体拥有充分表达的渠道，稳固协商自治本身的公信力和实效性。

四　协商程序质量进路：协商资本嵌合协商能力

透过协商资本可以清晰地观察到协商程序从一般化到创新性的发展路径。即正是由于不同议题、不同主体间协商资本的差异对协商程序的影响使后者有了更多创新的可能。但同时，协商资本能够对协商程序施加影响只是由于主体以协商资本为基础获得了一定的认可度和话语权，但在实际过程中能否落实正确处理发扬民主和提高效率的关系，既依靠群众、发扬民主，又要防止议而不决、决而不行的要求①，既是对协商程序创新的质量考验，更是对高质量协商发展逻辑的追问。

对于理解何为高质量协商程序，在中共中央、国务院印发的《关于加强和完善城乡社区治理的意见》中指出，要"推动形成既有民主又有集中、既尊重多数人意愿又保护少数人合法权益的城乡社区协商机制"②。这一论述为构建高质量协商程序提供了三点发展依据：一是既要充分发扬民主，又要通过集中兼顾效率；二是在此过程中加强和完善社区治理；三是要达到这一高质量要求，仅通过发掘参与者的协商资本显然不够，仍然需要"支持和帮助居民群众养成协商意识、掌握协商方法、提高协商能力"。

尽管协商资本脱胎于协商能力，但对后者在国内外都有一定研究，其中国外研究更为深入，一般认为协商能力既表现为个体能力的差异③，也反映了制度环境的影响④。同时，已有研究根据我国协商实践指出，协商质量的提升与协商能力密切相关⑤。其中，协商能力表现为协商属性，而协商质量则是基于不同属性协商展现出的特性⑥。呈现出怎样的特性自然离不开其属性本身的优劣。协商程序作为评量协商质量的关键环节，自然也需要以协商能力的运转带动协商程序的高质量发展⑦。但只注重协商能力建设的协商程序无法真正使协商主体参与到议题本身的讨论中来，仅将协商看作一种达成合法性目标的技术手段，而忽视协商对"尊重多数人意愿又保护少数人合法权益"的民

---

① 参见《中办国办印发〈关于加强城乡社区协商的意见〉》，《人民日报》2015年7月23日第1版。

② 《中共中央 国务院关于加强和完善城乡社区治理的意见》，《人民日报》2017年6月13日第1版。

③ 参见 Parkinson J. R., *Deliberating in the Real World. Problems of Legitimacy in Deliberative Democracy*, Oxford University Press, 2006, p. 150。

④ 参见 Pedrini S., "Deliberative Capacity in the Political and Civic Sphere", *Swiss Political Science Review*, Vol. 20, No. 2, 2014, pp. 263 – 286。

⑤ 参见张大维《党领群议：协商系统中社区治理的引领式协商——以天长市"1 + N + X"社区协商实验为例》，《中州学刊》2020年第10期。

⑥ 参见 Berg M. and Lidskog R., "Deliberative Democracy Meets Democratised Science: A Deliberative Systems Approach to Global Environmental Governance", *Environmental Politics*, Vol. 27, No. 1, 2018, pp. 1 – 20。

⑦ 张大维、张航：《农民协商能力与农村社区协商系统质量关系研究——基于乡村建设行动中三个农村社区协商实验的比较》，《中州学刊》2021年第11期。

主价值要求，同样也难以达成协商治理的目标[①]。

由此看来，不同于前述西方学者对协商能力的批判及对协商资本的重视，本章通过对新村屯的实证案例研究后发现，协商资本与协商能力的优势衔接与嵌合是协商程序进一步优化的重要进路，这主要体现在以下三个方面。

（一）协商资本与协商程序创新质量的外在耦合

一方面，不同主体间的协商资本为协商程序创新提供更多可能性。新村屯除了上述案例外，还通过党群理事会不定期召集妇女大会，通过旅游、野餐等形式把屯内留守妇女召集起来，在休闲娱乐的同时商讨成立新村屯儿童关爱组织等议题。之所以绕过户代表会直接召开妇女大会，显然是由于留守妇女群体基于性别所拥有的协商资本的异质性使然。综上可见，不同主体间的协商资本使创新性的协商程序有了更多发展可能。

另一方面，协商程序的创新使主体参与和协商资本投入更具主动性。协商资本能否被识别是这一概念能否被运用的关键点。以新村屯修建环屯路为例，因为党群理事会一开始就注意到受环屯路影响的几个利益相关户的协商资本，并通过非正式入户的形式表达对其意见的重视，协商互动的过程才有继续发展的可能。显然，通过协商程序展现出对主体协商资本的认可和尊重会激发更多参与动力。

（二）协商能力与协商程序创新质量的内在互动

一方面，协商能力为协商程序创新提供了充实效能感。将新村屯修建环屯路和选聘青中年协会领导班子的案例进行比较，在两个案例中党群理事会都在一般化程序外进行拓展，尽管利益相关户和名誉顾问都有值得党群理事会认可的协商资本，但从访谈对象的直观感受看，与后者开展协商的效能感明显优于前者。这种效能感的差异显然源于两类主体的能力差距。由协商能力所产生的效能感能够进一步激发协商程序的价值，间接巩固和强化协商程序的现实意义。

另一方面，协商程序的高质量创新离不开协商能力的内在强化。如前所述，对任何协商程序来说，协商能力都是必不可少的重要条件。对于新村屯

---

① 参见彭莹莹《协商治理与社会矛盾化解》，《社会主义研究》2021年第1期。

的三个案例而言，若能整体提升不同主体的协商能力，那么每一次创新性协商程序实践便能从效率层面将协商程序带入新的发展阶段。

（三）协商资本与协商能力嵌合的协商程序

前述两点具体分析了协商资本和协商能力在协商程序创新质量上的各自优势，但同时，协商资本与协商能力彼此关联，协商资本不只是对协商能力的批判。在实证调研中发现，协商资本与协商能力具有互为补充的嵌合特征。一方面，协商能力能为拥有协商资本的主体提升个体技能、规则适应上的表现力，强化主体发言的认可度，提升民主协商过程的效能感；另一方面，协商资本能为拥有协商能力的主体提供参与讨论的必要信息，使协商能力的发挥有的放矢，发扬公共参与的民主精神。协商资本与协商能力的优势互补在兼顾了民主和效率的同时，实现了要素衔接下的优势治理①，为协商程序高质量创新提供了重要保证（见图8-2）。

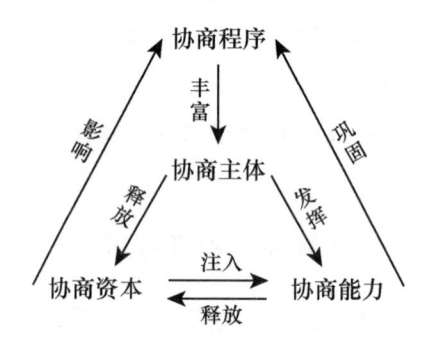

图8-2 协商程序、协商资本和协商能力之间的内在关联

五 以协商程序创新指向高质量协商的发展逻辑

提升协商质量，关键在于强化"共谋"的内生机制。对此，本研究提出以发展高质量协商程序增强协商质量，推动共同缔造的深化实施。从前文分

---

① 张大维：《优势治理的概念建构与乡村振兴的国际经验——政府与农民有效衔接的视角》，《山东社会科学》2019年第7期。

析可以看出，高质量协商程序的建设总体来看有两方面指向。一方面是立足实际和地方特色创新协商程序，另一方面是从协商质量本身着手提升协商效能。本章基于对协商程序、协商资本、协商能力之间关系的个案阐释，可得出以下主要结论。

第一，协商资本作为协商能力概念的进一步拓展和延伸，为协商理论探索开辟了新方向。协商资本产生于协商能力，但同时又区别于协商能力的一般定义，强调以认可度看待不同主体在正式协商中可获得的资质。认可度的获取虽有着能力上的区别，但更多源于对协商议题的认知程度。此外，协商资本视角的另一突破在于其打破了传统协商研究的时空局限，认为协商资本的生成与积累可通过除正式协商活动外的其他日常时空得以完成，这一观点与协商系统理论的观点具有相似之处，为协商理论提供了发展空间。

第二，以协商资本透视高质量协商需大力培植社会主义公民精神和参与意识。协商程序的创新确实基于主体协商资本的差异，但协商资本的差异性并非一成不变，而是与主体的能动性密切相关。只有那些具备社会主义公民精神和参与意识的主体才能更加主动地以公共服务精神参与具体治理过程[①]，积累协商资本，为参与协商程序做好准备。相反，一些毫无准备的主体参与不过是虚有其表，充其量只能提升协商结果的合法性，难以企及协商本身对民主和治理层面的追求，也与高质量协商的要求背道而驰。

第三，立足主体导向的协商资本与协商能力优势嵌合在推动高质量实践中更具操作性。结合实证研究发现，协商资本与协商能力之间存在优势嵌合的可能。同时，无论是协商能力还是协商资本的研究最终仍是以强化协商主体的质量为目标的，而协商主体的培育和提升在实践层面有较强的操作性。因此，这种立足协商主体的研究进路有利于学者从实践层面深度参与协商过程，更好地指导高质量协商实践。

---

① 参见张大维、赵益晨、万婷婷《将服务带入治理：社区能力的现代化建构——服务要素叠加框架下武汉社区抗疫多案例比较研究》，《社会政策研究》2021年第2期。

第六篇

发展协商：高质量协商

第九章

高质量协商如何达成：在要素—
程序—规则中发展协商系统[①]

一 村级协商创新实验与问题提出

"十四五"时期我国进入了新发展阶段，这就需要有新发展理念。党的十九届五中全会的一个重要判断是，我国已转向"高质量发展阶段，制度优势显著，治理效能提升"，但"社会治理还有弱项"。在这种背景下，全会提出要"完善社会治理体系"，特别是"基层治理水平明显提高"，尤其强调要"完善基层民主协商制度"，将其与"健全党组织领导的自治、法治、德治相结合的城乡基层治理体系"和"实现政府治理同社会调节、居民自治良性互动"并列表述[②]，使得基层民主协商成为三大主体良性互动和建设社会治理共同体的有效衔接工具。落实到基层社区，则体现为如何增强社区治理的效能和实效；就民主协商手段而言，则是如何提升社区协商治理水平，即厘清什么是好的协商或高质量协商，其条件和标准如何，怎样评量和发展协商的问题。

这个话题之所以重要，还因为即将在全国开展的大规模社区议事协商实

[①] 本章以《高质量协商如何达成：在要素—程序—规则中发展协商系统——兼对5个农村社区协商实验的评量》为题，发表于《华中师范大学学报》（人文社会科学版）2021年第3期。

[②] 《中共中央关于制定国民经济和社会发展第十四个五年规划和二〇三五年远景目标的建议》，《党的十九届五中全会〈建议〉学习辅导百问》，党建读物出版社、学习出版社2020年版，第14、16页。

验与之直接相关。2020年10月，民政部办公厅印发了《关于开展村级议事协商创新实验的通知》，指出"为引导各地进一步丰富村民议事协商形式，增强村级议事协商的可操作性和规范性……计划于2021年和2022年分两批指导1000个左右的行政村试点开展村级议事协商创新实验，为各地推进村级议事协商制度化、规范化和程序化提供可复制可推广的经验"①。基于此，结合相关理论对我国已有社区协商实践样板进行总结，归纳出高质量或好的社区协商具备的条件和标准，能够为全国范围的议事协商实验提供借鉴，从而发展协商以提高社区治理效能。

然而，要辨识什么是好的或高质量协商以发展协商，首先要厘清好的或高质量协商的标准，以及如何应用这些标准以评量我国农村社区协商处于怎样的水平，从而为我国下一步发展协商系统提供建议。本章将结合国际已有研究，并在对5个首批全国农村社区治理实验区的社区协商案例调查分析基础上来回答以上问题。

二 协商标准与质量评估文献综述

已有关于民主协商的好坏标准和质量评估的研究不多，国内关于此领域的研究则更少，国际上的相关研究主要集中在以下六个方面。第一，阐释民主协商的好处和条件。约·埃尔斯特曾在《协商民主》一书中对收录的多篇关于协商民主好处和条件分析的论文进行总结，将其归纳为九个方面②。第二，测量协商质量的指数方法。大卫·埃斯特伦德（David Estlund）和海伦·兰德摩尔（Hélène Landemore）等人在已有研究基础上总结了两种方法：一种方法是测量协商的结果实质，如詹姆斯·费什金提出的协商民意测验③；另一

---

① 民政部办公厅：《关于开展村级议事协商创新实验的通知》（民办函〔2020〕111号），2020年10月14日。
② 参见 J. Elster, "Introduction", in J. Elster, ed., *Deliberative Democracy*, Cambridge: Cambridge University Press, 1998, pp. 10-11。
③ 参见 J. Fishkin, *When the People Speak: Deliberative Democracy and Public Consultation*, Oxford: Oxford University Press, 2009, p. 29。

种方法是测量协商的程序属性①，如马克·R. 斯坦伯格（Marco R. Steenbergen）和安德烈·巴赫泰格等人提出的话语质量指数（DQI）②，西蒙·尼迈耶（Simon Niemeyer）和约翰·S. 德雷泽克等人提出的主体间一致性指数③，多米尼克·怀斯（Dominik Wyss）、西蒙·贝斯特（Simon Beste）和巴赫泰格提出的认知复杂性指数④，亨里克·弗里伯格-费尔罗斯（Henrik Friberg-Fernros）和约翰·卡尔森·沙弗（Johan Karlsson Schaffer）提出的结论支持性指数⑤。近来，马克·贝维尔（Mark Bevir）和昆兰·鲍曼（Quinlan Bowman）又提出了测量协商质量的三种定性评估方法，包括言语分析、民族志和个案比较研究等⑥。第三，区分协商的直接间接标准。詹妮弗·斯特默-加利（Jennifer Stromer-Galley）介绍了一种内容分析法来设计协商标准，针对协商中的言语行为开发了一个编码方案，用于测量面对面和在线群体中政治协商的质量⑦。之后，其又与劳拉·布莱克（Laura W. Black）、斯蒂芬妮·伯克哈特（Stephanie Burkhalter）、约翰·加斯蒂尔（John Gastil）共同提出了协商民主研究需要"从理论向测量转向"，总结了分析和测量群体协商的方法，分为直接测量和间接测量两种，直接测量包括微观分析方法、宏观分析方法、讨论分析模型、参与者评估模型、案例研究整合模型五种；间接测量则是通

---

① 参见 D. Estlund and H. Landemore, "The Epistemic Value of Democratic Deliberation," in A. Bächtiger, J. S. Dryzek, J. Mansbridge and M., E. Warren, eds., *The Oxford Handbook of Deliberative Democracy*, Oxford: Oxford University Press, 2018, p. 123。

② 参见 M. R. Steenbergen, A. Bächtiger, M. Spörndli, and J. Steiner, "Measuring Political Deliberation: A Discourse Quality Index", *Comparative European Politics*, Vol. 1, No. 1, 2003, pp. 21–48。

③ 参见 S. Niemeyer and J. Dryzek, "The Ends of Deliberation: Meta Consensus and Inter Subjective Rationality as Ideal Outcomes", *Swiss Political Science Review*, Vol. 13, No. 4, 2007, pp. 497–526。

④ 参见 D. Wyss, S. Beste and A. Bächtiger, "A Decline in the Quality of Debate? The Evolution of Cognitive Complexity in Swiss Parliamentary Debates on Immigration (1968–2014)", *Swiss Political Science Review*, Vol. 21, No. 4, 2015, pp. 636–653。

⑤ 参见 H. Friberg Fernros and J. K. Schaffer, "Assessing the Epistemic Quality of Democratic Outcomes in Terms of Adequate Support for Conclusions", *Social Epistemology*, Vol. 31, No. 3, 2017, pp. 251–265。

⑥ 参见 M. Bevir and Q. Bowman, "Qualitative Assessment of Deliberation", in A. Bachtiger, J. S. Dryzek, J. Mansbridge and M. E. Warren, eds., *The Oxford Hand book of Deliberative Democracy*, Oxford: Oxford University Press, 2018, pp. 678–693。

⑦ 参见 J. Stromer Galley, "Measuring Deliberation's Content: A Coding Scheme", *Journal of Public Deliberation*, Vol. 3, No. 1, 2007, pp. 1–35。

过选择协商过程的前因和后果等指标来间接测量协商质量①。第四，建构协商系统的间接指标。保罗·夸克（Paul Quirk）、威廉·本迪克斯（Willian Bendix）和巴赫泰格认为"测量协商是一种挑战"，指出直观的测量方法是根据参与者所能获得的信息，规范地评估所讨论的内容和最终的决定，这种测量协商能力或认知表现是不容易的。为了克服这种局限性，一些学者创造了间接测量方法，例如，卡罗琳娜·M. 米列维茨和罗伯特·E. 古丁采用了各种量化代理、相关认知绩效等指标②，包括协商资源（如工作人员、场所环境）、辩论时间长度、参与协商人数、意见修改数量、听证会的次数、信息传播程度等可观察到的协商活动③。第五，评判好的协商的条件标准。简·曼斯布里奇从最低限度要求界定协商的意义上阐述了协商系统的功能和不断演化的好的协商标准，准浓缩为9个指标④。第六，厘清协商系统的要素条件。佟德志等人从协商系统的构成要素视角介绍了微观协商、宏观协商，以及各自所具有的规模、形式、规范、场所、层次等要素条件；从分析框架视角介绍了德雷泽克的协商系统六要素框架和约翰·帕金森协商系统六要素框架⑤。笔者曾研究国际上较具影响力的协商民主研究成果，从八个维度总结了构成一个高质量的协商系统具备的要素和条件⑥。

总体来看，这些研究主要还是规范性分析，或是在其他协商主题研究下零散的先验性总结和理性化建构，并没有将高质量的协商标准及其评量作为一个主题展开系统梳理和实证研究。研究中不仅少有国际上实践案例的剖析，也少

---

① 参见 Black L. W., Burkhalter S., Gastil J. and Stromer Galley J., "Methods for Analysing and Measuring Group Deliberation", in E. P. Bucy and R., L. Holbert, eds., *The Sourcebook for Political Communication Research*: *Methods, Measures, and Analytical Techniques*, New York: Routledge, 2011, pp. 323 – 345。

② 参见 K. M. Milewicz and R. E. Goodin, "Deliberative Capacity Building through International Organizations: The Case of the Universal Periodic Review of Human Rights", *British Journal of Political Science*, Vol. 48, No. 2, 2018, pp. 513 – 533。

③ 参见 P. Quirk, W. Bendix and A. Bachtiger, "Institutional Deliberation", in A. Bachtiger, J. S. Dryzek, J. Mansbridge and M., E. Warren, eds., *The Oxford Handbook of Deliberative Democracy*, Oxford: Oxford University Press, 2018, pp. 275 – 276。

④ 参见 A. Bachtiger, J. S. Dryzek, J. Mansbridge and Mark E., Warren, "Deliberative Democracy, 'An Introduction'", in A. Bachtiger, J. S. Dryzek, J. Mansbridge and M. E. Warren, eds., *The Oxford Handbook of Deliberative Democracy*, Oxford: Oxford University Press, 2018, pp. 2 – 8。

⑤ 佟德志、程香丽：《当代西方协商系统理论的兴起与主题》，《国外社会科学》2019年第1期。

⑥ 张大维：《社区治理中协商系统的条件、类型与质量辨识——基于6个社区协商实验案例的比较》，《探索》2020年第6期。

有关注中国的实践，更没有从作为协商民主理论最新标识的协商系统理论视角来建构好的协商标准体系，以及探索中国社区协商议事的样板经验和发展协商的方案。

三　高质量协商的标准演进与共识

协商有好坏和高低之分，好的协商即高质量协商也有通约标准。协商民主无论在什么时代都有标准，即便是在早期，作为第一个赋予协商民主现代阐释的哲学家卢梭就表达了协商辩论所需要的公正、平等和自由但必须维护社会稳定的最低标准。20世纪，尤尔根·哈贝马斯等理论家虽然关于协商民主的观点存在差异，但共同之处在于，参与投票的人在投票前必须根据证据进行协商，而辩论应该以争论各方的证据为依据并加以平衡，还应该是文明和重复的，以便让所有人都听到[1]。其后又将其概括为好协商的五个标准，即正当合理性、共同良好取向、尊重、建设性政治、平等参与，朱尔格·施泰纳等人还将其整合成了一个话语质量指数以衡量立法协商的质量[2]。由于这些标准是基于包容、相互尊重的对话沟通方式，且具有交换理由并达成共识的本源特点，巴赫泰格等人则将其称为"一类"协商标准[3]。1996年，阿米·古特曼和丹尼斯·汤普森则阐明了立法机构和其他公共论坛的三项基本协商原则：互惠、公开和问责[4]，并在后来的《民主与分歧》一书中强调了这三大标准[5]。

良好协商的标准在过去二十余年中已经发生演变。在许多方面，其已远离

---

[1] 参见 D. M. Farrell and J. Suiter, *Re-imagining Democracy: Lessons in Deliberative Democracy from the Irish Front Line*, Ithaca: Cornell University Press, 2019, pp. 7–9。

[2] 参见 J. Steiner, A. Bachtiger, M. Spörndli and M. Steenbergen, *Deliberative Politics in Action: Analysing Parliamentary Discourse*, Cambridge: Cambridge University Press, 2004, pp. 43–73。

[3] 参见 A. Bichtiger, S. Niemeyer, M. Neblo, M. R. Steenbergen and J. Steiner, "Disentangling Diversity in Deliberative Democracy: Competing Theories, Their Blind Spots and Complementarities", *Journal of Political Philosophy*, Vol. 18, No. 1, 2010, pp. 32–63。

[4] 参见 A. Gutmann and D. Thompson, *Democracy and Disagreement*, Cambridge: Belknap Press of Harvard University Press, 1996, p. 165。

[5] 参见 A. Gutmann and D. Thompson, *Why Deliberative Democracy?* Princeton: Princeton University Press, 2004, p. 13。

了 20 世纪后期哈贝马斯、古特曼、汤普森等提出的"一类"标准。尤其是 1999 年曼斯布里奇提出协商系统理论后,实质是扩展了实践推理的概念,将公民彼此平等对待,这样更容易形成高质量的协商实效①。2000 年,塔利·门德尔伯格(Tali Mendelgerg)和约翰·奥莱斯克(Jonn Oleske)在综合各种协商政治和参与民主理论家的观点后提炼出绘制和识别协商质量的系统标准:第一,"会议是公开的"和"公民是集体反映和决定而不是个人"的宣传图;第二,"公民有平等的参与机会"的通达图;第三,"决定取决于争论,而不是强制权力"的去权图;第四,"公民完全知情"的理性图;第五,"考虑所有替代办法"的互惠图;第六,"协商是一个持续的过程,参与者支持负责"的问责图;第七,"争论是基于一般原则和对共同利益的呼吁,而不是专门为了自身利益"的共识图②。曼斯布里奇在综合了以上广泛的协商政治理论,并吸纳了乔舒亚·科恩(Joshua Cohen)在《协商与民主合法性》中关于好的协商特质的描述后③,提出了好的协商的 7 个共同标准:(1)平等的机会,代表不同意见的人士出席;(2)公开性,参与者提供公开的可接受的理由;(3)互惠性,开放的思想和彼此受益;(4)合理性,深思熟虑的辩论但不一定是冷静的讨论;(5)摆脱权力的自由,防止社会不平等影响协商内容;(6)问责制,参与者对选民或被代表者负责;(7)关注共识或共同点,专注于团结和共同利益的目标④。协商民主理论在系统转向后,这些标准又逐步集中为被曼斯布里奇等人称为"经典"协商标准的四个方面⑤:第一,将协商作为一种交流方式;第二,将协商视为体制上的分配;第三,强调协商分配中的信任和权威问题;第四,

---

① 参见 J. Mansbridge, "Everyday Talk in Deliberative Systems", in S. Macedo, ed, *Deliberative Politics: Essays on Democracy and Disagreement*, New York: Oxford University Press, 1999, pp. 221 – 227。

② 参见 T. Mendelberg and J. Oleske, "Race and Public Deliberation", *Political Communication*, No. 17, 2000, pp. 169 – 191。

③ 参见 J. Cohen, "Deliberation and Democratic Legitimacy", in A, Hamlin and P, Pettit, eds., *The Good Polity*, New York: Basil Blackwell, 1989, pp. 17 – 34。

④ 参见 K. C. Walsh, *Talking about Race: Community Dialogues and the Politics of Difference*, Chicago and London: The University of Chicago Press, 2007, pp. 39 – 40。

⑤ 参见 J. Mansbridge, J. Bohman, S. Chambers, D. Estlund, A. Follesdal, A. Fung, C. Lafont, B. Manin and J. L. Marti, "The Place of Self-Interest and the Role of Powerin Deliberative Democracy", *Journal of Political Philosophy*, Vol. 18, No. 1, 2010, pp. 64 – 100。

第九章　高质量协商如何达成：在要素—程序—规则中发展协商系统 | 173

将协商框架从个人效应转变为集体效应①。古丁也曾指出："关于什么是'好'协商的标准，似乎存在着令人印象深刻的广泛学术共识"，他将这些共识性标准总结为公开参与、主张的正当性和有效性要求，对共同利益的考虑、尊重，旨在达成理性激励的共识和真实性等②。另外，约翰·加斯提尔则从一种理想的协商对话具备的内涵和特征出发，按照分析过程和社交过程将协商系统概括为九个特征，认为只有用这种一致标准进行数据搜集，并对其进行系统分析才能推导出高质量协商的解决方案③。

近十年来，国际学界对好的协商的质量标准研究趋向明晰。例如，詹姆斯·费什金于2009年首次提出，又于2018年完善了衡量协商系统质量的标准④，笔者曾将其概括为信息、实质性平衡、多样性、自觉性、公平考量等五要素，以及分别呈现的接触程度、回应程度、代表程度、权衡程度、考虑程度等可以辨识其类型和质量。德雷泽克指出，一个好的协商系统需要六个要素标准⑤。概括起来，涉及公共空间及其开放性、授权空间及其灵活性、传播及其连接性、问责制及其回应性、元协商及其组织性、决断力及其自主性⑥。帕金森于2010年提出，又于2019年与巴赫泰格在《绘制与测量协商：趋向一种新的协商质量》中进一步探讨了协商系统的质量问题，主要从协商主体、协商场所、协商实体、传播过程、转化过程、执行过程六个要素和特征去考察⑦。笔者曾从八个视角概括了好的协商系统具备的评量标准。除了费什金的五要素框架、德雷泽克的六要素模型、巴赫泰格和帕金森的六要素条件外，

---

① 参见 A. Moore, *Critical Elitism: Deliberation, Democracy, and the Problem of Expertise*, Cambridge: University of Cambridge, 2017, pp. 9 – 15。

② 参见 R. E. Goodin, "Sequencing Deliberative Moments", *Acta Politica*, Vol. 40, No. 2, 2005, pp. 182 – 196。

③ 参见 J. Gastil, *Political Communication and Deliberation*, Thousand Oaks: SAGE Publications, 2008, pp. 14 – 41。

④ 参见 J. S. Fishkin, *Democracy When the People are Thinking: Revitalizing Our Politics through Public Deliberation*, Oxford: Oxford University Press, 2018, pp. 22 – 76。

⑤ 参见 J. S. Dryzek, *Foundations and Frontiers of Deliberative Goverance*, Oxford: Oxford University Press, 2010, pp. 11 – 13。

⑥ 张大维：《党领群议：协商系统中社区治理的引领式协商——以天长市"1 + N + X"社区协商实验为例》，《中州学刊》2020年第10期。

⑦ 参见 A. Bächtiger and J. Parkinson, *Mapping and Measuring Deliberation: Towards a New Deliberative Quality*, Oxford: Oxford University Press, 2019, pp. 111 – 129。

还包括五种，分别为：曼斯布里奇等人的专家、压力和抗议、政治媒介三要素；帕金森的分工、大规模、制度程序三要素；迈克尔·内布洛和艾弗里·怀特的感知性、可译性、接受性、灵活性四要素；埃德温娜·巴沃萨（Edwina Barvosa）的多样性、内在性、整体性三要素；妮可·库拉托的监督、政党、媒体三要素。在此基础上，笔者还较为直接地探讨了社区协商系统的条件和质量辨识问题。另外，威廉·史密斯从协商系统的边界视角提出的协商系统还具有反思性、尊重性、对话性等也较具影响[1]。2020年《美国政治科学评论》发表的《民主协商的一个正式理论》指出，协商民主通过提供三种不同的正式理论来填补民主理论的空白：着眼当前的讨论、建设性对话和辩论[2]，这实际也指出了好的协商标准。2020年，克里斯蒂娜·拉丰特（Cristina Lafont）在引起学界关注的《没有捷径的民主：协商民主的参与性概念》中认为，参与式民主倡导者主要关切公民投入协商的质量，而不仅仅是数量。参与性民主协商概念必须具备：一是确定公民参与形成政治进程的所有相关方式，二是阐明改进民主体制和实践的建议，三是为所有公民提供平等和有效的参与形成政治决策的机会[3]。而2020年加斯提尔在《希望民主：公民如何将理性带回政治》一书中，梳理了近代世界各国协商实践的时间表，提出"政治生活的协商转型"趋向，认为协商民主不仅需要传统的公正、理性、公共空间三要素，还需要考察正式与非正式制度下的协商类型，其需要更宽容的评量标准[4]。其实，包容性作为好的协商的主要标识常常被忽视，近来在建设高质量的协商治理背景下才重新将其找了回来[5]。

由此看来，好的协商标准是不断演进的。曼斯布里奇在2015年的总结是标志性的，她将其概括为11个标准，其中，只有尊重和不受权力干扰2个标

---

[1] 参见 W. Smith, "The Boundaries of a Deliberative System: The Case of Disruptive Protest", *Critical Policy Studies*, Vol. 10, No. 2, 2016, pp. 152 – 170。

[2] 参见 H. Chung and J. Duggan, "A Formal Theory of Democratic Deliberation", *American Political Science Review*, Vol. 114, No. 1, 2020, pp. 14 – 35。

[3] 参见 C. Lafont, *Democracy without Shortcuts: A Participatory Conception of Deliberative Democracy*, Oxford: Oxford University Press, 2020, p. 27。

[4] 参见 J. Gastil and K. R. Knobloch, *Hope for Democracy: How Citizens Can Bring Reason Back into Politics*, Oxford: Oxford University Press, 2020, pp. 7 – 13。

[5] 张大维：《包容性协商：中国社区的协商系统模式与有效治理趋向——以天长市"11355"社区协商共治机制为例》，《行政论坛》2021年第1期。

第九章 高质量协商如何达成：在要素—程序—规则中发展协商系统　175

准保留未变，其他的经典标准已经被完善或修订，依次是对理性、共识、趋善、平等、包容、问责、透明、真诚等 8 个经典标准的拓展和具体化。另外，增加了认知价值实质性平衡的新标准[①]。西蒙·钱伯斯认为，"第一代或一类协商民主"理论都相当概括地把协商与高质量的辩论或理性化的批判结合起来，注重共同利益、相互尊重和协商一致[②]。发展中的争论使得协商民主学者引入了不同类型的协商实验，并开始形成了"第二代或二类协商民主"理念。例如，"理性"回应增加了"适当考虑背景"的标准；还如，"平等"交流需要叙述、修辞等更情感化的表达和多样性风格。2018 年，曼斯布里奇等四位领军人物将好的协商进一步归纳为尊重、去权、平等、理性、共识、趋善、公开、问责、真诚相拓展的 9 个指标（见表 9 – 1）[③]。这些指标暂未受到较大挑战，总体成了共识性标准。

表 9 – 1　　　　　　　　　　好的协商的标准

序号	第一代（经典）	第二代（拓展）
1	尊重	未受挑战、未经修订
2	去权（不受权力干扰）	未受挑战、未经修订
3	平等	包容、相互尊重、平等的交流自由、平等的影响机会
4	理性	相关考虑因素，例如背景
5	共识（以达成共识为目标）	以达成共识和澄清冲突为目标
6	趋善（共同的良好取向）	公平约束下的共同利益与自身利益的价值取向

[①] 参见 P. Heller and V. Rao, *Deliberation and Development: Rethinking the Role of Voice and Collective Actionin Unequal Societies*, Washington: World Bank Publications, 2015, pp. 35 – 36。

[②] 参见 S. Chambers, "The Philosophic Origins of Deliberative Ideals", in A. Bächtiger, J. S. Dryzek, J. Mansbridge and M, E. Warren, eds., *The Oxford Handbook of Deliberative Democracy*, Oxford: Oxford University Press, 2018, pp. 55 – 67。

[③] 参见 A. Bichtiger, J. S. Dryzek, J. Mansbridge and Mark E. Warren, "Deliberative Democracy, 'An Introduction'", in A. Bachtiger, J. S. Dryzek, J. Mansbridge and M. E. Warren, eds., *The Oxford Handbook of Deliberative Democracy*, Oxford: Oxford University Press, 2018, pp. 2 – 8。

续表

序号	第一代（经典）	第二代（拓展）
7	公开	在许多情况下（但不是全部）进行公开宣传（例如在可以信任代表的谈判中）
8	问责	当选时对选民负责，非当选时对其他参与者和公民负责
9	真诚	重要事情上的真诚；在问候、赞美和其他旨在增加社交的交流中允许的不真诚

在好的协商标准的演变过程中，也呈现了以下四个特点：第一，相互尊重和摆脱权力影响两个标准没有受到质疑和改变，直接保留了下来；第二，指标的位序略有改变，例如，平等比理性上升了一位以显得更为重要；第三，指标的阐释更加多样性和丰富化，不局限于字面意涵；第四，指标的表述更加具体性和弹性化，增加了灵活度。总体来看，第二代吸纳了第一代高度凝练的核心标准，更多地体现了包容性、多元化和深思熟虑，在拓展的基础上使多元化的标准逐步走向稳定性和趋同化，并趋向达成共识。

四　农村社区协商实验样板案例

这些共识性规则标准是否能运用于中国实践，是否能完整评量我国的社区协商实际，还得从样板案例中考察。2017年12月，民政部确认48个首批全国农村社区治理实验区，实验时间从2018年年初至2021年年初，为期3年。2019年年底到2020年年初，民政部组织专家对实验区进行中期评估，其中唯一列出需要单独考察的项目就是，在每个实验区都要考察观摩一个社区协商议事现场，并进行详细的记录分析。本章所使用的5个案例，则是笔者对其进行的深入调查。5个不同类型的协商案例分别来自安徽和河南的5个实验区，虽然实验主题不一样，但共同的是在达成主题时，都需要探索形成较为成熟的协商议事经验或模式，也就是能成为被学习的"样板"。为了便于对5个协商样板进行比较，以下将按照民政部评估方案要求考察的一般流程"提出议题—确定议题—组织协商—结果运用—协商监督和参与情况"，以及重点事项"协商内容、协商主体、协商形式、协商程序、协商成果"等来呈现案例,即按照协商议事的一般过程、话语出场的先后顺序和协商过程的要点节点来呈现案例。

案例1:天长市向阳社区(集镇中心社区)沟渠硬化协商

就高标准农田改造中涉及3个居民组的沟渠硬化问题,高庄、浮山、祝庄居民组长联合本组居民向社区党总支口头提出议题,根据是否事关多人利益由党总支书记与支委商量决定议题。由社区支部书记主持在高庄居民家中开展协商,各类代表20人参加,经过充分协商达成一致记录待办。

主要过程和议事要点。主持人宣布协商议事开始,并讲明相关规则,随后展开协商。浮山组组长:沟渠硬化,关键问题是资金,希望政府能够解决资金问题。高庄组会计:高标准农田改造是执行中央政策,关键是村民贫富有差距,硬化沟渠时筹钱困难。高庄组组长:农田改造是好事,但改造后小田变大田,下雨难清沟,所以沟渠需硬化。主持人:充分讨论后,大家举手表决。在场参与协商的居民一致同意硬化沟渠,但不愿意出钱。此时,乡镇干部和专业人员发言解释。镇农业办干部:我们尊重村民的意愿,传统的资金支持模式是组—村—镇三级共同出资,我们会争取上级的资金支持,但需层层打报告。镇水利站干部:我们要向镇分管领导汇报,资金需上报申请,但不能保证一定到位。社区法律顾问:高标准农田改造涉及1万亩地,但硬化沟渠的费用预计超1500万元,在资金变更中,要符合村民自治和上报政府程序。主持人:我们尽量不增加群众负担,三级合力筹措资金。但如果国家无法补贴,我们可按家庭经济条件向农户筹资,每个农户出资金额可以不等。村民继续讨论:田亩数量不一,出钱意愿不一,贫富程度不一……主持人:尽量帮大家争取资金支持,但如果有缺口,我们可以进一步协商农户可承担的资金数额,若需每户掏四五十块钱时,还请大家支持。专家提议三种解决方案:一是政府出全资,一致同意;二是政府和居民组分担,因高庄居民组无集体资产,该组组长反对;三是政府不出资,居民组出一部分资金,群众再筹一部分资金,每户50元左右,3人反对。主持人:初步形成结论,下次再议。

案例2:嵩县德福苑社区(搬迁安置社区)环境卫生协商

由几位楼栋长和居民代表提出议题,党支部根据环境卫生整治需要讨论后确定议题。党支部书记在社区会议室主持议事，各类代表21人参会，居民代表监督，经协商后达成结果记录待办。

主要过程和议事要点：主持人宣布协商会议开始，并讲明规则后开始议事。议题一是关于楼道卫生清洁，经过居民讨论后主要得出两种意见。村民代表1：楼栋各层卫生都由住户负责；村民代表2：楼道从一楼至六楼的走廊由楼栋居民轮流清扫。在专家讲解协商要点后，居民自行表决，无人对上述提议表达反对，遂转向议题二，即车辆停放问题。在主持人引导下，居民继续就其展开讨论，并再次形成两种意见：一是可在非主干道地带设临时停靠点供所有电动车、摩托车等小型车辆停放；二是无论是小型车辆还是外来社会车辆均可临时停靠路边，但必须得有人监督。此时，主持人提出第三种意见，统一规划车棚和停车位，该意见得到多数与会者的认可。经专家引导与会代表讨论后，得知社区中有电动车的村民13人，摩托车5人，两种车型都有的4人。居民梳理了各自主要用车需求后再度表决，9人支持前两种意见，15人支持后一种意见，8人三种方案都支持。主持人：根据多数原则通过规划车棚停放车辆的方案，两项议题均得到解决。

案例3：汝州市东营村（城乡接合社区）招商引资协商

某知名食品加工企业计划在村建厂，但由于种种原因未能动工，到会议召开前夕公司决定动工，为消除公司入村障碍，由村党委决定在会议室召开协商会议，各类代表30人参会，由村党委书记主持会议，监委会成员和居民代表参与会议并监督，经协商后达成结果记录待办。

主要过程和议事要点：主持人讲明相关规则后展开议事。主持人：这次会议召开的目的就是给企业入村前与大家打商量，希望大家把诉求和问题都反映给党委，由党委统一和企业进行交涉，这样效果会更好。村民代表1：企业进村后能否帮村里修路？主持人：党委会跟他们协商，目前对方答应修路。村民代表2：我家的地距工厂较近，能否利用工厂水电灌溉农地？主持人：先记录在案，会跟工厂协商。村民代表3：村中两条排水渠在建设时堵塞，是否可以挖开疏通？主持人：我和企业沟通过，公司已经提前做了规划。专家引导后，分别就上述三个问题进行了表决：修路问题没有反对意见；水电灌溉问题经表决后有9人反对，多数意见认为此事仅涉及几户人家，且自家并非不能解决；排水渠问题大家一致同意。村民随后继续讨论。村民代表4：我家现在闲置的四亩地是否还能再征收？主持人：目前征收已结束，后面会再和企业商议。村民代表5：企业能否给村建个沼气池搞发电？主持人：会和企业协商。村民代表6：企业发展好后能否给建蔬菜基地？主持人：将来有能力会再讨论。镇干部对此解释：我们目前还主要针对企业入村的问题进行讨论，看如何帮助大家解决眼前的致富问题。村民代表7：企业入村后能否多招本村村民进厂打工？主持人：这一问题先前已经解释过，只要符合条件企业都可优先考虑。经表决，上述意见都得到多数村民的支持。主持人：已记录在案，后续会和企业协商争取实现双赢，等进一步通知。

案例4：禹州市寨子社区（全国文明村镇）电网升级协商

由于辖区内水果市场电线私搭乱建现象严重，群众反映强烈，经过四议两公开程序，村两委商量决定议题。党委书记在社区会议室主持召开协商会，各类代表20人参加，监委会成员全程监督，经过充分协商达成一致记录待办。

主要过程和议事要点：主持人介绍了水果市场电网的主要问题后，讲明相关规则并展开议事。党员代表：由于水果市场仅涉及4个村民小组，而农网改造要进行资金投入，剩余7个小组担心这一投入是否会影响群众福利公平分配。在专家引导下，与会代表中有14人也持相同疑虑。主持人：这4个小组电网建设早，电网质量较差，另外7个小组建设晚，电网保障较好，改造只是时间先后问题。集体经济收入充裕，不会影响福利分配。此次电网改造有国家专项资金支持，因而有更多优势。专家对此再进行引导后，所有与会人员对此表示肯定。村民代表：水果市场的电网过去是村民个人投资的，这次电网改造后这7户村民是否能接受？主持人：这一问题确实存在。但目前村两委也做了工作，一是十几年来这几户确实也赚够本，二是我们再和电力部门协商看能否先让他们代管两年，三是老电网已经面临老旧更新问题，需要更换。妇联代表：电网改造要投入多少钱？具体怎么分配？主持人：社区投资不超过5万元，主要是专家技工费用。如能争取立项，专项资金投入1700万元。街道干部：目前市场的用电情况很不规范，安全隐患大，且电费过高，因而确需规范。政策都是由点到面铺开的，希望大家有大局观。对此，志愿者代表、水果市场居民代表、社会组织代表均发言赞同。市政府干部：为提升大家的生活品质进行大规模建设，难免会有小牺牲，但这次协商会尽力确保大家得实惠。经过表决，大家一致同意电网改造议题。主持人：已形成结果，希望大家能做好宣传和通知工作。

案例 5：西平县陈老庄村（后进转好社区）新建球场协商

为解决垃圾坑问题，村委提议用专项资金将其填平修建足球场。经四议两公开程序，村两委决定由党支部书记主持，在村会议室召开会议。各类代表 20 人参会，村监委会全程监督，经协商后达成结果并现场部署。

主要过程和议事要点：主持人讲明为提升三个村民小组的文化生活，村里申请了一笔 40 万元专项经费，用于垃圾坑填平改造建设足球场，请大家讨论。五组组长：希望能解决好排水问题。志愿者代表 1：希望减少对居民出行影响。在专家引导下有 14 名代表赞同。村民代表：是否还需村民掏钱？足球场得考虑照明和安全设施，且大家对足球需求不高，有健身场所即可。退役军人：是否有必要安装摄像头？足球场仅用填平地三分之一，另外空地是否安装健身器材？残疾人专干：是否有必要建设无障碍通道？九组组长：须考虑村集体费用承担情况。在专家引导下，政府部门回应。镇干部：要一步步来，先把足球场建好，后续我们再筹集资金。党员代表、社区治安主任发言均表示赞同此项提议。志愿者代表 2：足球场保洁工作是否在每户 20 元基础上让邻近户再缴纳费用？该提议引起激烈讨论，导致表决未能开展。县民政局干部：建好了足球场，后续资金民政部门会支持，也希望大家积极想办法，但当下是落实眼前问题。驻村第一书记：刚才大家的发言多涉及建好足球场后怎么完善的问题，但目前是要不要把坑填平，希望大家考虑。县政府干部：目前主要是前期建设，后期县里会给大家提供支持。主持人：大家都清楚，村庄能有现在的发展都是靠自己争取来的，希望大家继续努力，把足球场也建设好。经表决，全体一致通过了此项议题。主持人：决议结果将在村委公示栏公示 7 天。

为了进一步比较 5 个案例，将实证素材进行了标准化处理，大致按照协商的一般流程和主要内容进行分项呈现，以便清晰地体现案例间的区别（见表 9-2）。

表 9-2　　　　　　　　协商系统要素与社区协商过程案例

一般流程	案例 1	案例 2	案例 3	案例 4	案例 5
	天长郑集镇向阳社区	嵩县德亭镇德福苑社区	汝州临汝镇东营村	禹州颍川街道寨子社区	西平盆尧镇陈老庄村
议题	沟渠硬化	环境卫生	招商引资	电网升级	新建球场
谁提出	3 个居民组	楼栋长	村民代表	党委	党支部
谁确定	党总支	党支部	党委	两委	两委
主持	书记	书记	书记	书记	书记
规模	20	21	30	20	20
性别	男 14/女 6	男 11/女 10	男 25/女 5	男 15/女 5	男 14/女 6
年龄	老 5/中 13/青 2	老 2/中 17/青 2	老 2/中 26/青 2	老 6/中 10/青 4	老 5/中 13/青 2
地点	居民家中	大会议室	小会议室	协商议事厅	小会议室
场景	开放温馨	庄重严肃	开放温馨	开放温馨	开放温馨
条件	好	较好	很好	较好	
人员类型	乡镇干部、两委代表、各类代表；相关方；法律顾问；专家	两委代表、楼栋长、居民代表、利益相关者；专家	市镇干部、两委代表、党代表、居民代表、小组长、居民；专家	市街干部、两委代表，各类代表；相关方；义工、社工、社会组织；专家	县镇干部、两委代表、第一书记、各类代表；五老、社会组织；媒体；专家
方式	协商工作法	四议两公开	村民议事会	业主协商会	四议两公开
环节步骤	议事步骤	会议步骤	议事步骤	协商步骤	恳谈步骤
信息传递	围观传播	代表转达	公示公告	委托告知	组长通知
气氛	较活跃	较活跃	活跃	活跃	活跃
时长	约 60 分钟	约 50 分钟	约 90 分钟	约 75 分钟	约 100 分钟
监督	律师/代表	居民代表	监委代表	监委代表	媒体/监委
有无结果	有	有	有	有	有

续表

一般流程	案例1	案例2	案例3	案例4	案例5
有无反对	反对后一致	反对后一致	反对后一致	反对后一致	反对后一致
运用方式	记录待办	即时反馈	记录待办	记录待办	现场部署

五 在要素—程序—规则中评量协商

从协商样板案例来看，9个共识性规则标准在评量好的协商时固然是有用和核心的，构成了高质量协商的重要规则标准，但要运用其测量现代的协商系统和本土的协商实践，仍显得不够，还需要结合协商系统的要素条件和本土实践的程序要求。由此，已有的好的协商的共识性规则标准，还不完全能够测量中国的协商系统实践，一个完整的、高质量的协商系统评量指标体系，还应结合协商系统的国际要件，以及我国的协商实验来总结和拓展。

虽然在上文已经厘清了好的协商具备怎样的规则标准，也呈现了协商实验评估的程序要求和社区协商案例的流程内容，但如何去操作性评价协商系统仍显困难。这些零散的要件和标准放到什么体系中去评量实践，需要建构一个分析框架。

整合我国的协商实验评估要求、协商案例实践经验，借鉴国际上"好的协商"的规则标准、协商系统的要素条件来看，高质量协商系统的运行需要体现以下三个特点。第一，要按照一定程序来展开，也是国家考核验收的主要指标。大致包括提出议题、确定议题、组织协商、环境配套、人员赋能、沟通传播、协商监督和结果运用等。第二，要遵循一定国际规则来进行。大致包括尊重、去权、平等、理性、共识、趋善、公开、问责、真诚等9个经典指标的包容性拓展。第三，这些程序和规则的运行，都离不开国际上讨论的协商系统的6个要素。大致包括协商主体、协商场所、协商实体、传播过程、转化过程和执行过程，这是成其为协商系统的基本要件。而且，系统要素标准与协商程序标准是可以大致对应并嵌套在一起的。国际上认可的协商主体大致对应我国实践中协商议题的提出和确定、协商议事的组织和实施，协商场所大致对应协商环境的提供和配建，协商实体大致对应协商工作人员的配备和参与人员的赋能，传播过程大致对应协商信息的沟通和传递，转化过程大致对应协商过程和决策实施的监督，执行过程大致对应协商的结果运用和反馈等；而协商规则标准是对系统要素和主要程序的总体约束。要素标准、程序标准和规则标准，环环相扣，整体相连，交叉包容，共同构成了一个标准体系。

由此看来，在协商系统中对要素标准、程序标准、规则标准进行考察，则可以比较全面地评量协商的好坏和质量高低，这种分析框架便构成了基于"要素—程序—规则"的协商系统评量指标体系（见表9-3）。具体评量操作和要达成高质量协商，主要有三个要件：第一，营造协商系统所含有的6个要素标准；第二，构成协商系统所具有的8个程序标准；第三，符合协商系统所规约的9个经典要素拓展出的包容性规则标准。

当然，这些指标是总体性的，并不是说缺少哪个要件，就一定不是高质量协商，这就如第二代协商标准所说的，还需要看具体的环境、背景和层级。例如，如果是非正式的协商系统，仅是田间地头和街边小巷的议事，评量标准就要适当简化。还如，相对严肃的政治协商和村庄宽松的社会协商，在一些要素上要适当区别。因此不能一刀切，而应具体问题具体分析，这里给出的是一般意义上和较为全面的高质量协商评量指标体系和达成行动指南。

表9-3　　　　　协商系统评量的"要素—程序—规则"框架建构

要素标准	程序标准	规则标准
协商主体	提出议题	尊重、去权、平等、理性、共识、趋善、公开、问责、真诚，以及9个要素的包容性拓展
	确定议题	
	组织协商	
协商场所	环境配套	尊重、去权、平等、理性、共识、趋善、公开、问责、真诚，以及9个要素的包容性拓展
协商实体	人员赋能	
传播过程	沟通传递	
转化过程	协商监督	
执行过程	结果运用	

运用"要素—程序—规则"协商系统评量指标对 5 个农村社区治理实验区的协商案例进行评量，会发现我国在农村中已形成了较好的社区协商系统样板。这些典型的实践之所以能称得上是"样板"，是因为其基本符合这一协商系统评量指标。

在评量中，5 个协商案例的要素和程序较直观，对其是否达到标准的评量较容易。但对规则标准的评量相对较难，可将表 9-3 中简化了的要素和程序，对照尊重、去权、平等、理性、共识、趋善、公开、问责、真诚等 9 个规则标准来判断。具体来看，有以下几个共同点。

第一，在协商主体上，议题一般由社区党组织或"两委"针对各层面或代表提出的公共话题进行商量确定；一般由社区支部书记组织，同时担任主持人，规模在 20 到 30 人之间，年龄和性别结构适当，各类均有分布。由此可以判断，5 个案例的协商主体要素均具备，提出议题、确定议题和组织协商等程序也具备，并且该要素和程序也都体现了规则标准，因此其在评量表中为 3 个"+"。例如，在提出议题和确定议题上，向阳社区的沟渠硬化议题由 3 个居民组诉求提出并由党总支讨论确定，德福苑社区的环境卫生议题由各楼栋长诉求提出并由党支部讨论确定，东营村的招商引资议题由村民代表提出并由党委讨论确定，寨子社区的电网升级议题由党委提出并由社区"两委"讨论确定，陈老庄村的新建球场议题由党支部提出并由社区"两委"确定，这些程序均达到了规则标准。

第二，在协商场所上，一般具有相应的协商议事场所，以社区会议室或协商室居多，开放并接受他人参与旁听。例如，在要素标准的协商场所和程序标准的环境配套方面，除德福苑社区在一个大的会议室进行 21 人的协商，主持人和参与人有较明显的距离感，其规则标准在当次协商中不确定是否达标外，其他均达标，都为"+"。

第三，在协商实体上，基础条件较好，配备工作人员，具有议事方式，但参与人员协商能力总体不足。例如，该要素标准均达标，都为"+"；而在程序标准的人员赋能方面，虽然向阳社区和德福苑社区表现出各主体参与一般，东营村、寨子社区、陈老庄村表现出各主体参与波动，在当次协商中还不完全确定是否达标，但其规则评估中均达到了标准，都为"+"。

第四，在传播过程上，现场沟通较好，场外传播和授权传播在当次协商表现不明显。例如，虽然作为程序标准的沟通传递，因 5 个案例均在相对固定的场所进行一次性协商,其程序评估结果不确定;但在规则评估中,除德福苑社区不确定外,其他均达到了标准,都为"+"。

第五,在转化过程上,授权代表、主持人和干部的话语转换较好,一般有监督问责。例如,作为程序标准的监督协商,除德福苑社区没有明确的监督员,其程序评估为不确定,其规则评估也不确定外,其他规则评估均达到了标准,都为"+"。

第六,在执行过程上,一般会有反对声音但通过互动议事会达成一致,结论实施情况在当次协商会上较难体现。例如,5个案例在程序标准和规则标准方面,虽在一次协商中不确定是否达标,但并没有出现欠缺的情况,总体有向好的趋势。

5个案例在共同性基础上也呈现出一些区别。例如:第一,分别属于不同的社区类型和议题类型;第二,具有不同的环境条件基础(部分为协商场所、部分为协商实体);第三,参与人数规模、场景氛围、协商时长、发言多少、议事次数等有差别;第四,有无各级干部参加、有无专家律师参与、有无媒体及他人进入等有不同;第五,好的程度稍有差异(见表9-4)。

通过对比分析评量表可以得出一些基本判断。第一,5个协商实验基本达到了较好的协商标准,总体上东营村相对好些,德福苑社区相对弱些。第二,要素标准表现很好,5个案例都具备协商系统的要素。规则标准总体表现较好,各个要素和程序大多能体现9个核心要素或其拓展标准,其随要素和程序标准的完备度而波动,只要具备前两者的具体流程的,规则匹配一般较好。第三,程序标准中的提出议题、确定议题、组织协商等表现很好,因为只是对一次协商的考察,后续多次协商或结果实施如何还不得而知,因此结果运用情况也不确定。第四,在一定规模内人数稍多、人员构成丰富的讨论更激烈,如东营村30人参与,类型丰富,效果较好。第五,有县乡(市镇、市街)干部、专家行家、媒体律师等参与的能进行知识普及、政策解读、专业引导等,协商效果较好,如向阳社区、东营村、陈老庄村体现明显。第六,协商条件较好、场景温馨、氛围活跃的协商效果相对较好,如东营村、寨子社区表现明显。第七,讨论时间长、有全程监督、有反对意见等,对协商效果产生影响。第八,环境配套、人员赋能、沟通传播等总体相对较差,这可能与包括干部在内的协商认识和协商能力不足有关。

表9-4　　　　　　　社区协商案例的要素—程序—规则系统评量

要素标准	程序标准		规则标准	案例1 天长向阳社区	案例2 嵩县德福苑社区	案例3 汝州东营村	案例4 禹州寨子社区	案例5 西平陈老庄村
协商主体	提出议题	谁提出	尊重 去权 平等 理性 共识 趋善 公开 问责 真诚	+++	+++	+++	+++	+++
	确定议题	谁确定		+++	+++	+++	+++	+++
	组织协商	主持		+++	+++	+++	+++	+++
		规模						
		性别						
		年龄						
协商场所	环境配套	地点		+++	+-?	+++	+?+	+?+
		场景						
协商实体	人员赋能	条件		+-+	+-+	+?+	+?+	+?+
		人员类型						
		方式						
传播过程	沟通传递	环节步骤	9个要素的包容性拓展	+?+	+??	+?+	+?+	+?+
		信息传递						
转化过程	协商监督	气氛		+++	+??	+++	+?+	+++
		时长						
		监督						
执行过程	结果运用	有无结果		+??	+??	+??	+??	+?+
		有无反对						
		运用方式						

注：每个表格中的3个赋值，依次为要素标准、程序标准、规则标准的评量结果，符合的为"+"，欠缺的为"-"，存疑的（不确定）为"?"。

由于这5个案例分别来源于5个全国首批农村社区治理实验区，而且每个案例又是各个县市的典型，因此，某种程度上可以说我国具备了社区协商的"样板"，已经初步具有了较好协商系统的实践。但尽管是"样板"，仍然还有一些不足或不满足好的协商标准的地方，这也说明在全国农村社区或者所有基层领域形成好的协商系统还有很长的路要走。

六 基本结论与发展好的协商系统

通过以上分析，我们可以得出以下基本结论，在此基础上去探索和发展中国特色的协商系统，以实现社区善治和其他各个方面的协商善治。

第一，高质量协商达成总体上需要具备三个要件构成的协商系统。这种协商质量识别大致形成了基于"要素—程序—规则"的协商系统评量指标体系，主要有三个一级指标：一是协商的要素标准，二是协商的程序标准，三是协商的规则标准。其中，协商要素指标包括协商主体、协商场所、协商实体、传播过程、转化过程、执行过程等6个二级指标；协商程序指标包括提出议题、确定议题、组织协商、设施配备、人员赋能、沟通传递、协商监督、结果运用等8个二级指标；协商规则指标包括以尊重、去权、平等、理性、共识、趋善、公开、问责、真诚为核心而拓展的9个二级指标。但需要注意的是，这些标准和指标并不是绝对的，而是需要根据协商的类型和场景来确定的。例如，正式与非正式协商、微观与宏观协商、基层与其他六类协商，以及协商层级、协商事务类型等在实践中可能会有一些区别。

第二，中国的社区治理实践中存在高质量协商样板和协商模式。调查的五个国家级农村社区治理实验区中，每个社区协商样板案例都基本具备了较好的协商系统要件，可以说是达成了"较好的协商"。农村社区治理实验区将社区协商作为实验成效考核的最重要条件之一，实际是培养、教育和训练了基层干部、社区两委和居民的协商意识，宣传、普及和运用了协商的一整套要素、程序和规则，本身就成了基层协商在中国发展的"样板"实验。

第三，我国农村社区治理实验区展现的协商民主样板超越了国际上的单一标准。实际上形成了基于"要素—程序—规则"的协商系统评量指标体系，它在无意识中具备了作为协商民主最新理论，即协商系统理论提倡的一个高质量协商所需要的协商主体、协商场所、协商实体、传播过程、转化过程、执行过程六要素，而且符合了国际上通行的"好的协商"所需要的尊重、去权、平等、理性、共识、趋善、公开、问责、真诚所拓展的九规则，同时也纳入了本土凝练的提出议题、确定议题、组织协商、设施配备、人员赋能、沟通传递、协商监督、结果运用等八程序。因此，它不仅是符合好的或成熟协商的单一标准，而且建构了整合标准。

第四，国际上虽然将协商尤其是最新的协商系统测量研究推向了新高度，但我们要建构适合自身需要的评量标准。在扬弃协商系统理论的基础上，要注重总结本土化的实践，创设好的协商指标，制定中国标准，为协商民主实践和研究作出中国贡献。例如，可以将基于"要素—程序—规则"的协商系统评量指标在即将开展的全国1000个左右的协商实验中去检验优化，为"十四五"全面开展乡村振兴、乡村建设行动和提升社区治理质量提供支撑。

第五，虽然我国农村已形成了社区协商实践样板，但总体上还只是"较好的协商"，离"好的协商"和"高质量协商"还有距离。例如，在评量中体现出的协商人员类型、协商场景配套、协商氛围营造、协商授权转化、协商信息传播、协商能力建设、协商资本积累等方面还存在或多或少的不足。这就需要我们去发展协商，一方面要吸纳已有经验，另一方面要弥补明显不足，借鉴基于"要素—程序—规则"的协商系统评量指标体系，去识别、规范和实践协商。

第六，基于"要素—程序—规则"的协商系统评量指标体系可以运用于其他协商领域。该指标体系能较好地用于农村社区协商，但并不囿于农村社区协商。这是基于协商系统的前沿理论、好的协商的共识标准和我国协商民主的一般流程等基础上整合建构的，具有一定的通约性。因此，可以尝试将其运用到"七大协商"的其他类型，也可以将其拓展到城乡社区协商以外的参与预算、环境整治、水利建设、土地利用、空间争端、邻里纠纷、教育教学、政策分析、村庄规划、城市发展、跨域治理，甚至全球治理等协商领域，还可以将其延伸到非正式的网络协商和日常谈话的社区场域，从而引导协商自然化[1]。此外，该指标体系不仅适用于中国，也对其他国家和地区的协商系统发展具有借鉴作用。

---

[1] 参见 A. Tanasoca, *Deliberation Naturalized: Improving Real Existing Deliberative Democracy*, Oxford, UK Oxford University Press, 2020, pp. 2 – 22。

第十章

乡村振兴中的协商能力、利益关联度与发展高质量协商[①]

一 高质量协商的影响因素与协商系统的视角

党的十九届六中全会将"推进社会主义协商民主广泛多层制度化发展,形成中国特色协商民主体系"作为了建党百年的重大成就和历史经验。2022年中央一号文件进一步提出了开展村级议事协商创新实验的政策要求,明确了当前全面推进乡村振兴的重点任务,也是对当前基层协商进一步发展的深化部署。习近平总书记指出,高质量发展不只是一个经济要求,而是对经济社会发展方方面面的总要求。从强化基础设施到推进产业布局、从改善人居环境到提升服务水平等,也都需要农村协商的高质量发展,才能更好为乡村振兴的全面推进增强改革动力,确保民意基础。

近年来,农村社区协商在我国特别受重视,尤其是党的十八大以来,在中央的统一部署下强力加速,逐渐发展为社会主义民主政治的重要组成部分,成为全过程人民民主的重要体现。2015 年,《关于加强城乡社区协商的意见》指出,"要充分发挥城乡社区协商在维护社会稳定、凝聚各方共识、汇聚各方力量等方面的重要作用"。2018 年,《乡村振兴战略规划》又明确提出要推动"形成民事民议、民事民办、民事民管的多层次基层协商格局",为农村协商

[①] 本章由张大维、赵益晨以《乡村振兴中的协商能力、利益关联度与发展高质量协商》为题,发表于《山东大学学报》(哲学社会科学版)2022 年第 5 期。

工作的开展提出了新的要求,也催生出多种多样的农村协商治理机制创新。自 2021 年起,民政部决定用 2 年时间在全国 1000 个左右的农村社区开展村级议事协商创新实验,要求"围绕加强党的领导、畅通参与渠道、激发参与活力、提升议事协商实效等实践问题深化探索,为各地推进村级议事协商制度化、规范化和程序化提供可复制可推广的经验"①。2021 年年底,民政部确认了首批 497 个全国村级议事协商创新实验试点单位,2022 年进一步推进。由此可见,在农村社区协商实践应逐步迈向高质量发展的政策背景下,对高质量协商的评判依据和影响因素进行深入研究具有了重要意义和价值。

梳理已有研究,发现高质量协商有多个影响因素,主要体现在利益关联度、协商规模和协商能力等三个主要方面。

第一,利益关联度是高质量协商较早考虑的影响因素。目前的研究尽管主要以一般意义上的民主为分析对象,但协商民主作为民主的新生类型自然也包含其中。②对此,克劳斯·丁沃斯(Klaus Dingwerth)指出,民主参与的利益关联度是在多大程度上将受议题影响的个体纳入了决策过程,利益关联度的两个要素表现为参与的规模与质量。③相较于国外学者的理论性探讨,国内学者则更偏重政策性和务实性。吴晓林等人较早从利益论着手探究基层协商政策实践的发展动力。④许玉镇等人则发现在民主决策中利益相关者的缺失会降低民生政策的治理效能⑤。王岩等人从"无直接利益冲突"的矛盾问题出发,讨论了化解非直接利益相关者矛盾的协商治理路径⑥;而毛光霞则偏向对基层协商治理的影响因素展开讨论,其中利益是双方均涉及的

---

① 民政部办公厅:《关于开展村级议事协商创新实验的通知》(民办函〔2020〕111 号),2020 年 10 月 14 日。

② 参见 Dryzek J. S, "Democratization as Deliberative Capacity Building", *Comparative Political Studies*, Vol. 42, No. 11, 2009, pp. 1379 – 1402。

③ 参见 Dingwerth K., *The New Transnationalism: Transnational Governance and Democratic Legitimacy*, Palgrave Macmillan, New York, 2007, p. 28。

④ 吴晓林、邓聪慧、张翔:《重合利益中的工具性:城市基层协商民主的导向研究》,《学海》2016 年第 2 期。

⑤ 许玉镇、王颖:《民生政策形成中利益相关者有序参与问题研究——基于协商民主的视角》,《政治学研究》2015 年第 1 期。

⑥ 王岩、郝志鹏:《"无直接利益冲突"矛盾的化解理念与路径研究——基于社会主义协商民主的视角》,《中国行政管理》2014 年第 12 期。

关键因素①。

第二，协商规模是高质量协商探讨的另一个影响因素。一是从协商主体数量看，尽管从理论上来说，参与决策过程的利益相关方越多，其结果越具有合法性，但这并不利于提升参与质量，其规模必须考虑效能感。② 因此，协商规模并不存在一个绝对意义上的最优解，这为现实层面探索参与效能感与参与规模之间的实证联系提供了研究空间。③ 二是从协商参与类型看，雨果·梅西尔（Hugo Mercier）等人的研究显示，由不同利益群体组成的团体协商质量相对更好。④ 保罗·冈（Paul Gunn）则认为微型协商的参与主体存在认知和代表性的缺陷。对此，约翰·S. 德雷泽克等人进行了整合，指出协商民主不仅意味着小规模、微观的正式协商，还需要大众性的、宏观的非正式协商，二者从属同一个协商系统之中。⑤ 三是从协商规模大小看，简·苏伊特等人的研究表明微型协商可以显著提升参与者的议题认知情况并更好地作出判断。⑥ 德雷泽克等人则认为，大规模公共协商与小规模专业协商相结合的形式有利于更广泛和高效的信息传递，使协商能力相互促进和提升。⑦

第三，协商能力是高质量协商近来较受关注的影响因素。除了已有研究认为协商规模对协商能力有影响外，协商能力的概念以及同协商质量的关系也受到国内外学者的关注。其中，国际上的相关研究已经取得了一定成果。主要包括以下三个方面。

其一，制度视角下如何构建协商能力的研究。德雷泽克是其中的代表，

---

① 毛光霞：《使基层协商民主更好的运转起来——观念更新、利益兼容与治理绩效累积的三位一体》，《社会主义研究》2021 年第 1 期。

② ［美］罗伯特·A. 达尔、爱德华·R. 塔夫特：《规模与民主》，唐皇凤、刘晔译，上海人民出版社 2013 年版，第 76 页。

③ 高民政、孙艳红：《民主体系的规模与能力：达尔的研究结论及其对中国的启示》，《浙江学刊》2010 年第 2 期。

④ 参见 Mercier H. and H. E. Landemore, "Reasoning is for arguing: Understanding the successes and failures of deliberation", *Political Psychology*, Vol. 33, No. 2, 2012, pp. 243 – 258。

⑤ 参见 Dryzek J. S., A. Bächtiger, S. Chambers et al., "The Crisis of Democracy and the Science of Deliberation", *Science*, Vol. 363, No. 6432, 2019, p. 1144。

⑥ 参见 Suiter J., L. Muradova, Gastil J., et al., "Scaling up Deliberation: Testing the Potential of Mini-Publics to Enhance the Deliberative Capacity of Citizens", *Swiss. Polit. Sci. Rev.*, Vol. 26, No. 3, 2020, pp. 253 – 272。

⑦ 参见 Dryzek J. S. and S. Niemeyer, "Deliberative Democracy and Climate Governance", *Nat. Hum. Behav.*, No. 33, 2019, pp. 411 – 413。

他将协商能力定义为一个政治制度所拥有的结构在多大程度上能够进行包容性、真实性和结果性的协商,并提出教育程度、语言交流、政治制度和政治文化是协商能力的决定因素。[①] 后续学者据此将协商能力分析框架运用于企业圆桌会议[②]、国家民主建设[③]以及国际合作[④]等诸多方面。此后,还有学者从不同层面继续深化协商能力研究,卡罗琳娜·米列维茨等人将协商能力整合定义为有效参与高质量协商的能力。[⑤] 而卡罗琳·M. 亨德里克斯参考了理想型协商后指出,应设定可行性的协商能力,即允许多样观点和开放性偏好等。[⑥] 瑟琳娜·佩德里尼在整合前人研究基础上提出,协商能力由个人、认知与制度环境构成,并将其概括为本身的协商能力(输入)和有效的协商能力(输出),并将其视为制度设计和规范设定的产物。[⑦] 唐蓓蓓也从协商系统理论出发提出协商能力包含社会能力(公共表达)、制度能力(体制回应)和参与能力三个维度等。[⑧]

其二,个体层面上怎样提升协商能力的研究。肖恩·罗森伯格考察了参与协商个体的认知能力,他认为公民必须具备逻辑性、公平性和理性。[⑨] 约翰·帕金森则提出协商参与者必须拥有沟通能力,能理解并批判性地评

---

① 参见 Dryzek J. S., "Democratization as Deliberative Capacity Building", *Comparative Political Studies*, Vol. 42, No. 11, 2009, pp. 1379 – 1402。

② 参见 Schouten G., P. Leroy and P. Glasbergen, "On the Deliberative Capacity of Private Multi-Stakeholder Governance: The Roundtables on Responsible Soy and Sustainable Palm Oil", *Ecological Economics*, No. 83, 2012, pp. 42 – 50。

③ 参见 Curato N., "Deliberative Capacity as an Indicator of Democratic Quality: The Case of the Philippines", *International Political Science Review*, Vol. 36, No. 1, 2015, pp. 99 – 116。

④ 参见 Soundararajan V., J. Brown and A. Wicks, "Can Multi-Stakeholder Initiatives Improve Global Supply Chains? Improving Deliberative Capacity with a Stakeholder Orientation", *Business Ethics Quarterly*, Vol. 29, No. 3, 2019, pp. 385 – 412。

⑤ Milewicz K., and R. E. Goodin. "Deliberative Capacity Building through International Organizations", the Conference on Deliberative Democracy in Action, Abo/Turku, Finland, June 2012, p. 4.

⑥ 参见 Hendriks C. M., "Integrated Deliberation: Reconciling Civil Society's Dual Role in Deliberative Democracy", *Political Studies*, Vol. 54, No. 3, 2006, pp. 486 – 508。

⑦ 参见 Pedrini S., "Deliberative Capacity in the Political and Civic Sphere", *Swiss Politcal Science Review*, Vol. 20, No. 2, 2014, pp. 263 – 286。

⑧ 参见 Tang B., "Development and Prospects of Deliberative Democracy in China: The Dimensions of Deliberative Capacity Building", *Journal Of Chinese Political Science*, Vol. 19, No. 2, 2014, pp. 115 – 132。

⑨ 参见 Rosenberg S., "The Empirical Study of Deliberative Democracy: Setting a Research Agenda", *Acta Politica*, Vol. 40, No. 2, pp. 212 – 224。

估他人的论点，并提出自己的合理论点。① 马丁·卡尔森从交流强度、沟通效果、包容程度三方面对政治博客圈的协商能力进行了评估。② 朱莉娅·詹斯特尔则提出协商参与者的综合心理认知是评估协商效果的重要指标等。③

其三，多元领域中拓展运用协商能力的研究。莫妮卡·伯格等人审视了政府间气候变化专门委员会（IPCC）在全球环境治理（GEG）过程中以决策或观点为导向的两种协商能力趋向。④ 阿夫松·阿夫萨希考察了由性别差异而导致的协商意愿、协商能力的区别，并提出了相应对策。并从社会资本和协商能力出发，建构了协商资本概念，并对协商参与意愿与资本投资撤资进行了关联研究。⑤ 马库斯·霍尔多则从参与式预算实践中看到了协商能力的不足，提出用协商资本概念进行解释，指对无法获得其他资本的群体，可以在协商场域中获得认可而形成特定资本，这为包容性协商建构提供了有效参与的可能。⑥

同时，国内学界也开始涉猎协商能力研究，主要以整体和部分两种视角对协商能力展开了探讨。一方面，从整体视角看，阙天舒认为我国应在政治体制内注重政治协商能力，在公共场域中关注公共协商能力，在治理网络中重视合作协商能力。⑦ 曾令辉等人以乡村为样本，认为培育农民协商能力，要从增强农民社会资源和整体实力、完善农村社会组织和协商精神、健全机制，

---

① 参见 Parkinson J. R., *Deliberating in the Real World: Problems of Legitimacy in Deliberative Democracy*, Oxford University Press, Oxford, 2006, p. 150。

② 参见 Karlsson M., "Interactive, Qualitative, and Inclusive? Assessing the Deliberative Capacity of the Political Blogosphere", in K. Jezierska, L. Koczanowicz, eds., *Democracy in Dialogue, Dialogue in Democracy: The Politics of Dialogue in Theory and Practice*, Ashgate Publishing Limited, Farnham, 2015, pp. 253 – 272。

③ 参见 Jennstål J., "Deliberation and Complexity of Thinking, Using the Integrative Complexity Scale to Assess the Deliberative Quality of Minipublics", *Swiss Political Science Review*, Vol. 25, No. 1, pp. 64 – 83。

④ 参见 Berg M. and R. Lidskog, "Pathways to Deliberative Capacity: The Role of the IPCC", *Climatic Change*, Vol. 148, No. 1, 2018, pp. 11 – 24。

⑤ 参见 Afsahi A., "*Can We Talk: Examining Willingness and Facilitating Deliberative Capital*", University of British Columbia, 2016, p. 49。

⑥ 参见 Holdo M., "Deliberative Capital: Recognition in Participatory Budgeting", *Critical Policy Studies*, Vol. 10, No. 4, 2015, pp. 391 – 409。

⑦ 阙天舒:《我国民主政治中协商能力的构建：结构、规范与价值》，《中共天津市委党校学报》2010 年第 12 期。

搭建平台等三方面入手。① 张大维等人则建构了协商能力的阶梯框架，认为农民的协商能力对农村协商系统质量至关重要，② 提出社区协商系统高质量发展需要同时关注参与主体和回应主体的协商能力。③ 另一方面，从具体视角看，陈吉利等人聚焦于女性的协商能力问题，认为应从改革协商规则入手，进而改变女性的相对弱势地位。④ 孙发锋则关注社会组织协商能力问题，认为当前社会组织协商应具备政治把握、内部治理等一系列目标。⑤

总体而言，国内外学术界开始将提升协商质量研究作为协商民主研究的重要议题。首先，国内外学术界均已关注到协商质量的建设问题，并寻求优化协商质量的途径，以最大可能发挥协商民主实效；其次，在影响协商质量的学术讨论中，协商能力、协商参与的利益关联度以及协商规模均是重要的研究话题，其中，评估与测量协商能力在国际上关注度更强，而国内对于协商质量影响因素的探讨则相对有限；再次，已有研究多从单因素分析协商质量的影响因素，整合程度不足，而国内有关协商质量复合影响因素的研究则更强调执行效果，缺乏必要的理论深度；最后，在国际的协商质量研究中，已经开始出现具有第四代协商民主标识的协商系统理论的运用，而这一理论的出现正是为了突破协商民主的既有限度和窄化困境，使其更具多样性、多层性、整体性和系统性，使协商的主体、场所、空间、机构、媒介、转换和执行等都具有广泛容忍性。⑥ 同时，已有对我国农村社区协商实践的研究发现，国际上对协商系统的界定、要件及特征，可以在扬弃的基础上用于分析

---

① 曾令辉、陈敏：《乡村社会治理中农民协商能力培育研究——基于恭城县北洞源村的调查》，《广西民族大学学报》（哲学社会科学版）2016 年第 2 期。

② 张大维、张航：《农民协商能力与农村社区协商系统质量关系研究——基于乡村建设行动中三个农村社区协商实验的比较》，《中州学刊》2021 年第 11 期。

③ 张大维、赵益晨：《运转协商能力：社区协商系统高质量发展的参与—回应联动——对 5 个农村协商实验的比较》，《协商治理研究》2022 年第 1 期。

④ 陈吉利、江雁飞：《论女性公共协商能力的制度提升——基于女性领导力的视角》，《领导科学论坛》2018 年第 17 期。

⑤ 孙发锋：《当前中国社会组织协商能力的要素、特征及提升路径》，《学术研究》2019 年第 11 期。

⑥ 张大维：《包容性协商：中国社区的协商系统模式与有效治理趋向——以天长市"11355"社区协商共治机制为例》，《行政论坛》2021 年第 1 期。

我国农村社区的协商实践。① 而这也为本章考察农村社区高质量协商建设提供了新的视角和拓展空间，即通过协商系统的视角来考察影响高质量协商实践的具体因素，同时根据已有研究，结合本土实践，形成社区高质量协商系统建设的分析框架，并对已有协商案例开展具体评估。

二 农村社区协商系统高质量建设的分析框架

协商系统理论认为，协商是由多元要素构成且相互连接的，应以更加多元、包容的姿态来看待协商实践。② 尽管目前我国农村社区协商实践还部分处于制度探索期，但协商系统理论为协商的高质量建设提供了一个更为开放的视角，即不拘泥于某个单一因素，而是以多种变量来衡量协商质量。高质量协商，是指就某一公共议题由直接或间接利益关联的代表参与开展的平等和能动议事以达成共识，能体现主体广泛、内容丰富、形式多样、程序科学、制度健全、成效显著等特征的民主协商形态；从实施过程看，基于我国城乡社区实践，应更强调主体要素针对特定事项的代表性、不同环节的程序性、社区环境的适应性以及基于民主规则所达成协商结果的共识性，强化全过程人民民主的包容性、真实性和有效性。高质量协商在某种程度上与通常所称"好的协商"相近，但二者也略有差别：一方面，高质量协商更多是从本章所建构分析框架的相对比较中形成的更为客观的判断，而好的协商则带有更强烈的主观性判断；另一方面，协商的客观性结论与主观性的感受往往具有同一性趋向，因而必须承认在进行案例比较的过程中不可避免地杂糅了部分的主观判断色彩，但从一般意义的认知来看，并不会造成对客观判断结论的扭曲和颠覆。因此，在回顾国际前沿的基础上，本章结合我国的农村社区协商实践，以协商系统理论为切入口，就社区高质量协商系统建设提出相应的分析框架。

---

① 张大维：《社区治理中协商系统的条件、类型与质量辨识——基于6个社区协商实验案例的比较》，《探索》2020年第6期。

② 参见 Mansbridge J., "Everyday Talk in Deliberative Systems", in S. Macedo ed., *Deliberative Politics: Essays on Democracy and Disagreement*, Oxford University Press, New York, 1999, pp. 221–227。

一方面，协商能力无疑是推动协商高质量发展的关键因素。如前所述，国际研究已表明，参与协商个体的协商能力强弱对协商质量或协商的效能都会产生重要影响，具体而言，主要包括认知能力、沟通能力、包容程度、公平理性等（见表10-1）。而从协商系统的观点出发，对协商主体所提出的能力要求，一是有助于协商议题能够从公共空间向授权空间的转化，[①] 二是有利于优化在协商参与中主体间交流互动的"普惠性"过程。[②]

表 10-1　　　　　　　　　　协商参与主体的协商能力要素

序号	代表人物	年份	对协商能力的主要观点
1	肖恩·罗森伯格	2005	认知能力，包含逻辑性、公平性和理性
2	约翰·帕金森	2006	沟通能力
3	马丁·卡尔森	2015	交流强度、沟通效果、包容程度
4	朱莉娅·詹斯特尔	2019	综合心理认知变化

另一方面，利益关联度是影响协商质量的另一因素。在假定协商规模一定的情况下，协商参与主体的利益关联度越高，协商结果的代表性和合法性便相对越强。对于利益关联度的评判可以从直接利益相关方和间接利益相关方两个方面来综合考量。前者与协商议题的直接利益密切相关，而后者尽管没有受到议题的直接影响，但在村庄的特定场域中，协商结果也难免要涉及其他群体，因而除直接利益相关方外，纳入配设必要的间接利益相关方尤其是一些带有特定社会资本的成员，充当并发挥中间人的评判角色，也有现实的必要性与合理性。而从协商系统的观点看，两方面利益关联度的整体性提升也确保了元协商对参与主体的基本要求，即能够根据每次不同的协商议题和不同的利益相关方而不断优化和调整协商系统的组织过程，以确保每一次协商的正当化。[③]

[①] 参见 Dryzek J. S., *Foundations and Frontiers of Deliberative Governance*, Oxford University Press, Oxford, 2010, p. 11.

[②] 参见 Gutmann A. and D. F. Thompson, *Democracy and Disagreement*, Harvard University Press, Cambridge Mass, 1996, p. 52.

[③] 张大维：《党领群议：协商系统中社区治理的引领式协商——以天长市"1+N+X"社区协商实验为例》，《中州学刊》2020年第10期。

除此之外，协商规模同样是高质量协商建设的重要变量，但基于我国农村实际仅将其作为限制条件。从理论上看，在不同规模下，协商的组织形式必然会受到参与人数的显著影响，进而间接影响协商的实际效果，这既与前文所述关于达尔对规模与民主的研究原理相似，同时也符合协商系统理论对协商规模的相应观点，[1] 因此有必要将其纳入影响协商质量的因素考量；但结合实际来看，当下我国协商实践仍旧以村民议事会、村民理事会、村民监事会等小规模的协商形式为主，[2] 属于较小范围的代表议事民主形式，而那种大范围、直接参与的大型议事活动在当前农村治理中则运用有限。因此，将协商规模作为本研究的限定条件划定在小规模的范围内，是对当前我国协商实践的现实观照，同时也有利于在一定范围内考察协商能力、利益关联度等变量的高低起伏对高质量协商系统建设的具体影响。

综上所述，在一定规模内，协商能力、利益关联度这两个主要变量，构成了考察我国社区协商系统质量建设的分析框架（见图 10-1）。其中，横坐标轴两端从左到右依次表示为协商能力由低到高的排序，纵坐标轴两端从下往上依次表示为协商参与的利益关联度由弱到强的排序，横纵坐标轴共同构成了衡量社区高质量协商系统的变量坐标系。同时，坐标系的虚线框表示了对协商规模这一限定条件的设定，即小规模协商。由坐标系和协商规模的组合分别形成了 A、B、C、D 四个封闭区间，分别代表四种社区协商系统的质量类型，依次为高协商能力—高利益关联型、高协商能力—低利益关联型、低协商能力—低利益关联型、低协商能力—高利益关联型等四种协商系统质量类型。

由上述框架生成的四种不同协商系统的质量类型均是在小规模协商范围内，围绕协商能力和利益关联度对协商质量所产生的具体影响而形成的，每个类型均以要素整合的形式鲜明地反映出协商系统建设的以下不同特征。

第一，高协商能力—高利益关联型协商，形成高质量协商系统。在协商能力方面，该类型的协商参与主体在认知、沟通、表达等方面有着相对更加

---

[1] 参见 Dryzek J. S. and S. Niemeyer, *Foundations and Frontiers of Deliberative Governance*, Oxford University Press, New York, 2010, pp. 156–162。

[2] 民政部办公厅：《关于开展村级议事协商创新实验的通知》（民办函〔2020〕111 号），2020 年 10 月 14 日。

```
                        高利益关联
                            ↑
                            |         小规模协商
        ┌───────────────────┼───────────────────┐
        |                   |                   |
        |       D           |        A          |
        |  低协商能力—高利益关联型 | 高协商能力—高利益关联型 |
        |                   |                   |
   低协商能力 ←──────────────┼──────────────→ 高协商能力
        |                   |                   |
        |       C           |        B          |
        |  低协商能力—低利益关联型 | 高协商能力—低利益关联型 |
        |                   |                   |
        └───────────────────┼───────────────────┘
                            ↓
                        低利益关联
```

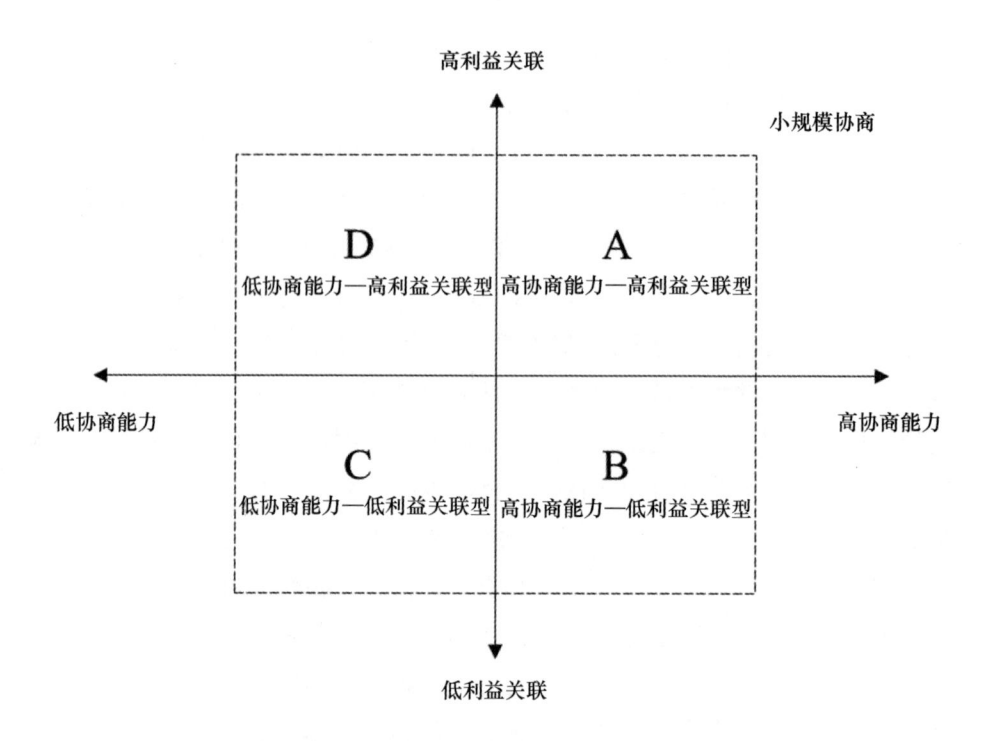

图 10-1 协商系统质量建设的协商能力与利益关联度分析框架

客观、理性、包容的态度，基本具备协商制度所要求的相应能力。在利益关联度方面，该类型协商也能做到可以灵活调整，可以及时根据议题作出调整和组织，在小规模的协商范围内最大程度地使直接和间接相关利益代表会聚一堂。综上可见，这种协商既能从过程中体现民主性，也能从结果上确保合法性，是相对较高质量的协商系统。

第二，高协商能力—低利益关联型协商，形成中质量协商系统。在协商能力方面，参加该类型协商的与会代表在认知能力、沟通能力、包容程度、公平理性等方面都表现出一定的基本素养。但在利益关联度方面，该类型协商的参与人员中或缺乏了直接利益相关方，或缺少了间接利益相关方。结合农村社区协商实际情况看，缺乏直接利益相关方的情况相对更多，问题也相对突出。具体而言，尽管社区把不同利益、不同组织、不同身份的间接利益代表聚集在一个小规模的协商组织内开展协商讨论，可如果该协商机制只是确定了一个多元利益主体范围，而无法根据协商议题的涉及范围邀请直接利益主体参与讨论，便失去了协商的实际价值，反而导致协商结果无法真正代表实际的利益群体，难以起到协商的实际效果。综上可见，该种类型是相对中等质量的协商系统。

第三，低协商能力—高利益关联型协商，形成中质量协商系统。从利益关联度来看，尽管该类型的小规模协商每一次都能把直接和间接的利益群体尽可能地整合在一起，就某个利益相关的议题开展讨论。但从协商能力观察所反映出的问题是，该类型协商的参与主体缺乏必要的协商能力，在对议题和他人观点的认知、沟通和表达过程中还存在一定的交流障碍。也就是说，对于实际参与的利益相关方而言，或是彼此难以真正理解对方、表达观点、开展交流；又或是出于某种固有偏见以及包容性和公平性的缺失而忽略了对方意见。这种交流效果近似于一群各讲方言、习俗各异的人坐在一起就大家共同关心的话题展开讨论，因而其协商结果的达成也只能是相对勉强的。从现实情况看，这种协商系统的建设更像是一群非正式主体开展的非正式讨论，与高质量协商目标还存在一定距离。由此可见，该种类型也是相对中等质量的协商系统。

第四，低协商能力—低利益关联型，形成中质量协商系统。一方面，从协商能力看，参与协商的个体缺乏必要的协商技能和方法，或是存在彼此沟通和交流的障碍以及必要的包容性，因而难以开展深入交流。另一方面，从利益关联度看，参与协商的个体也不会根据议题的涉及范围而有所调整，参与代表与议题关联度差。由上述两点问题叠加形成的结果便是，参与小范围协商议事的社区代表既与议题缺乏很强的利益相关性，同时也不懂得如何开展协商。如此一来，其社区协商系统的高质量建设目标只可能是空中楼阁。由此可见，这类协商是相对低质量的协商系统。

综上所述，基于对社区协商系统质量建设分析框架的建构，以及对形成的四种社区协商系统质量类型的阐释，可对我国农村社区协商案例的协商质量予以评估，并展开比较分析。同时，也将通过该框架进一步透视乡村高质量协商系统建设的关键环节与发展趋向。

三　农村社区协商实验样本的案例分析与比较

运用协商系统质量建设分析框架，可以更加全面地对农村社区协商系统的质量作深入考察和评估。以下将借用该框架来呈现农村社区的5个协商案例，案例均来源于2019年年底到2020年年初对民政部全国首批农村社区治理试验区中协商过程的实地观摩和调研，由于协商程序具有相似性，便利了对其进行结构化信息提取以及主要变量分析（见表10-2），详情如下。

表10-2　　　　　　协商实验案例的基本信息呈现

个案议题	议题范围	参加地点、人数和类型
1. R市D社区引资入村协商	全体村民	社区会议室召开，参加人员30人，有村"两委"代表、村监委、乡镇干部、党员和居民代表、村民小组长、专家学者等，村党组织书记主持会议
2. X县C社区球场建设协商	3个村民小组	社区会议室召开，参加人员20人，有村"两委"代表、村监委、驻村第一书记、县镇干部、村民小组组长、"五老"代表、村民代表、党员代表、志愿者代表、社区专干、社会组织代表、当地媒体、专家学者等，村党组织书记主持会议
3. Y市Z社区电网改造协商	4个村民小组	协商议事厅召开，参加人员20人，有村"两委"代表、村监委、县镇干部、南北水果市场居民代表、党员代表、村民代表、社会组织成员、社区志愿者、专家学者等，村党组织书记主持会议
4. T市X社区沟渠硬化协商	3个村民小组	居民家中召开，参加人员20人，有村"两委"代表、乡镇干部、镇水利部门负责人、法律顾问、村民小组组长、村民代表、专家学者等，村党组织书记主持会议
5. S县D社区环境整治协商	全体楼栋居民	社区会议室召开，参加人员21人，有村"两委"代表、县镇干部、楼栋长、居民代表、专家学者等，村党组织书记主持会议

通过对案例中有关协商能力、利益关联度以及协商规模的关键信息梳理，将案例所展现的协商质量按照前文建构的分析框架予以类型化整理，能够更加直观地看到在小规模协商范围内，协商系统质量如何受到利益关联度和协

商能力等因素的影响。为便于评估和比较，对5个农村社区协商实验案例所展现出的关键性过程和节点进行了结构化信息提取，包括基本情况介绍、交流强度及其效果（议题目的、发言情况、不同意见的交流情况等）、协商结果（达成过程）。其中，案例基本情况介绍主要针对与会代表利益关联度的考察，而交流强度及效果、协商结果的达成则主要针对与会代表协商能力的考察，用于整体评估协商参与的利益关联度和协商能力对高质量协商系统建设的具体影响。在这里要说明的一点是，依托前文建构的关联框架对上述案例所开展的协商质量评估，并不能对这5个村庄的整体协商质量作出绝对测量，而是只能表明这些村庄在特定议题方面所体现的协商质量，对前者的评判还需持续跟进和长期跟踪才能形成更科学的判断。

基于对社区协商系统质量建设分析框架的运用，依据在小规模协商范围内利益关联度和协商能力的实际运行情况，上述5个案例可以被大致分为3类，但在总体上均能将地方化的协商形态与政策性的协商要求实现合理且有效的转换。[①] 具体而言，首先，案例1和案例2可以被归为高协商能力—高利益关联型的高质量协商系统；其次，案例3可以被归为高协商能力—低利益关联型的中质量协商系统；最后，案例4和案例5可以被归为低协商能力—高利益关联型的中质量协商系统（见图10-2）。详细比较如下。

第一，对案例1和案例2所开展的小规模协商的考察显示，这两个协商案例参与的利益关联度和协商能力相对而言均较为突出，符合高协商能力—高利益关联型协商系统。具体而言，一方面，从利益关联度来看，基本情况中案例1的D社区所涉及的议题为引资入村，该议题关涉到全体村民的利益，而与会代表也基本覆盖了全体村民。类似地，案例2的C社区的议题是足球场（综合文化苑）项目建设，尽管从直接受益方来看只涉及3个村民小组，但由于文化场地的功能，也对全村其他村民有一定影响。而从与会代表的参与类型来看，既涵盖了利益直接相关的村民小组组长，也邀请了其他间接利益相关方，在人员设置上较为合适。

另一方面，就协商能力而言，交流强度和效果以及协商结果达成这两个主要过程，主要考察了协商参与人员在认知能力、沟通能力、包容程度、公

[①] 张大维：《找回协商：从历史和田野中发现商量与家国转换——兼对"深度中国农村调查"的分析》，《中国农村研究》2022年第1期。

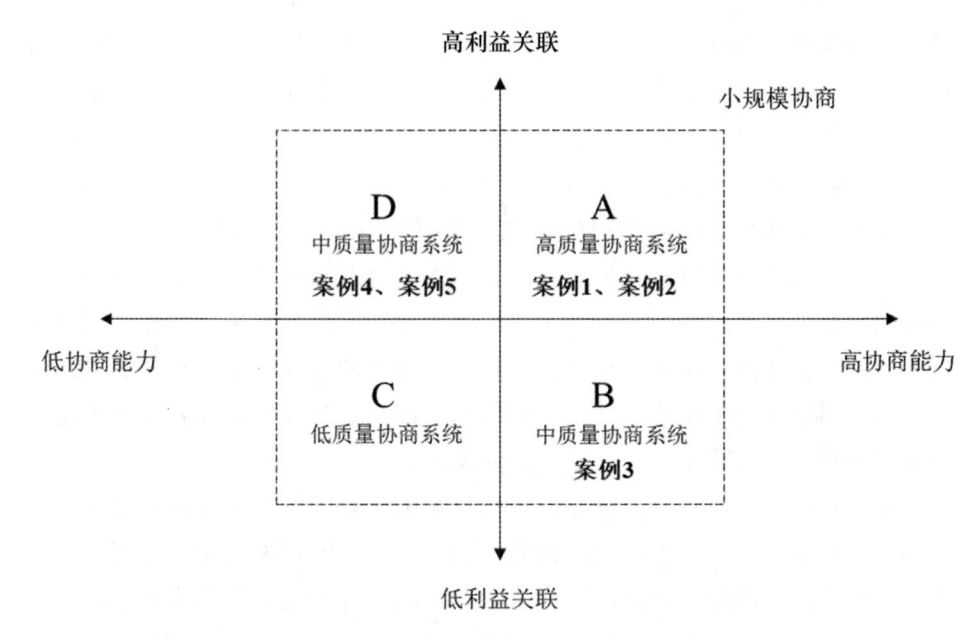

```
                      高利益关联
                          ↑
                          │       小规模协商
        ┌─────────────────┼─────────────────┐
        │                 │                 │
        │       D         │       A         │
        │  中质量协商系统   │   高质量协商系统  │
        │  案例4、案例5    │   案例1、案例2   │
        │                 │                 │
  低协商能力 ─────────────┼───────────────── 高协商能力
        │                 │                 │
        │       C         │       B         │
        │   低质量协商系统  │  中质量协商系统   │
        │                 │    案例3         │
        │                 │                 │
        └─────────────────┼─────────────────┘
                          │
                          ↓
                      低利益关联
```

图 10-2　农村社区协商实验案例对应的协商系统质量类型

平理性等方面的协商能力，从而能否有效推动民意的连续性表达与实现[①]。从案例呈现出发，案例1D社区的与会代表针对企业入村的议题在热烈的讨论氛围中形成了包括直接利益相关方在内的大约10次主要发言，针对的全部与村民实际需求相关，并形成了3种不同意见，也都得到了继续讨论。同时，社区和政府人员也就各位代表的发言进行了针对性回应，并就主要意见进行了3次表决，最终达成了同意企业进村的结论性共识和后续共识。从中可以看出，从代表主动发言次数到形成的主要不同意见都展现了与会代表对自身利益的关切，尽管部分代表提议对企业提出了相对过分的要求，但从代表的最终表决情况看，全体代表的认知能力、沟通能力、包容程度、公平理性等方面都体现出较强的协商能力，协商氛围十分热烈，全体达成的后续共识也为企业入村提供了制度化解决问题的协商渠道。

　　而案例2C社区的与会代表们也围绕足球场地建设的议题，有包括直接利益相关方在内的约11次主要发言，并形成了3种不同意见，均与大家的直接利益相关，并得到了后续讨论。政府和社区人员也作出了具体解释和说明，

---

① 刘建军、张远：《论全过程人民民主》，《社会政策研究》2021年第4期。

引导大家就相关意见开展了 4 次表决，其中 1 次因代表讨论过于激烈而没有达成一致。但最终代表还是同意项目建设，也达成了后续协商的共识。从中可以看出，与会代表的讨论过程也十分热烈，并且就足球场地的建设提出了各种现实问题，其中因牵涉到部分群体间的利益矛盾，还一度忽视了社区方面提出的表决程序。但最终，代表还是回归了协商程序，在认知能力、沟通能力、包容程度、公平理性方面有较强的协商能力，后续共识也为接下来存在的村民需求问题和场地费用问题提供了继续协商的渠道。综上可知，两个案例总体上为高协商能力—高利益关联型的高协商系统。

第二，对案例 3 所开展的小规模协商的考察显示，该案例在协商能力方面表现较强，但是缺少了关键的直接利益相关方，符合高协商能力—低利益关联型协商系统。具体而言，一方面，从协商能力来看，案例 3Z 社区的议题主要针对辖区内水果市场的电网升级改造。而与会代表也在热烈的讨论氛围中围绕议题提供了大约 6 次的主要发言，并形成了 2 种主要不同意见。尽管代表的主要发言次数和形成的不同意见都略低于前述两个案例，但是依旧清晰反映出代表对自身利益的考量，包括电网升级改造的集体资金投入，以及对相关利益受损方予以的关照。政府和社区人员也对大家关切利益问题予以了回应，并组织了 3 次表决，其中关于集体资产的使用问题还进行了复议。最终一致同意项目开工，并就集体资产的使用问题达成了后续协商的共识。从中不难看出，与会代表在认知能力、沟通能力、包容程度、公平理性方面都有较好的协商能力，尤其是对电网改造的看法十分务实，紧盯集体资产的分配问题，甚至在电网改造的直接利益受损方未到场的情况下，有代表愿意为其利益进行辩护。但与此同时，与电网改造存在直接利益联系的村民并未与会是一大遗憾。

另一方面，从协商参与的利益相关方来看，尽管议题仅涉及 4 个村民小组，但因涉及经费是全村集体资产，与会代表作为间接利益相关者对该议题拥有发言权。可问题在于协商过程缺少直接利益相关方，他们是电网升级改造中利益受损的一方，但并未有一人被邀请参会，这直接导致本次协商结论有可能不被直接利益相关方认可，也使得此次协商效果打了折扣。综上可知，该案例总体上为高协商能力—低利益关联型的中质量协商系统。

第三，对案例 4 和案例 5 所开展的小规模协商的考察显示，这两个案例在参与协商的利益关联度上表现较好，但是缺乏必要的协商能力，符合中协商能力—高利益关联型协商系统。一方面，从协商参与的利益关联度来看，案例4X社区针对的是高标准农田改造项目下的沟渠硬化问题，涉及沟渠硬化所在的3个村民小组，而与会代表中相关村民小组长也全部在席。案例5D社区的议题是公共环境整治，涉及社区所有楼栋楼道卫生和道路的小型车辆管理，与会代表主要包括楼栋长代表和居民代表，因而基本涵盖了直接与间接的利益相关方。

另一方面，从协商能力来看，案例4的X社区的与会代表尽管也能就自身利益进行协商讨论，但是从6次主要发言所形成的3种方案来看，与会对沟渠硬化的问题尽管有持续性的讨论，社区和政府也就大家关切的资金来源问题进行了详细解释，但推进过程中阻力较为明显，也没有完全得出令大家满意的结果，相当一部分代表对于硬化的资金来源仍希望完全由政府来负担，尽管第3次表决显示过半数同意由政府、村民小组和村民三方出资，但同意人数远不及全部由政府出资的方案。显然，与会代表对自己出资有一定的不妥协意愿，并且整个讨论氛围较为平淡，相对缺乏协商的积极性。因此从协商能力来看，代表们在沟通态度以及包容性上还有所欠缺。

而案例5D社区从协商过程看，也有5次主要发言，形成了2类与楼栋清洁和车辆管理有关的不同意见，社区也进行了较有针对性的回应。但与会代表的讨论过程不长，大家并没有对不同意见展开讨论，导致主持人在推进议程方面进展有限，只得提出总结性方案，便较快形成了执行方案。从中可以看出与会代表在对议题的认知方面并不存在问题，但在沟通和表达的积极性方面还有所欠缺，真实反映了村庄治理主体关系之间的现实张力[①]；同时，也由于讨论过程有限而难以就包容性和公平性进行分析，因而也体现为协商能力相对不足的问题。综上所述，这两个案例总体上为低协商能力—高利益关联型的中质量协商系统。

[①] 赵树凯：《乡村治理的百年探索：理念与体系》，《山东大学学报》（哲学社会科学版）2021年第4期。

四 结论与讨论:迈向乡村振兴的高质量协商

从以上分析可以看出,5个协商案例中的2个构成了高质量协商系统,3个构成了中质量协商系统,这表明我国形成有较高质量的协商系统样板。在当前的乡村振兴中,要稳步推广高质量协商系统经验,提升中质量协商系统,避免低质量协商系统,充分发挥协商民主的独特价值,为推进乡村产业发展、提升基础设施和公共服务水平、改善农村人居环境等的乡村振兴工作激活更多治理效能。结合本章对协商质量建设的分析框架看,可以得出以下基本结论及其相关的延伸讨论

第一,协商系统建设与主体协商能力联系密切,应以发展协商能力为高质量协商系统建设的首要任务。值得注意的是,一段时间以来,协商研究或协商实践中不同程度地存在着对主体协商能力的忽视,主要表现为在行政力量推动下借用协商机制之名将农村乃至乡镇范围内的不同主体纳入简单会商。该做法从主体结构上看的确符合多元共治的广泛性要求,然而结合实际调研可以发现,其问题在于,我国多数农村地区治理资源的分散化、边缘化特征相对明显,普通农民群体的综合素质相对处于较低水平,其协商能力相较于村干部或是乡贤精英等存在显著差异。而协商能力的不足使其在参与协商过程中极大可能存在着认知能力、沟通能力、包容程度、公平理性等方面的弱势甚至是障碍,而这一问题便可能使前述所谓多元主体协商结构向少数村干部或精英群体的单一主体结构回归,从而造成协商失灵,或是名义上的协商过程,与协商民主制度化的初衷产生一定背离。但这也是目前我国协商议事建设进程中必须面对的问题和必经的发展阶段,需要在乡村振兴的重点工作推进中持续深化,稳步创新。

由此可见,提升农村不同主体的协商能力,实现协商高质量发展,是当前乃至今后一段时间的重要任务之一。一方面,提升协商能力的要求是以农村社区居民有机会参与到协商系统为出发点的,而农村开展协商活动所要求的协商能力不应存在所谓"准入门槛",只要对议题和观点在认知能力、沟通能力、包容程度、公平理性方面拥有基本素养便可以参与到农村公共事务的协商讨论中。同时,培育农村社区参与主体的协商能力也绝不是为了将其培

训成协商专家，筑起协商门槛，使协商再次变为"少数人的游戏"。另一方面，提升参与主体协商能力也需要农村社区协商实践有真用、起实效。代表发言能否真正获得讨论并影响结果、协商成果能否真正落实到位、关涉群体利益能否真正得到保护或提升，这些问题既是协商质量和效果的重要内容，同时也是鼓励和引导农村社区居民参与协商实践的关键动力。

　　第二，实现利益聚合和利益代表的制度化创设是发展高质量协商系统的重要环节。从一般认知来看，主体的利益关联度针对特定事件是客观存在的，也会影响协商质量，但其是否会被选定为协商参与主体却是不确定的，这就需要有制度保障。从基层协商实践出发，协商中参与主体的利益关联度与制度的创新设计密不可分，即能针对不同事项以制度化手段合理安排利益相关方参与协商，以科学的制度安排将不同程度的利益相关者纳入议事协商之中，这样才能保证协商高质量。无论是从理论还是从具体评估过程看，利益关联度都很大程度地影响到协商质量，缺失利益相关方参与的协商，其代表性也必然会受到质疑和挑战，所达成的"共识"也只会显得徒劳无功，这也将会对当前乡村振兴背景下各项工作的开展增添更多的制度性弊病。

　　因此而来，当前高质量协商系统的建设必须要把确保利益关联度的制度创设作为重要环节。结合案例来看，上述 5 个协商案例尽管多数在利益关联度方面都有较为不错的表现，但由于案例中多数议题的设置范围基本上覆盖了全社区，因而对于直接或间接利益相关方的评判也较为模糊。但从近年来的学术研究和实践案例中可以发现，对利益相关方的重视是各地在协商民主机制创新中的重要取向，这也是由于各地在协商实践中发现了以村民（代表）大会为主的议事形式在村民利益聚合和代表上的一定局限性。因此可以确定的是，对利益相关方的考察将是高质量协商建设的核心课题之一。一方面，应继续通过制度建设强化村民利益表达的协商渠道，强化村民利益的聚合和代表过程，及时解决各类矛盾纠纷；另一方面，当协商议题针对特定群体或特定范围时，协商机制或程序能够依据不同利益群体合理选人、灵活应变则是接下来需要继续考察和评估的重点方向。

　　第三，小规模协商具有继续发展和突破的可能。从理论上看，小规模协商（Mini-Publics）的自身优势表现为，便于组织操作，群众基础较好，可以充分议事，因此在公众视野中更有利于实现协商民主的核心承诺，即集体决策的合法性。同时，小规模的协商主体往往有相对更少的认知偏见，更有利

第十章　乡村振兴中的协商能力、利益关联度与发展高质量协商　207

于针对问题本身展开讨论。但与大规模的协商相比，小规模协商也存在代表性可能不足的风险，同时能力上也未必像精英式协商。[①] 因此，在农村范围开展较大规模协商从理论上看也同样存在自身优势。然而，结合本章分析框架回归现实场域中不难发现，大规模协商需要主体相对更高的协商能力，对协商主题也要存在更为广泛的利益关联，相较于小规模协商有着更高的条件要求，因而在我国农村实践中相对较少，但随着今后乡村人口比例的重新调和以及人口素质的整体提升，大规模协商或许也能成为今后乡村治理创新发展的可行方向。

与此同时，从当前我国协商实践和协商系统理论的视角出发，还应看到小规模协商存在继续突破的可能。目前农村社区的小规模协商实践主要表现为小规模的正式协商，即在规定场所、由特定主体参与特定议题的协商形式。而在更大范围内开展非正式协商——突破场所、主体和议题的限制，以非正式形式开展更为广泛的协商实验，并与正式协商相结合，搭建有效的衔接机制——便能够在更大范围反映公众意愿的同时避免正式协商的偏激化趋向，同时也更大层面地鼓励群众参与，使农村问题更加直接地由村民协商，为高质量协商系统的构建提供了新的发展方向。

第四，中国农村社区的协商实验既提示我们可以关注协商系统理论的积极成分，同时本土化实践也反过来拓展和优化了国际上新兴的协商系统理论。一方面，通过对协商实验的分析发现，协商系统理论中关于广义协商的认识、要素标准的把握、优势治理的理念、能动沟通的特性等对于当前我国农村社区协商实践有一定启示意义。对于当前我国乡村振兴的协商探索而言，关注其提出的非正式协商也很重要，协商系统包括协商主体、场所、实体、传播、转化和执行要素等观点。尤其注意发挥不同参与主体的议事优势，以及利益关联的能动效应，并将这些优势理念应用于考察我国协商的具体实践中，进一步发挥和激活乡村振兴中各参与要素的优势潜能和特点特长，[②] 进而持续推动我国农村社区协商机制的创新和发展，为乡村振兴实践持续稳定地输入治

---

① 参见 Dryzek J. S. and S. Niemeyer, *Foundations and Frontiers of Deliberative Governance*, New York: Oxford University Press, 2010, pp. 156 – 162。

② 张大维:《优势治理：政府主导、农民主体与乡村振兴路径》,《山东社会科学》2018 年第 11 期。

理动能，以高质量协商系统推进乡村振兴的高质量发展。另一方面，立足我国农村社区协商实验所关注到的协商能力、利益关联度等变量对协商质量的影响，并由此建立的分析框架，将我国本土的协商经验与协商系统理论相联结，能够进一步从中国视野下拓展协商系统研究，从而丰富并完善协商系统理论，弥补西方研究关注的不足，成为具有一般意义上的理论视角，并进一步转化为具有本土特色的协商理论，拓宽本土化生长空间。

第七篇

特色协商：中国式协商

第十一章

党领群议：协商系统中社区治理的引领式协商[①]

党的十八大以来，我国提出了推进协商民主广泛多层制度化发展方略，要求积极开展基层民主协商。党的十八届三中全会明确把推进协商民主广泛多层制度化发展作为我国政治体制改革的重要内容。党的十九大进而提出，要发挥社会主义协商民主重要作用，统筹推进包括基层协商在内的七个方面的协商。党的十九届四中全会进一步强调，要坚持社会主义协商民主的独特优势，统筹推进"七大协商"。随着基层的城乡社区建设和社区治理现代化的需要日益迫切，作为治理重要手段的社区协商越来越受到政界学界关注。

一 中国社区协商的模式讨论与问题提出

2015年以后，中央先后印发了一系列关于加强协商民主建设的政策文件。在城乡社区协商方面，2015年中办、国办《关于加强城乡社区协商的实施意见》、2017年《中共中央 国务院关于加强和完善城乡社区治理的意见》、2018年《中共中央 国务院关于实施乡村振兴战略的意见》和2019年中办、国办《关于加强和改进乡村治理的指导意见》等均明确提出了城乡社区协商的原则和任务等内容。而基层社区协商究竟如何开展，应该采用怎样的模式

[①] 本章以《党领群议：协商系统中社区治理的引领式协商——以天长市"1+N+X"社区协商实验为例》为题，发表于《中州学刊》2020年第10期。

仍然是当前中国特色协商民主建设的重要话题。

已有研究认为，中国的社区协商主要有四种模式。一是权威性协商。其主要是从体制意义上的概括，强调协商过程中带有集权性的特征。[①] 该观点带有西方视角来看中国实践，引发学界的诸多争论，认为其并没有把握中国基层协商的特点和实质。二是行政式协商。其是在与权威性协商模式的对话中产生的，侧重指政府主导式协商，强调政府在基层协商中发挥着重要的主导作用。[②] 该观点虽然其对权威性协商提出了反驳，但还尚未给予深入论证。三是引导式协商。其是对权威性的改良，强调协商过程中乡村权威对协商过程的引导。[③] 该模式没有摆脱权威性特征，也较难反映中国化特质。四是包容性协商。其一方面是对中国农村蕴含的传统协商智慧的概括，[④] 另一方面则强调了中国特色协商与西方协商系统的话语衔接，注重协商系统六要素的全面包容性特质，是对中国城乡社区协商模式已有概括的突破，更多地体现为中西概念的通约性和中西对话的共振性。另外，已有研究中也有从具体实践形式上概括出协商的类型，例如，在城市社区中，协商类型主要概括为党领群治联动型、政社协同共建型、政群平等对话型、社群精准议事型等四种协商类型。[⑤] 在农村社区中主要归纳为党领群治型、政社互动型、村/居民议事型、多元共治型等四种。[⑥] 实质上，这些都可以归入上述四种模式中。总体来看，以上模式概括还较难从一般意义上阐释中国特色的党领导下的社区协商模式及其运行机理。

社区协商作为社区治理和社会治理的重要手段，在实践中如何开展是有基本原则遵循的。《关于加强城乡社区协商的实施意见》中，规定的基本原则

[①] 参见 Baogang He and Mark E. Warren, "Authoritarian Deliberation: The Deliberative Turn in Chinese Political Development", *Perspectives on Politics*, Vol. 9, No. 2, 2011, pp. 269 – 289。

[②] 参见 Hushing Tan, "Deliberative Democracy in China: A Sociology of Knowledge Perspective", *Economic and Political Studies*, Vol. 1, No. 1, 2013, pp. 156 – 177。

[③] 李华胤、张海超：《权威引导式协商：新时代乡村善治的有效形式及运行机制——以天长市"7+X"协商委员会为例》，《广西大学学报》（哲学社会科学版）2020年第1期。

[④] 魏晨、李华胤：《包容性协商：农村公共产品的共享机制及内在逻辑——基于传统时期豫南楚铺村的深度调查》，《中国西部》2020年第4期。

[⑤] 陈荣卓、李梦兰：《政社互动视角下城市社区协商实践创新的差异性和趋势性研究——基于2013—2015年度"中国社区治理十大创新成果"的案例分析》，《中共中央党校学报》2017年第3期。

[⑥] 杨中艳：《党领群治：十八大以来农村社区协商的经验成效与路径优化》，《社会主义研究》2016年第4期。

首先就是坚持党的领导，充分发挥村（社区）党组织在基层协商中的领导核心作用。党的十九届四中全会提出，必须加强和创新社会治理，完善"七位一体"的社会治理体系。民主协商被新纳入社会治理体系中表述，置于党委领导、政府负责之后和社会协同、公众参与之前，显然离不开党委领导。而城乡社区作为社会治理的基本单元，理应遵循"七位一体"的社会治理体系要求，既要坚持基层群众自治制度，依法实行包括民主协商的"五个民主"，又要在党的领导下丰富有事好商量、众人的事情由众人商量的制度化实践。①在现实中，中国城乡社区也出现了具有代表性的此类实践的成功模式。作为我国从 2018 年开始推进的全国第一批 48 个农村社区治理实验区之一，尤其是作为全国 5 个以社区协商为主题的实验区之一的安徽省天长市，创设了在全市范围内推广的城乡社区"1＋N＋X"协商委员会议事，为以上问题提供了注解。那么，在城乡社区治理中，本章关注的重点问题是：如何既坚持党的领导，又体现民主协商；是否有党组织领导，民主协商就会流于形式；社区协商中如何来体现党的引领以实现融合，这种特色的社区协商究竟是一种什么模式便是本章的问题意识。

二　"带回"学研究范式与政党嵌入协商

从 20 世纪中后期尤其是 1985 年"回归国家"学派开始兴起，与治理相关且较有影响的"带回"学研究逐渐发展并形成了六种范式。第一，以斯考切波（Skocpol）、埃文斯（Evans）、鲁施迈耶（Rueschemeyer）等人为代表的"把国家带回社会"范式。② 其强调对行为主义范式进行反思，从集中研究人的行为又重新回到国家主题，但将国家视为具有独立意志的行为主体，逐步趋向于研究国家与社会的关系。第二，以克拉克（Clark）、蒂乔特

---

① 《中共中央关于坚持和完善中国特色社会主义制度、推进国家治理体系和治理能力现代化若干重大问题的决定》，载《〈中共中央关于坚持和完善中国特色社会主义制度、推进国家治理体系和治理能力现代化若干重大问题的决定〉辅导读本》，人民出版社 2019 年版，第 1—47 页。

② 参见 Evans P., Rueschemeyer D and Skocpol T., eds., *Bringing the State Back In*, New York and Cambridge: Cambridge University Press, 1985。

（Teachout）等人为代表的"把决策带到社区"范式。[①] 其强调重新发现社区，把决策带回家园，避免自上而下的政治决策而取代公民协商，提出了"慢速民主"的概念，即不是要求开更长时间的会议，而应该赋予居民和社区更多的社区参与协商权，要授权社区决策。第三，以戈斯（Goss）、巴恩斯（Barnes）、罗斯（Rose）等人为代表的"把组织带入行为"范式。其强调要让组织回归，因为当下对组织在政策运作和个人行为间的作用关注不够，组织作为二者的中间变量，发挥着非常重要的作用。[②] 第四，以阿切蒂（Accetti）、库拉托等人为代表的"将政党带入协商"范式。2017年，阿切蒂在《美国政治科学评论》上发表的《政党民主危机：认知动员与使政党变得更加协商的案例》一文中指出当今西方政党危机的现实，提出了以政党协商来解困的路径。[③] 库拉托等人通过三个机构改革的例子说明如何能够改变目前的政治安排，论述了政治和权力变革所需要的3个协商条件，即加强公众监督机构、走向协商的媒体，以及政党协商。[④] 其认为，政党仍是协商政治的有效机构，需要找回政党的协商作用。原因有三：一是只有政党才能在公共空间和授权空间之间建立起纵向联系，并在相互竞争的问题之间建立起横向联系；[⑤] 二是政党是在其成员之间形成意见和在更广泛的协商系统中制定议程的重要组织空间，可以充当"值得其政治信任的政治专门知识的载体"；[⑥] 三是政党为选举制度中的失败者重新理解局势提供了"关键组织场所"。[⑦]

[①] 参见 Susan Clark and Woden Teachout, *Slow Democracy: Rediscovering Community, Bringing Decision Making Back Home*, White River Junction, VT: Chelsea Green Publishing, 2012。

[②] 参见 Kristin A. Goss, Carolyn Barnes and Deondra Rose, "Bringing Organizations Back In: Multilevel Feedback Effects on Individual Civic Inclusion", *Policy Studies Journal*, Vol. 47, No. 2, 2019, pp. 451–470。

[③] 参见 Accetti Carlo-Invernizzi and Fabio Wolkenstein, "The Crisis of Party Democracy, Cognitive Mobilization, and the Case for Making Parties More Deliberative", *American Political Science Review*, Vol. 111, No. 1, 2017, pp. 97–109。

[④] 参见 Nicole Curato, Marit Hammond and John B. Min., *Power in Deliberative Democracy: Norms, Forums, Systems*, Switzerland: Palgrave Macmillan, 2019。

[⑤] 参见 Teorell Jan, "A Deliberative Defence of Intra-Party Democracy", *Party Politics*, Vol. 5, No. 3, 1999, pp. 363–382。

[⑥] 参见 Martin Ebeling and Fabio Wolkenstein, "Exercising Deliberative Agency in Deliberative Systems", *Political Studies*, Vol. 66, No. 3, 2018, pp. 635–650。

[⑦] 参见 Mansbridge Jane, "Using Power/Fighting Power: The Polity", in Seyla Benhabib (ed.), *Democracy and Difference: Contesting the Boundaries of the Political*, Princeton: Princeton University Press, 1996, pp. 46–66。

由此看来,"带回"学研究已在国际学术界产生了重要影响并开始形成分析范式,其近来尤其关注政党带入协商的研究。与前四种范式不同的是,第五种范式主要由中国学者根据中国实际提出。这种范式虽然将焦点放在了政党上,但与第四种不同,它并没有强调将政党视角带入协商,而是以景跃进[①]、钟准[②]等为代表的"将政党带进框架"范式。当前该范式主要有两种分析路径。一是将政党纳入国家与社会的分析框架。景跃进认为,国家与社会分析框架在中国场景下的具体运用始终伴随着不同维度的反思,政党的位置差异深刻影响了国家与社会关系的性质,将政党纳入二维框架中进行调适是符合中国国情的学术创新。二是将政党纳入外交与政策的分析框架,钟准认为,政党在对外政策中的作用常被国际关系研究忽视。通过比较八个国家的案例,他归纳了六种政党制度下政党对外交政策的影响,认为重新重视政党和其所在的政党制度有利于更好地解释主要大国的对外政策。第六种范式是"将政党带回社会"范式。无论是传统的政党组织社会框架,还是近来的政党引领社会[③]、政党链接社会[④]等框架,其均强调政党嵌入基层社会的重要以及如何实现有效衔接的问题,强调党的引领作用。

综上可见,在国外,政党的协商作用虽然被加以强调,但政党内部协商及其改革问题更为人所关注。一方面,西方已有研究强调政党协商的重要,但少有涉及政党是如何嵌入社区并影响社区协商的;另一方面,一些研究虽然开始触及社区层面的协商,但尚没有论及政党在社区协商中的角色和嵌入机制。具有代表性的是 2019 年雅拉姆(Ramya)等人在《美国政治科学评论》上发文分析了世界上最大协商机构之一——印度国家授权的村民大会(gram sabhas)的运行情况的分析。其阐释了印度农村社区"清谈会"式的议会表达、女性参与等问题,[⑤] 但并没有关注"政党视角带入社区协商"的问

[①] 景跃进:《将政党带进来——国家与社会关系范畴的反思与重构》,《探索与争鸣》2019 年第 8 期。

[②] 钟准:《把政党找回来——政党与对外政策》,《世界经济与政治》2019 年第 2 期。

[③] 田先红:《政党如何引领社会?——后单位时代的基层党组织与社会之间关系分析》,《开放时代》2020 年第 2 期。

[④] 吴晓林:《党如何链接社会:城市社区党建的主体补位与社会建构》,《学术月刊》2020 年第 5 期。

[⑤] 参见 Ramya Parthasarathy, Vijayendra Rao and Nethra Palaniswamy, "Deliberative Democracy in an Unequal World: A Text-As-Data Study of South India's Village Assemblies", *American Political Science Review*, Vol. 113, No. 3, 2019, pp. 623–640。

题。在国内，关于政党协商早在1989年就有人研究，我国在政策实践中也强调党在协商中的地位和社区协商，但到目前为止，少有学者以"政党视角带入社区协商"来概括中国独特的协商模式，"政党视角带入社区协商"如何实现以及是否为真协商的相关研究比较缺乏。这就需要进一步讨论两个问题：一是"将政党视角带入协商"是如何在社区体现的，由此分析得出的中国特色的引领式协商模式的具体形态；二是党的引领和政党嵌入群众议事是否能保证协商过程的真实性和代表性，是否还是彻底的、真实的协商，是否能够打破西方所认为的中国是"权威性协商"的传说。

三　政党视角带入社区群议与引领式协商

中国具有将政党视角带入协商的传统。中华人民共和国成立以来，我国形成了中国共产党领导的多党合作和政治协商制度。近年来，在社会协商中出现了强调群众协商、忽视政党介入的声音。实际上，社会协商依然离不开政党。将"政党视角带入协商"在中国基层的典型实践是将"政党视角带入社区群议"。党的领导和群众议事相结合是新时代城乡社区善治的有效途径。群众路线是我们党的生命线和根本工作路线，也是党的领导方法和工作方法，其强调"从群众中来，到群众中去"。党的十九大提出"把党的群众路线贯彻到治国理政全部活动之中"是坚持和发展中国特色社会主义的14条基本方略之一。党的十九届四中全会指出我国国家制度和国家治理体系的13个显著优势，其中前两个就是坚持党的集中统一领导和坚持人民当家作主。这充分体现了党的领导与人民民主的统一。在基层，新时代完善社区协商和居民自治就是通过党的领导和群众议事相结合来实现的，既要领导引导，又要尊重民意。

本章所说的"党领群议"和将"政党视角带入社区群议"，更多的是指将政党视角带入群众议事和社区协商过程当中，让中国共产党处于领导和引领位置但又不干预正常的协商行为的平等对话过程。这种范式并不是停留在理念上的空想，而是基于现有实践并结合理论评估的概括。在实践中，天长市的社区协商实验就是这种代表。天长市作为2017年年底确定的全国第一批国家级的农村社区治理实验区之一，以其"社区协商"主题和成效而得到各界认可。2018年天长市先在15个镇街16个社区开展试点，2019年在全市所有174个城乡社区推广，截至2020年年初，全市累计协商事项就达3226起，成为全省和全国的社区协商示范。其模式主要是通过在城乡社区建立"1+N+X"协商委员会及其网格化架构而创造的引领式协商，而这种党建引领式协商模式也是通过试错而逐步形成的。

起初，社区协商委员会设计为"7+X"结构。2018年试点时，天长市组建的是"7+X"社区协商委员会组织结构。其主体成员一般为7名，设主任1名，委员6名。这7名社区协商委员会主体成员须经村（居）民代表会议推选并表决通过。总体上，协商委员会主任一般应由城乡社区党组织书记或村（居）民委员会主任兼任，其余6名主体成员一般从城乡社区"两委"成员、村（居）务监督委员会、村（居）民小组、"两代表一委员"、驻社区单位、基层社会组织、农村集体经济新组织等7类人员中推选产生。"X"为相关利益方，根据具体事项应邀参与协商。通过一年的试点实验，各城乡社区对这种组织结构反对的声音较大，7名固定成员难以及时召集，社区干部不支持、不配合，群众不理解、不认可，普遍反映不适合基层实际。

之后，社区协商委员会调整为"1+N+X"框架（见表11-1）。经过大量调研和征求意见，天长市将社区协商委员会从试点的"7+X"模式调整为现在的"1+N+X"模式，把"7"调整为"1+N"，即将以前固定的7个具体人调整为上述规定的7类人员。总体上，"1"是指城乡社区党组织书记或村（居）民小组中党组织负责人，根据不同层级的协商，分别由他们兼任协商委员会主任，发挥领导或引导作用。"N"为7类人员，建立健全7类人员数据库，以这7类人员作为具有相对稳定性和代表性的主体人员，经村（居）民代表会议表决通过。"X"为相关利益方，具有开放性，每一项协商事项都有不同的利益方，根据情况酌情确定人选，充分体现多方群众参与。每开展一次协商，组建一个协商委员会，既体现党的引领，又体现广泛代表；每一件协商事项结束后，主体成员保留，其他的"X"自动解散。

表 11-1　　　　　　天长市"1+N+X"党建引领式协商模式

乡镇	1	N	X	辅助机制
郑集镇	社区党组织书记任协商委员会主任	社区"两委"成员、社区监督委员会成员、专业社工和社会组织成员、居民代表、"两代表一委员"、辖区单位代表、专业人士（经济、建筑、法律）等7类人员，建立7类人员信息库。针对具体事项，组织相对应的协商成员参与	协商事项利益相关方	协商从议题采集、交办、办理、公示、评议"五步五单"逐步优化为"六步六单"，增加了党员议事会等对议题的"审定"环节
大通镇	社区党组织书记及其他"两委"成员为主干；注重关键环节，党员议事会"审定"议题代表性	几方面具有广泛代表性和一定口碑和议事能力的乡贤能人组成的协商委员会成员，相对固定；根据所议事的涉及面和重要性，部分参加或全部参加	具体协商事项直接利益相关人	
秦栏镇	村党组织书记兼任协商委员会主任；各小组建立子协商委员会，党员任组长	社区和小组构建网格化协商委员会，N的成员类型相对固定；一是种养大户、家庭农场、专业合作社等新经济组织、公益慈善组织、红白理事会等新社会组织；二是"五老"人员、乡贤能人等	根据实际邀请户代表、乡村医生、乡村教师、种养大户、无职党员、外来人员代表等利益相关方	
张铺镇	村/社区党组织书记是协商的中间人、主持人	村"两委"成员、监督委员会成员、社会组织成员、村民代表、"两代表一委员"、辖区单位代表、专业人士等7类人员	"五老"人员、乡贤能人，及相关利益方	协商从议题采集、交办、办理、公示、评议"五步五单"逐步优化为"六步六单"，增加了党员议事会等对议题的"审定"环节
金集镇	村党组织书记任协商委员会主任	村"两委"成员、"两代表一委员"以及部分"两新"组织负责人、"五老"人员和乡贤能人等相对固定人员	利益相关方	

"1+N+X"组织架构及其辅助的相关机制（如"六步六单"）整体运行规范系统，收到了良好效果。目前，这个组织架构已广泛运用到全市城乡社区的小组、片区、社区和乡镇等多个治理层面，涉及公共事务、基础设施、乡风文明、公共服务、权益保护等多类事项，建立了协商事项参考目录，促进了社区善治的形成，在全国产生了较大反响，在考评中获得了民政部专家组的认可。以前很多村（居）民没有办法为自己代言，只能靠村（居）民代表、党代表替其说话；现在村（居）民可以直接参与协商对话，为自己代言。如当地某社区党总支书记认为，"看似小微调，1+N=7，但其既体现了引领性、方向性，又表现为开放式、包容式，灵活易做，符合基层实际，不增加基层负担，社区容易接受，村（居）民满意度高"。

之所以说天长市党建引领的协商或者说党的引领式协商构成了一种社区协商模式，不仅是因为它形成了固定的结构、规范、程序和体系，具备了特定的细节、结构、过程和效能,[1] 产生了较大影响，符合了党领导的民主协商特质，更因为它是一种真实的协商，符合国际通用考察协商质量和能力的要素。

四 衡量协商系统质量和能力的要素特征

评判引领式协商模式是否保证了协商质量和能力，首先需要明确一般性协商系统的能力或质量要素是什么以及具有怎样的标准。可以说，一个协商系统只有具备较高程度的协商质量和能力，其结构容纳的协商才具有真实性和包容性。协商系统作为第四代协商民主的最新概念和理论标识是由曼斯布里奇提出的，她在定义时只是意识到协商系统由多元构成及其相互连接的方式，并没有完全解释和论述协商系统的组成部分或构成要素。较早详细分解协商系统要素的当数德雷泽克，他提出了一个普遍适用和广泛多元的计划方

---

[1] 唐娟、谢靖阳：《城市社区协商民主的细节：结构、过程与效能——基于深圳市Y社区居民议事会的考察》，《社会政策研究》2019年第4期。

案。① 其指出，任何不同类型的协商系统都是可能的，但都包含一些相对固定的组成要素，总体上有以下六个主要部分②。

第一，公共空间（Public space）。最理想的空间是自由和广泛的社区，没有任何障碍限制人与人之间的交流，也很少有法律限制人们可以说什么或不说什么。对这些空间的贡献可以来自政治家、倡导者、活动家、媒体人及普通公民。这些地点可以是人们聚集和交谈的实际场所（如咖啡馆、教室、酒吧、广场等），也可以是听证会、公民论坛，甚至是网络论坛，人们在这个空间可以自由而广泛地展开辩论。公共空间"不受限制的沟通"不像授权空间受到时间和程序的限制，公共空间的功能是发现问题，通过提问来控制行政权力，并激发民主的冲动。③

第二，授权空间（Empowered space）。这一空间或称赋权空间，指有权做出集体决策的机构或进行协商的地方。这个机构可能是立法机构、国家的决策委员会、内阁、法院，或者经授权的利益相关者的对话空间、国际组织和社区组织的谈判空间等。这里的机构或空间不需要正式建立和授权，因而产生集体结果的非正式网络也可以构成授权空间。授权空间除了正式的方式，也可以采取产生集体结果的网络形式，或代表其利益相关方作出决定的空间形式。

第三，传播（Transmission）。传播是公共空间协商活动对授权空间协商活动产生影响的手段。其相关机制可以包括社会活动、宣传表演、提出论点、思想倡导和相关的文化变革，以及公共空间和授权空间行为者之间的跨界联系。其使命可以是倡导、批评、质疑、支持，或者四者的结合。传播机制将公共空间与授权空间的话语联系起来，其具有连接性特征，④ 媒体报道甚至官

---

① 参见 John S. Dryzek, "Democratization as Deliberative Capacity Building", *Comparative Political Studies*, Vol. 42, No. 11, 2009, pp. 379–402。

② 参见 John S. Dryzek, *Foundations and Frontiers of Deliberative Governance*, Oxford: Oxford University Press, 2010, pp. 11–13。

③ 参见 Habermas Jürgen, *Between Facts and Norms Contributions to a Discourse Theory of Law and Democracy*, Trans. by William Rehg, Cambridge: The MIT Press, 1996, p. 308。

④ 参见 Mendonça Ricardo Fabrino, "Mitigating Systemic Dangers: The Role of Connectivity Inducers in a Deliberative System", *Critical Policy Studies*, Vol. 10, No. 2, 2016, pp. 171–190。

员宣讲都可以作为传播机制。①

第四，问责制（Accountability）。问责制即授权空间回应公共空间的责任制度。当涉及确保集体成果的协商合法性时，问责是必要的。例如，竞选活动和对决策做公开的解释等是重要的问责机制。问责可以通过定期选举、市民大会、实况调查和媒体监督等各种形式。如果权力所有者对公共领域的问题做出回应并为所采取的行动提供理由，协商系统就能发挥作用。

第五，元协商（Meta-deliberation）。元协商指的是协商系统本身应该如何组织的问题。协商人员不应坚持认为协商民主的每一个实践都是协商的，而应该坚持认为每一个实践在某一时刻都应该使协商正当化。② 一个健康的协商系统是一个必要时有能力进行自我检查和自我转变的系统。③ 作为一种促进协商系统自我组织的机制，元协商必须把公众的公共空间和决策的授权空间连接起来。

第六，决断力（Decisiveness）。其指上述五个要素共同决定集体决策内容的程度。库拉托认为，协商系统必须是决定性的。如果当局通过法令进行统治，或者权力集中在实际上对公众就某一问题达成的共识拥有否决权的行为者手中，那么协商就发挥不了真正的作用。一个协商系统只有在集体决策反映协商的认知质量和公共话语转变的情况下才能获得合法性。④

从对这些构成部分的描述可见，一个完整成熟的协商系统不仅需要六个核心要素，而且具有相应的特征和测量的标准，即分别为公共空间及其开放性、授权空间及其灵活性、传播及其连接性、问责制及其回应性、元协商及其组织性、决断力及其自主性。

---

① 参见 Boswell John, Carolyn Hendriks, and Selen Ercan, "Message Received? Examining Transmission in Deliberative Systems", *Critical Policy Studies*, Vol. 10, No. 3, 2016, pp. 263 – 283。

② 参见 Thompson Dennis, "Deliberative Democratic Theory and Empirical Political Science", *Annual Review of Political Science*, Vol. 11, No. 1, 2008, pp. 497 – 520。

③ 参见 John S. Dryzek, *Foundations and Frontiers of Deliberative Governance*, Oxford: Oxford University Press, 2010, pp. 11 – 13。

④ 参见 Kuyper, Jonathan, "Democratic Deliberation in the Modern World: The Systemic Turn", *Critical Review: A Journal of Politics and Society*, Vol. 27, No. 1, 2015, pp. 49 – 63。

五　天长市引领式协商的"协商性"识别

　　判断天长市引领式协商模式是否具有协商性，即是否具备协商系统的质量和能力体现出的真实性和包容性，需要对其六要素及其标准进行验证。天长市"1＋N＋X"的社区协商实验除在组织架构上独具特色外，其整体运行是在一定的辅助机制下完成的。从步骤和过程上讲，其设计的"六步六单"协商流程是从试点时的"五步五单"的试错中优化而来，既体现了党的引领，也保证了协商质量。

　　一方面，"六步六单"协商流程强调了党的引领，提升了协商能力，避免了走弯路，提高了协商效率。起初的"五步五单"是议题采集、交办、办理、公示、评议等五步，分别对应五张表单。之后，为了保障议题具有充分的代表性并满足相应的条件，流程中增加了党员议事会、村"两委"会等对议题的"审定"环节，即变为议题采集、审定、交办、办理、公示、评议等六步，分别对应六张表单。审定步骤主要是解决议题要不要、可不可协商，是否具有代表性、条件性等问题。党组织从总体上把关，对目前无法办理的事项说明议题暂不协商或条件不成熟的理由。这一改变得到了基层的拥护。例如，金集镇采用村级党组织"把关"的做法筛选出协商议题，议题是否代表民意、是否应该进入协商都要由村级党组织召开会议研究决定，以使协商的内容真正能够反映民意。访谈中，金集镇井亭村党支部书记认为，"村级党组织就是'总闸口'，一个议题协不协商，关键是看其是不是有代表性，是不是反映多数村民的诉求，村党支部书记要把好这个关"。

　　另一方面，"六步六单"协商流程凸显了群众议事，提高了协商质量，避免了权威干扰，增强了协商信度。"1＋N＋X"的人员构成和协商流程都会由村（居）民代表大会进行原则性规定。通常情况下，各社区都会制定协商议事章程，由村民代表大会投票通过，一般规定社区"两委"干部在协商委员会中不超过1/3，普通事项协商主体不少于15人，较大事项不少于21人，保证协商人员的广泛性和代表性。"六步六单"保障了党的引领，同时又不影响协商的具体操作，其协商过程仍然具有真实性和代表性，增强了群众议事协商的程序性和效益性。例如，访谈中，大通镇便西村已卸任的村委会主任感慨道："有了协商，让群众参与议事，事情办得明白，透亮。以前"两张皮"，现在一张皮。以前群众看着干部做，现在因为群众提前参与了，就主动配合多了，出现矛盾也能理解，民意顺了，事儿就好办了。"

从以上分析可以看出，天长市引领式协商模式不仅与国际前沿理论和实践实验中阐释的协商系统六要素具有较高的契合度，而且从特征上看也具有较高的吻合度（见表11-2）。这不仅丰富了协商民主的国际理论，也超越了协商系统理论的已有概括，呈现出中国特色的基层协商模式。

表11-2　天长市引领式协商的协商系统要素构成及其特性比对

现实运作	要素契合度		特征吻合度	
	标准要素	有无构成	标准特征	达标程度
协商可以在封闭的室内空间，也可以在开放的室外空间；可在田间地头、村/居民家中，也可在协商议事厅、议事亭、议事长廊；可以在社区，也可以在小组	公共空间	有	开放性	很高
村（居）民代表会议表决通过协商的七类人员（N）；党员议事会、村"两委会"或扩大会"审定"议题要不要、可不可协商；确认反馈的协商结果并跟踪督办	授权空间	有	灵活性	高
各环节广泛宣传告知协商流程；党员议事日、意见箱，党小组、村/居民组会议，群众通过电话或口头等方式提出议题；群众通过微信、QQ等方式传播全过程	传播	有	连接性	很高
村（居）民监督委员会是较固定的协商人员，全程监督；可以邀请媒体参加；在协商区域内或新媒体设立执行监督专栏；按随时及时、月季年等开展结果评议	问责制	有	回应性	较高

续表

现实运作	要素契合度		特征吻合度	
	标准要素	有无构成	标准特征	达标程度
确定协商中"N+X"的具体成员；协商需要在哪个层面上展开；是否需要进行多次协商；协商由谁来主持；是否需要邀请专家、律师、官员、乡贤，或第三方	元协商	有	组织性	高
可以达成一致协商结果，也可以几次均未协商成功；自主对协商结果在原协商区域内张榜、村/居务公开栏或新媒体等公示，按随时及时、月季年等形式开展	决断力	有	自主性	较高

六　基本结论与启示借鉴

以天长市为代表的国家级社区协商实验区创造的引领式协商模式，既为我们分析中国特色的城乡社区协商模式提供了一个新视角，也为中国学术走向国际对话打开了一个新窗口。通过研究可以得出以下基本结论和启示借鉴。

第一，中国城乡社区形成了一种区别于西方和国内已有概括的引领式协商模式。天长市作为全国农村社区治理和城乡社区协商实验的先行地区，通过试错创设了"1+N+X"协商组织及其辅助的"六步六单"协商流程、分支网格化协商单元等协商治理方法，其突出的特点是将"政党视角带入群议"，实现了"党领群议"，即党的领导与群众议事的有效均衡。引领式协商模式是指中国共产党引领群众议事，以潜移默化、润物细无声的方式领导协商于决策之前和决策实施之中，淡化"裁判"角色而不干涉正常协商行为的参与式治理方式。其呈现出的协商系统要素及其特征打破了西方所谓的权威性协商之说，也不同于既有关于社区协商模式的具体表述，是一种符合中国特色的广义概括。它不仅延续了政治协商的中国共产党领导的既有传统，也拓展了党的群众工作方法；既坚持了党的领导，又体现了民主协商。其民主协商并没有流于形式，而是体现了党的领导和群众议事的完美融合。

第二，中国城乡社区的引领式协商模式是可以与国际最新协商民主理论对话的。引领式协商既体现了中国特色，也能够与国际交流。国际上的协商民主理论发展到当下第四代的协商系统理论阶段，不仅拓展了协商民主的形式范围，而且明确了协商民主的系统要素，更提出了协商民主的质量标准，对协商民主的"协商性"及其表现出的真实性、代表性、重要性等更具有区分度。以天长市为代表的中国城乡社区的引领式协商模式，不仅体现了将政党视角带入群议以实现了党的领导、从群众中来到群众中去的群众工作方法等中国特色，而且也体现了国际理论前沿中协商系统所内含的公共空间、授权空间、传播、问责制、元协商、决断力等六要素，尤其是体现了各要素分别具有的开放性、灵活性、畅通性、回应性、组织性、自主性等特征，具有较高的协商民主质量辨识度，有利于"中国模式""中国经验""中国故事"向世界传播，也拓展了国际学术的交流空间。

第三，将政党视角带入群议并没有改变协商的本质，反而提升了社区协商系统的能力。党建引领没有改变协商群议的民主性，如德雷泽克和史蒂文森所说，从协商民主的角度来看，只要协商反映了包容性和真实的对话，响应了所有受影响各方的需要，即使是权威性决定也被认为是合法的和有效的。[①] 在实践中，尽管存在党员干部主持和引领协商，但他们并不会去主导和裁判协商，而且协商委员会中的"N+X"具有广泛的代表性保证，其总体上其具有较大的包容性。党的领导虽然存在于社区协商中，但并不影响协商过程的真实性。一方面，党的介入主要是对议题进入正式协商前的审定，是解决议题要不要、可不可协商的问题，判断其代表性、条件性和合法性等问题，避免做无用功；另一方面，党员干部在协商过程中，往往扮演着政策解读、知识普及、信息通报、沟通反馈的角色，有利于协商决策的科学性，提高了协商效率，提升了协商能力。

由此看来，中国的城乡社区治理既要运用好社区协商这个抓手，还要探索完善本土特色的引领式协商方式。一方面，协商民主在城乡社区具有广阔的运用空间，其已成为社区善治的重要手段，要大力发展社区协商。在城乡社区实践中，社区协商需要广泛多层系统化发展。另一方面，要重视将政党

---

① 参见 Dryzek J. and Stevenson H., "Global Democracy and Earth System Governance", *Ecological Economics*, Vol. 70, No. 11, 2011, pp. 1865 – 1874。

视角带入群众议事,让中国共产党引领社区协商,在新时代不断创新我们党的群众工作方法。这里需要注意,党的引领首先要保证党员干部对新协商观的正确认识,不能"当外行"和"乱指挥"。本土化的协商系统论强调协商不仅包括正式协商,还包括非正式协商。其层级上既可以在小组、片区,也可以在社区、乡镇;其形式上既可以是正式会议、圆桌讨论、对话辩论,也可以是日常谈话、现场议事、网络表达;其场所既可以在会议室、办公楼、议事厅,也可以在田间地头、干群家中、房前屋后;其人员构成既可以有党员干部、民间精英、普通居民,也可以有政府官员、专家学者、媒体记者。另外,社区协商既要多方参与、多元联动,又要发挥各自的特长优势;[1] 既要发挥社区精英在协商议事中的作用,更应发挥党员干部在协商治理中的作用。[2] 党员干部只有准确理解协商,才能正确地引领群议和协商。

---

[1] 张大维、赵彦静:《"三社联动"中社会工作的专业缺位与补位》,《中州学刊》2017 年第 10 期。

[2] 王自亮等:《基层社会民主化进程中的精英行动——以温岭市民主恳谈会为案例》,《社会政策研究》2017 年第 2 期。

第十二章

引领式协商：协商系统中党领导自治的基层治理新发展①

一 党领导下结构视角的村民自治与过程视角的协商自治

中国共产党能够永葆活力，其中一条重要原因就是，"不断总结经验、提高本领，不断提高应对风险、迎接挑战、化险为夷的能力水平"②。也因此，推进国家治理体系和治理能力现代化的过程在我国鲜明地体现为政党主导这一显著特征。③ 基层治理作为国家治理体系的重要组成部分，也一直是党建工作始终关注的话题。其中，基层自治在党的领导下的实践已经形成了不少经验、典型和模式，理论也在不断丰富、创新和发展。

回顾党领导自治方面的已有研究，学界主要是从结构视角对党和自治的关系进行阐释，以党领导下的国家权力与乡村社会之间的互动为时间线索，主要分为政党下乡、政权悬浮和资源反哺等三个阶段。首先，在政党下乡阶段，徐勇指出，村民自治的产生是伴随着政权下乡和政党下乡之后民主下乡的结果，从中反映出一种持续不断地将乡村社会整合进国家体系，保持农民

---

① 本章由张大维、赵益晨以《引领式协商：协商系统理论下党领导自治的新发展——以广西宜州木寨村为例》为题，发表于《湖湘论坛》2021年第5期。
② 习近平：《在党史学习教育动员大会上的讲话》，《求是》2021年第7期。
③ 唐皇凤：《百年大党有效领导经济社会发展的历史进程和基本经验》，《武汉大学学报》（哲学社会科学版）2021年第2期。

对国家认同的过程。① 但同时，正因为村民自治属于党领导下的国家体制内的组成部分，也不可避免地出现行政抑制自治的问题，村民委员会在党政意志的主导下逐渐行政化。② 其次，在政权悬浮阶段，周飞舟指出，由于农业税的取消，这一阶段基层政权与农民的关系从过去的汲取型演变为悬浮型，③ 而魏小换等人的研究也发现，同时期党组织在村民自治的领导能力、服务能力等方面日趋弱化。④ 随着近十年党和国家的战略重心向农村地区转移，乡村成为发展和建设的重点领域，党领导的国家治理与村民自治的关系也迎来了资源反哺的新阶段。最后，在资源反哺阶段，对党领导自治的研究集中表现为优势补充、机制衔接和功能分类这三种观点。一是优势补充层面。章文光等人指出当政党意志通过国家权力重新下沉至乡村社会时，国家权力与村民自治的互动并未出现互斥，反而形成了"共栖"关系。⑤ 张大维从农民角度切入，提出在乡村振兴中既要强调政府主导，也要发挥农民的主体优势和内在潜力以激发更多治理活力。⑥ 而吴晓林等人则从社区党建入手，认为党的强组织能力一方面能以低成本撬动自治效能，⑦ 另一方面也能提供必要的主体补位和社会建构。⑧ 二是机制衔接层面，王伟进等人从历史传统出发，认为要把握好自治传统和现代政府角色之间的机制衔接。⑨ 徐建宇主张可将党组织下沉嵌入村

---

① 参见徐勇《国家化、农民性和乡村整合》，江苏人民出版社2019年版，第103—104页。
② 徐勇、赵德健：《找回自治：对村民自治有效实现形式的探索》，《华中师范大学学报》（人文社会科学版）2014年第4期。
③ 周飞舟：《从汲取型政权到"悬浮型"政权——税费改革对国家与农民关系之影响》，《社会学研究》2006年第3期。
④ 魏小换、吴长春：《当前村级党组织功能弱化的表现及其逻辑——基于湖北H村调查》，《甘肃理论学刊》2013年第3期。
⑤ 章文光、刘丽莉：《精准扶贫背景下国家权力与村民自治的"共栖"》，《政治学研究》2020年第3期。
⑥ 张大维：《优势治理：政府主导、农民主体与乡村振兴路径》，《山东社会科学》2018年第11期。
⑦ 吴晓林、谢伊云：《强组织的低成本撬动：党建引领城市基层群众自治制度效能转化的机制》，《广西师范大学学报》（哲学社会科学版）2021年第1期。
⑧ 吴晓林：《党如何链接社会：城市社区党建的主体补位与社会建构》，《学术月刊》2020年第5期。
⑨ 王伟进、陆杰华：《自治与管控——我国乡村治理的传统、影响因素与适用条件》，《浙江社会科学》2020年第12期。

民自治实现功能整合。① 韦少雄发现创新机制建设利于实现党群间良性互动。② 张明皓等人的研究则整合了前述观点，认为应厘清党建和自治的边界，并推进机制整合和组织嵌入，以最终实现三治结合的目标。③ 三是功能分类层面，毛一敬指出要将行政服务、政治任务和自治事务分别归于政府、党组织和村委会这三类主体，实现均衡发展。④ 徐勇则提出应将地方政府、基层党组织和群众在统一框架下分类整合继而优化自治实践。⑤

基于前述研究可知：首先，村民自治实践一直以来都在党的领导下得以发展和壮大的，因而党的领导与村民自治是可以共同发展的；其次，随着党和国家的战略重心不断向农村倾斜，党对自治实践的功能性认知也从政治整合、社会整合逐步向基层治理演变，这促使村民自治在现阶段有了更丰富的实践内涵和研究空间；最后，从治理层面考察党对自治的领导，前述结构视角的研究多从权力互动、主体优势、机制嵌套等方面展开论述，但同时该视角在一定程度上弱化了对党领导自治具体过程的考察。

因此，在已有的结构视角基础上，进一步从过程视角来分析党对自治的领导何以提升基层治理能力是本章试图深入探讨的话题，并将协商过程作为观察党领导自治的主要切入点。之所以选择协商过程进行考察，是因为协商民主一方面属于村民自治实践的重要组成形式，其实际价值蕴含在村民自治过程之中⑥；另一方面也在自治实践中发挥着破解基层非对称参与格局⑦、激活和吸纳社会力量的社会治理效能。⑧ 正如习近平总书记所指出的，"在人民

---

① 徐建宇：《村庄党建嵌入村民自治的功能实现机制：一种实践的主张——基于上海J村"巷邻坊"党建服务点的分析》，《南京农业大学学报》（社会科学版）2018年第5期。
② 韦少雄：《村域基层党建创新与村民自治有效实现——基于广西河池市"党群共治"模式的分析》，《求实》2016年第8期。
③ 张明皓、豆书龙：《党建引领"三治结合"：机制构建、内在张力与优化向度》，《南京农业大学学报》（社会科学版）2021年第1期。
④ 毛一敬：《分类治之：村民自治与国家嵌入的平衡机制与逻辑》，《中共福建省委党校（福建行政学院）学报》2020年第6期。
⑤ 徐勇：《国家化、农民性与乡村整合》，江苏人民出版社2019年版，第107页。
⑥ 王婷、李景平、方建斌：《协商民主：村民自治过程中廉政治理的生长点》，《西北农林科技大学学报》（社会科学版）2018年第1期。
⑦ 付建军、张春满：《从悬浮到协商：我国地方社会治理创新的模式转型》，《中国行政管理》2017年第1期。
⑧ 姚远、任羽中：《"激活"与"吸纳"的互动——走向协商民主的中国社会治理模式》，《北京大学学报》（哲学社会科学版）2013年第2期。

内部各方面广泛商量的过程，就是发扬民主、集思广益的过程。这样做起来，国家治理和社会治理才能具有深厚基础，也才能凝聚起强大力量"①。

针对过程视角，已有研究主要从运行特性与要素构成两方面对协商过程进行了考察。一方面，从运行特性看，唐娟等人认为结构和过程的规范性有利于协商效能的提升。② 党亚飞等人依据协商过程的利益需求和治理成本不同划分出四类协商单元类型。③ 李华胤等人从协商过程的权威整合、主体参与和程序完善等方面归纳出权威引领式协商。④ 另一方面，从要素构成看，陈亮等人提出了协商过程中话语和议题契合度的问题。⑤ 韩志明从主体、对象、制度和成果对协商过程予以了分析。⑥ 杨中艳从具体协商程序分析了党组织的领导机制。⑦ 张大维等人利用协商系统理论依据协商质量⑧、特征表现⑨、要素组成⑩、社区能力⑪等方面对协商过程予以了考察，不仅提出了"党领群议"的"引领式协商"模式，还进一步构建了"要素—程序—规则"高质量协商系统评量和发展框架。⑫

---

① 习近平：《在庆祝中国人民政治协商会议成立 65 周年大会上的讲话》，《人民日报》2014 年 9 月 22 日第 2 版。

② 唐娟、谢靖阳：《城市社区协商民主的细节：结构、过程与效能——基于深圳市 Y 社区居民议事会的考察》，《社会政策研究》2019 年第 4 期。

③ 党亚飞、应小丽：《组织弹性与规则嵌入：农村协商治理单元的建构逻辑——基于天长市农村社区协商实验的过程分析》，《华中师范大学学报》（人文社会科学版）2020 年第 1 期。

④ 李华胤、张海超：《权威引导式协商：新时代乡村善治的有效形式及运行机制——以天长市"7+X"协商委员会为例》，《广西大学学报》（哲学社会科学版）2020 年第 1 期。

⑤ 陈亮、王彩波：《协商治理的运行逻辑与优化路径：一个基于"话语、公共主题与协商过程"的分析框架》，《理论与改革》2015 年第 4 期。

⑥ 韩志明：《基层协商民主的过程性叙事及其反思》，《河南社会科学》2018 年第 6 期。

⑦ 杨中艳：《党领群治：十八大以来农村社区协商的经验成效与路径优化》，《社会主义研究》2016 年第 4 期。

⑧ 张大维：《社区治理中协商系统的条件、类型与质量辨识——基于 6 个社区协商实验案例的比较》，《探索》2020 年第 6 期。

⑨ 张大维：《包容性协商：中国社区的协商系统模式与有效治理趋向——以天长市"11355"社区协商共治机制为例》，《行政论坛》2021 年第 1 期。

⑩ 张大维：《党领群议：协商系统中社区治理的引领式协商——以天长市"1+N+X"社区协商实验为例》，《中州学刊》2020 年第 10 期。

⑪ 张大维、赵益晨：《社区能力视角下协商系统实践的类型特征与发展趋向——基于全国首批最具代表性优秀社区工作法的比较》，《上海城市管理》2021 年第 2 期。

⑫ 张大维：《高质量协商如何达成：在要素—程序—规则中发展协商系统——兼对 5 个农村社区协商实验的评量》，《华中师范大学学报》（人文社会科学版）2021 年第 3 期。

综上所述，已有研究尽管触及了城乡居民自治中的协商过程，但还未较好回答在协商治理实践中党领导自治的内在机理这一关键问题。本章以中国村民自治发源地广西宜州木寨村的村民自治实践为研究对象，一方面，试图回答基于四十年的村民自治发展历程，宜州的自治实践拓展出的协商自治新经验是什么；另一方面，尝试在对其自治实践样态分类梳理的基础上，结合协商系统理论对党领导自治的机理予以阐释，并由此延伸出基层协商实践的治理价值和空间。

二 一体化协同：党建引领下木寨村村民自治的多元样态

1980年，现广西河池市宜州区屏南乡木寨村的村民自发选举产生了全国第一个村民委员会，村民自治从该地兴起，宜州便成为我国村民自治的发源地。四十年后，宜州入选全国首批乡村治理体系建设试点单位。木寨村就隶属于宜州区安马乡，在继承村民自治传统的基础上，不断创新乡村治理形式，先后荣获自治区"先进基层党组织"、自治区"五星级村党组织"、自治区"五星级村委会"、"全国文明村镇"等荣誉称号。该村的村民自治典型经验已被总结为"党领民办 群众自治"工作模式、"引、放、议、评"四步工作法，以及阳光议事六步法等，这些总结虽有特点但仍有拓展的空间。结合已有经验概括和笔者实地调研，本章试图从其村民自治的具体样态出发来提炼其新发展。通过整合木寨村村民自治经验做法的主要内容和具体流程，并依据木寨村村民自治实践的主体特征具体划分出三种样态，具体包括村下屯级自治、村屯多层自治以及社会组织自治（见表12-1）。

表12-1　　党建引领下木寨村村民自治的样态分类

样态类型	样态主体特征
样态1：村下屯级自治	党群理事会—户代表会议—屯务监事会的三方联动
样态2：村屯多层自治	村—屯—村民小组的多层双向互动
样态3：社会组织自治	党支部领导下的群体型社会组织自治

（一）村下屯级自治

木寨村的村下屯级自治是指自然村自治，屯的概念并非《中华人民共和国村民委员会组织法》规定的村民小组，后者在木寨村是指那些根据各屯内部历史演变所形成的更小的自治单元。屯级自治在木寨村，乃至河池市宜州区的自治实践中都占据着重要位置，这是由于宜州丘陵分布较为密集，自治单元的选择难免受到客观条件约束；同时，村民自治作为群众首创精神的产物，也必然会以利益关系和日常交往为自治纽带，从而把自然村作为相对集中的自治单元。也因此，在木寨村的自治实践中，屯级自治是最具特色和标志性的实践（见图12-1）。

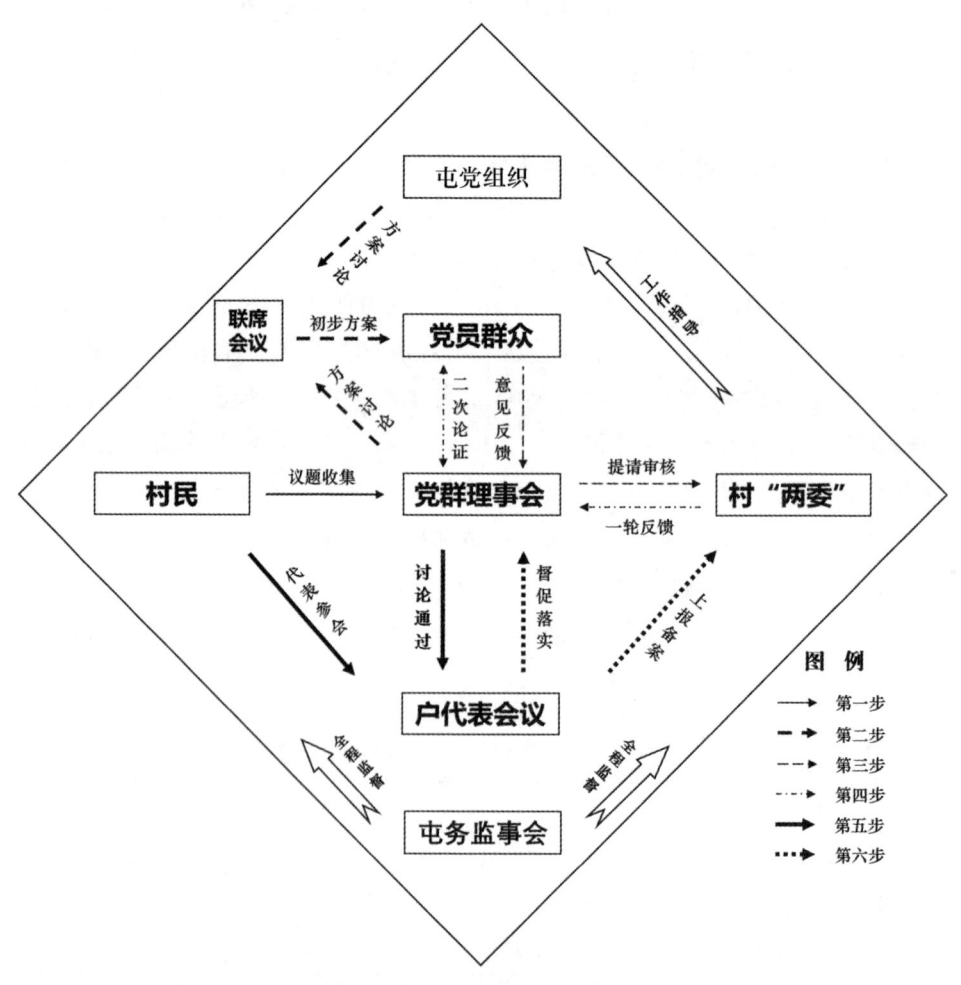

图12-1 木寨村屯级自治的民主议事程序：阳光议事六步法

就其内容来看,党群理事会的制度安排是屯级自治的关键组成部分。党群理事会是发挥主要管理职能的屯级自治组织。木寨村的 10 个屯中,有 7 个屯分别只有 1 个村民小组,理事会成员基于屯内直选,依票数高低依次当选为村民小组长和村民代表,并推选其中党员为党群理事长或副理事长,鼓励其与村民小组长、村民代表实现"一肩挑"。而另外 3 个屯由 4—5 个村民小组组成,首先通过村民小组组内直选,依票数高低依次当选为村民小组长和村民代表,然后召开新一届村民小组正、副组长会议,按屯级职数协商推举新一届党群理事会成员,鼓励"一肩挑"。这一制度创新将屯级党组织、村民小组长和村民代表整合为一个自治组织,使屯内的村民小组在屯级党组织的领导和村民代表的支持下有了更多能动空间;同时,理事会成员的屯级村民代表身份也赋予了党群理事会一定意义上的代议制特征——屯内的小问题可直接交由党群理事会自行商讨解决,而涉及利益相对更广、产生影响相对更大的议题则按照屯级协商议事程序予以讨论。上述两点的机制创新极大激发了屯级自治组织的实际执行能力。如访谈中某屯党支部书记所说,"以前屯里面的大事小事都得开大会,村民小组长不愿意,村民自己也烦,成立党群理事会后,小事情交给理事会决定即可,大事情再开大会"。

与此同时,作为屯级议事主体和监督主体的户代表会议和屯务监事会也在屯内相应组建,前者由每户选派至少一名代表与会组成,后者则由屯内村民推选产生并对村民负责。此二者与屯级党组织、党群理事会相结合形成了屯级民主议事程序——阳光议事六步法(见图 12 - 1)。将该议事程序进行拆解后可以简单划分出三个正式协商议事流程。流程一体现在第二步,即党群理事会把从村民处收集的议题交予屯级党组织召开联席会议共同协商,讨论出初步方案;流程二体现在第三和第四步,即屯内党员群众把初步方案的相关意见交予党群理事会,并形成第一轮方案,提请村"两委"审核并得到反馈后,由党群理事会与屯内党员群众再进行协商讨论并拿出该议题的最终方案;流程三体现在第五步,即党群理事会将最终方案交由户代表会议协商讨论,若通过则上报"村两委"备案并予以执行。在这三个协商议事流程中,屯务监事会成员要全程见证并监督(见表 12 - 2)。

表 12-2　　　　　阳关议事六步法中的主要协商流程和对应主体

协商议事流程	协商议事主体	监督主体
第一、二步	屯党组织—党群理事会	屯务监事会
第三、四步	党员群众—党群理事会	
第五、六步	党群理事会—户代表会	

（二）村屯多层自治

以屯级党群理事会为连接点，分别向上和向下延伸，可以看到木寨村更为立体化的村民自治图景（见图 12-2）。其中，由屯级党群理事会向上可以延伸到村级自治组织，包括了村民委员会（村级党组织）、村民代表会议以及村务监督委员会，与屯级党群理事会、户代表会议、屯务监事会刚好形成对应关系；同时，由党群理事会向下可以延伸至村民小组这一从人民公社时期演变而来的自治组织，主要用于处理小组内部集体经济和常规性公共事项。

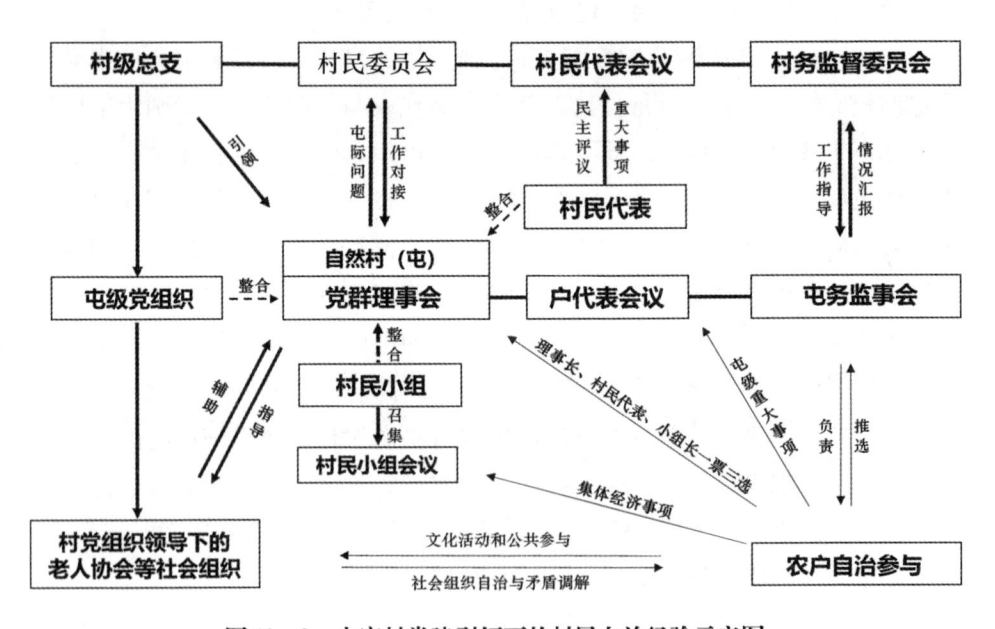

图 12-2　木寨村党建引领下的村民自治经验示意图

一方面，自上而下看，经组织整合、身份整合、职能整合之后的村屯自治组织体系从结构层面更加突出了党的领导作用。首先，村屯两级的党组织以民主选举形式与同级管理主体进行了组织整合。村级通过村"两委"换届选举实现了村党组织书记和村委会主任的"一肩挑"，而屯级则通过"一票三选"或"一票两选"的形式产生党群理事会成员，并推选其中党员担任理事长或副理事长。其次，以村民代表为衔接，将屯级党群理事会成员同村民代表会议成员进行了身份整合。如前文所述，因为所有当选的党群理事会成员即为本小组村民代表，因而可以直接代表村民小组参与村民代表会议开展协商议事，继而将屯级党群理事会成员与屯级村民代表的身份合为一体，党员便可在其中发挥更大作用。最后，村务监督委员会和屯务监事会实现了职能整合。从产生方式上看，村务监督委员会有相应文件规范了其产生方式和党组织的领导方式，[①] 而屯务监事会则属于屯内村民自发性推选产生的自治组织，并没有规范性指导意见。因此木寨村以监督职能为连接点，将村务监督委员会与屯务监事会的职能工作予以整合，屯务监事会除对村民负责外，还要定期接受村务监督委员会的工作指导并向其汇报工作情况，并由此实现了党对屯务监督工作的引领。

另一方面，自下而上看，各层级自治组织处理公共事务的过程层面实现了党领导下的协商议事多层联动。其一，是根据公共议题的涉及范围和重要程度形成了从村民小组、党群理事会、村"两委"的垂直联动协商机制。当公共事项能够在村民小组范围内处理时，便由村民小组长在组内召集户代表参与村民小组会议，按照村民间约定俗成的一般程序开展非正式协商解决；当议题牵涉多个村民小组或过于复杂，屯级党群理事会便有调解指导工作的相应义务，可按照相关程序开展协商讨论；同理，当议题涉及多个屯或在屯内难以解决时，便继续交由村民委员会、村民代表会议按照程序协商解决。这种自下而上的垂直联动协商机制既契合了问题解决的实际流程，同时也在不同层面的协商过程中发挥着党组织的领导作用。其二，是村民与党组织领导下的多层自治组织形成的协商互动机制。村民可根据实际需要向村民小组、党群理事会、村民委员会等不同层级的自治组织反映自身诉求；同时，村屯各级自治组织在党组织领导下可以通过不同职能有序参与到协商议事，推动

---

① 参见中共中央办公厅、国务院办公厅印发的《关于建立健全村务监督委员会的指导意见》。

结果达成和实施，回应村民相应诉求。

（三）社会组织自治

木寨村的社会组织发展得益于河池市宜州区的政策环境引导，其中木寨村老人协会的发展极富特色。老人协会设立的初衷主要是根据宜州区农村老龄人口较多、治理资源短缺的现实情况，用于整合村屯老年群体，实现老年互助、文娱带动的社会文化组织。而木寨村依托屯级老人协会的自治经验，逐步发展壮大为覆盖到全村老年人口的村级社会组织（见图12-3）。

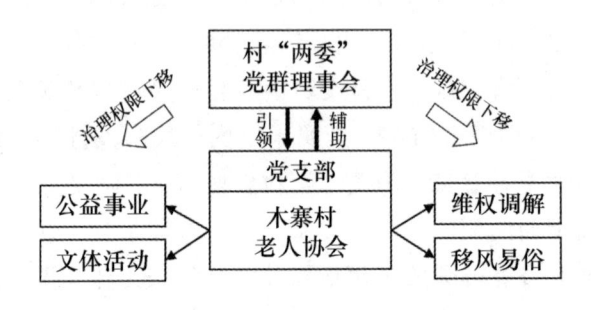

图12-3　木寨村老人协会工作开展示意图

该组织的特色之处在于，除通过自治形式开展老年人群体的日常文化活动外，在上级部门支持下成立了协会党支部，从而将部分的治理权限下移，提升了老人协会的相应治理能力。协会成立了以领导班子成员和优秀党员为成员的老年人维权调解小组，运用村民间约定俗成的议事程序协助村委会、屯级党群理事会实际参与涉及老年人相关利益财产纠纷或生活虐待等问题的协商过程，这在敬老爱老传统氛围浓厚的宜州地区农村中发挥了出色的治理成效。截至2019年，木寨村因老人引起的家庭财务纠纷或虐待老人事件全面消除。同时，除维权调解外，木寨村老人协会在党支部领导下带动村内老年人积极开展村庄公益事业和移风易俗活动，既为老年群体提供了发挥自身价值的空间，也取得了良好的治理效果。

综上可见，木寨村的自治实践尽管由不同主体特征呈现出多种自治样态，但通过对这三类样态大致梳理后不难发现两个共同之处。一方面，三类自治样态尽管也通过一系列机制建构出相对完整的自治组织体系，但自治组织体系的运转过程无一例外是通过协商来实现的。协商过程或是在规范化的正式制度内进行，又或是在非正式的临时性纠纷调解中出现，已成为村民自治在选举后民主实践的主要实现形式。另一方面，三类自治样态之间尽管层级不同，形式各异，但表现出鲜明的一体化协同特征，不同的自治样态在不同层级中发挥着重要作用的同时彼此之间还实现了有效衔接，而衔接的关键点就在于党组织主导作用的发挥。得益于木寨村在自治组织体系的制度设置上的优化和调整，在协商开展的过程中，党组织可以通过多种渠道广泛参与各类协商议程之中，并发挥着引领作用，进一步强化了党对自治的领导力。

根据以上两方面的总结，可以看出党组织在木寨村的协商自治方面发挥的重要作用，是对以往自治经验的继续突破和超越，值得借鉴推广。然而，不同地区的自治实践总有自身的发展阶段和独特之处，仅仅照抄未必能够起到相同的效果。那么，是否能够从木寨的经验做法中提炼出党有效领导自治的内在机理？由此，本章结合协商系统理论，试图还原木寨村协商自治实践的内在机理，并回答党在其中是如何发挥关键性领导作用的。

三 引领式信息交互：协商系统中党领导自治的机理探析

在总结并梳理了木寨村村民自治的经验做法后发现，党的领导作用确实可以通过村屯自治体系的结构性安排发挥引领作用，但更为重要的是，自治体系的运作主要通过协商自治实现了有效运转。所以，要深入考察党对自治的领导需要从过程层面逐步展开，深入解析其过程要素和具体环节。于是，本章选择将协商系统理论作为切入视角，便于直观地从过程视角考察党领导自治的实践进路。协商系统理论认为，协商的决策过程以及结果的合法性不在于某一个论坛或机构，而是在不同情况下由不同组成部分之间共同承担这一进程。[1]在协商系统理论的代表学者约翰·德雷泽克看来，协商系统具体包含了以下六种要素，即公共空间、授权空间、传播、问责、元协商和决断力（见表12-3）。

---

[1] 参见 J. Mansbridge, "A Systemic Approach to Deliberative Democracy", in J. Parkinson and J. Mansbridge, eds., *Deliberative Systems: Deliberative Democracy at the Large Scale*, New York, Cambridge University Press, 2012, p. 5。

表 12-3　　　　　　　　协商系统要素、内涵与举例①

协商系统要素	要素内涵阐释	举例
公共空间	理想状态下任意主体间在实际空间场所中可达成的无限制交流	街头巷尾、院前屋后等
授权空间	被授权的正式组织内的行为者之间开展协商，并明确作出集体决定的空间场所	委员会、协商议事会等
传播	协商信息从公共空间到授权空间的传递过程	各类信息传播媒介
问责	授权空间对公共空间的回应过程，确保集体协商结果的合法性	各类问责机制
元协商	协商系统中，一些话语和行为实体尽管并非完全具有协商特征，然而在某一特定的时间点上这些话语和行为实体能够为协商过程提供合理的发展线索②	日常与公共事务议程相关的话语/行为实体
决断力	协商议事的决策权是否真正由协商过程所决定还是受到其他权力的制约或影响③	以协商过程和结果为准的集体决策

结合木寨村的村民自治的经验做法，本章将协商系统的六要素进行关联性整合后发现，其中存在着明显的信息交互机制（见图12-4）。信息的概念一般意义上可以简单理解为话语表达，例如聊天群中的各种消息等。但在协商系统的语境下，信息被视为具有元协商特质的协商实体，简单来说，如同约翰·帕金森所言，就是一些既可以是规范化的、权威式的，也可以是经验的、感性的，共同构成了协商议题的话语线索的语句链。④

---

①　参见 J. S. Dryzek, *Foundations and Frontiers of Deliberative Governance*, Oxford: Oxford University Press, 2010, pp. 11-12。

②　参见 Dennis Thompson, "Deliberative Democratic Theory and Empirical Political Science", *Annual Review of Political Science*, Vol. 11, pp. 497-520。

③　参见 Jonathan Kuyper, "Democratic Deliberation in the Modern World: The Systemic Turn", *Critical Review: A Journal of Politics and Society*, 2015, Vol. 27, No. 1. pp. 49-63。

④　参见 John Parkinson, "Conceptualizing and Mapping the Deliberative Society", PSA 60th anniversary conference, Edinburgh, 2010。

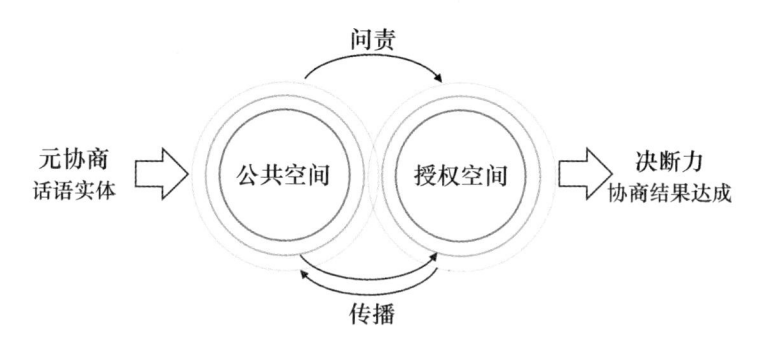

图12-4　协商系统中党领导基层自治的引领式信息交互机制

从理论上看，这些语句链尽管出现在日常讨论中，但因其是具备元协商特质的话语实体，从而在非协商性的一般场合中也间接产生了协商效果，在相对更加宏观的层面推进了协商进程，而这些日常话语的讨论过程自然理应被视为整个协商进程的一部分。[①] 这便是协商系统的重要理念。具体而言，一方面，日常讨论的信息背后所表现出的元协商特质能够更加合理地解释一些看似默契的正式协商过程。在公共空间中，具有元协商性质话语实体所蕴含的价值尽管不同于正式协商会议那样可以形成一个有效约定，然而，公民之间讨论公共事务的日常谈话却可以为正式的协商决策或是那些看似没有决策过程的集体行动埋下伏笔。[②] 另一方面，接受正式协商场域外存在的元协商话语实体，并纳入授权空间是对弱势群体意见的包容和尊重。对于弱势群体而言说，要么是因为不愿意在正式协商中承担发言带来的风险，要么是因为他们无法将自己的利益表达清楚，从而导致其在正式协商中往往缺少话语权。所以，一旦忽视了正式协商场所之外的话语实体，弱势群体的立场就有被遮蔽的可能。[③] 因此，在协商系统的信息交互机制中，这些日常生活中具有元协商性质的语句链自然要作为公共空间和授权空间信息交互的重要实体，在公共空间与授权空间中形成良性互动，实现整套机制的运转。

[①] 参见 B. Tang, "Development and Prospects of Deliberative Democracy in China: The Dimensions of Deliberative Capacity Building", *Journal Of Chinese Political Science*, Vol. 19, No. 2, June 2014, pp. 115-132。

[②] 参见 J. Mansbridge, "Everyday Talk in Deliberative Systems", in S. Macedo ed., *Deliberative Politics: Essays on Democracy and Disagreement*, New York: Oxford University Press, 1999, p. 212。

[③] 参见 T. Rollo, "Everyday Deeds: Enactive Protest, Exit, and Silence in Deliberative Systems", *Political Theory*, Vol. 45, No. 5, 2017, pp. 587-609。

同样地，立足木寨村的村民自治实践，在协商系统视角下也可以理解为信息在各类机制中传递和互动的过程，即输入公共空间的一些具备元协商特质的话语实体基于问责制度和信息传播实现了与授权空间的信息交互，再经过授权空间一定的协商程序，达成了决断性共识的协商结果。这一过程既解释了协商系统视角下的信息交互机制，同时也阐明了木寨村村民自治中协商自治过程的运行逻辑。其中，党领导自治的关键就在于党组织能够从公共空间中识别那些具备元协商特质的话语实体，并引入授权空间。在此基础上，经过一定的合法程序使其成为具有授权性质的协商议题，再依托机制建设开展正式协商过程，以达成协商结果。由此，基于木寨村三种自治样态的具体实践流程进行分析，介于公共空间和授权空间的党组织在发挥着明显的引领式信息交互的作用（见图12-5）。

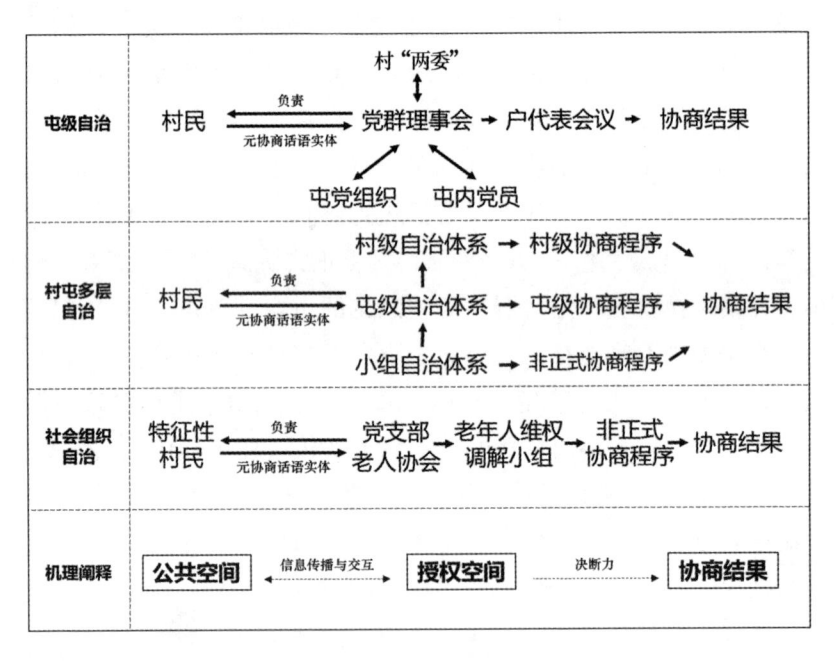

图12-5 协商系统中木寨村三类自治样态的引领式信息交互过程示意图

结合木寨村的三类自治样态来看。首先，对于屯级自治而言，阳光议事六步法已经十分明晰地展示了引领式信息交互的具体过程。村民诉求所表达的信息被党群理事会吸纳，然后经过与屯级党支部、屯内党员以及村委会的反复研讨，形成最终的协商议题，并交由户代表会开展正式协商，最终达成协商结果。其次，对于由屯级自治延伸出的村屯多层自治而言，同样有明显的引领式信息交互过程。一方面，村民可以根据自身需要将利益诉求或问题向村民小组、屯级党群理事会或村委会提出；另一方面，后者也可以在日常过程中收集并吸纳村民中的问题。之后通过各自协商程序予以开展，根据问题的复杂程度和波及范围形成了联动协商机制，并根据不同层次的协商程序开展议事流程并形成协商结果。其中，尽管党员人数难以覆盖村民小组，但由于村民小组正、副组长基本属于党群理事会成员，因而在村民小组的协商自治过程中自然会将难以解决的问题直接过渡到党群理事会协商解决；同时，村屯两级自治体系有更完善的制度和程序建设，党对自治的领导作用更加直接，自治过程相较于村民小组也更具主动性。最后，对老人协会这一社会组织而言，从公共空间关注并形成的协商议题有更加明显的群体特征，但其原理依旧相同，协会党支部领导下的维权调解小组在收集信息后，通过民间约定俗成的非正式协商程序主导或协同参与到相关问题的协商讨论中，并达成协商结果。

以协商系统理论下的引领式信息交互过程来透视木寨村这三类村民自治样态的协商自治过程可以发现，三类自治样态的协商自治在引领式信息交互中得到了更为完整的机理阐释，并能够进一步归纳为：党组织将元协商性质的话语实体在公共空间的传播引导至授权空间，在一定的协商程序中达成决断性共识的协商结果的过程。基于此，可将这种引领式信息交互的协商模式提炼为引领式协商。在这种引领式协商中，党对自治领导的关键在于从公共空间中识别具备元协商特质的话语实体，并引入授权空间的过程；同时，本章试图进一步论证，正是这一关键过程提升了党对基层的治理能力、强化了治理效能。

四 责任与授权：引领式协商中党领导自治的治理逻辑

基于前文的分析可知，引领式协商中党领导自治的关键环节在于从公共空间到授权空间形成引领式信息交互的过程，这既是协商自治的开端，也是党领导下的自治体系运作的起点。由此也引发了另一个需要解释的核心问题，党组织在引领式协商中究竟是如何发挥治理能力，又是如何产生治理效能的。要回答这一问题，就必须将党领导自治的过程聚焦在实现两类空间信息交互的这一关键环节上，该环节由两个关键要素——问责与传播构成。因而，以下将重点探讨这两个要素与基层治理之间的内在联系，并以责任和授权为切入开展分类解读，深入剖析引领式协商中党领导自治的双重治理逻辑。

（一）协商空间的责任性连接：巩固党组织主体地位

责任是现代政治实践的核心概念之一，责任政治是民主政治的有机组成部分，甚至可以被理解为民主政治的替代性概念，[①] 而问责与避责则是责任政治的一体两面。[②] 结合木寨村的自治实践来看，对于三类自治样态而言，对自治组织中党员的问责过程有着明显的双重性，一方面体现为来自自治的主体责任，而另一方面则来源于党员的政治责任。而正是这种双重性的问责过程和责任意识使得基层党员主动将公共空间与授权空间连接起来，作为支点巩固了党组织开展协商自治的主体地位，夯实了党的基层治理基础（见图12-6）。

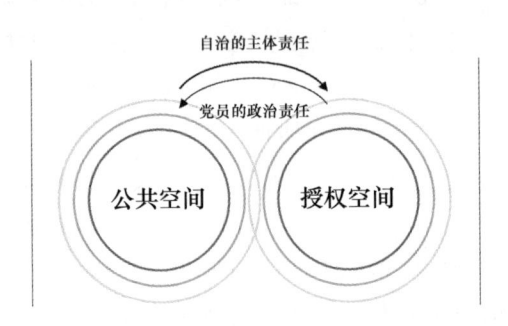

图12-6　引领式协商中党员的双重责任

一方面，从自治的主体责任出发，问责是基层民主实践的要件与前提。

[①] 张贤明：《论政治责任：民主理论的一个视角》，吉林大学出版社2000年版，第5页。
[②] 谷志军、陈科霖：《责任政治中的问责与避责互动逻辑研究》，《中国行政管理》2019年第6期。

已有研究提出了公职人员影响公众感知性偏好的相关因素,具体包括了公职人员倾听公民偏好的倾听能力、根据公民偏好调整决策的协调能力,以及为公众提供可信解释的回应能力等三个方面。[1] 而村民自治的民主选举过程促使党员必须学会倾听、协调以及回应等能力以改善公众的感知性偏好。只有在提升公众形象并通过民主选举的合法程序后,基层党员才有可能成为自治组织的核心成员。因此,必要的倾听、协同和回应能力是自治制度对党员履行公职责任的普遍性要求。而以引领式交互机制来解释木寨村的三种自治样态可以发现,对自治组织成员中的党员来说,他们均被要求能在公共空间中倾听并理解民众所具备元协商特征的话语实体,并在授权空间中适时地通过党内步骤协调转化为协商议题,再按照相应协商程序达成决断性的结果来回应民众意愿。而在此过程中,那些具有责任意识的公职人员同样能够将公共空间与授权空间连接起来,实现引领式信息交互的过程。正是基于这一点,木寨村在后备党员人才的挑选过程中,也十分注重考察在自治组织任职的非党员村民,通过吸纳这些党外人才来巩固党的执政基础。

另一方面,就党员的政治责任而言,问责无疑是落实党的路线方针政策和贯彻重大决策部署的重要保证。近年来,针对农村地区党和国家不断深入开展顶层设计,从脱贫攻坚到乡村振兴,从人居环境整治到乡村建设行动实施,每一步的政策推进都需要全党上下协调一致,从中央到地方层层落实。其中,农村党组织处在党的方针政策执行的最前沿,面对的是最为现实而复杂的脱贫问题和治理难题。而要落实好党的政策方针,肩负起党员的政治责任,就要求党员必须深入农村、深入基层。如同习近平总书记所强调的,"党支部和村委会的干部,生活在乡亲们中间,生产在乡亲们中间,整天同乡亲们打交道,党和政府的好政策能不能落到实处,他们的工作很关键"[2]。因而,要肩负起作为党员的政治责任,就要求基层党员必须主动从授权空间中主动融入公共空间中去,理解大家对党和国家政策的疑虑和问题,转化为可以在授权空间中去协商解决的出路和办法,在引领式协商中将党和国家的惠民政

---

[1] 参见 Esaiasson P., A. Kölln and S. Turper, "External Efficacy and Perceived Responsiveness—Similar but Distinct Concepts", *International Journal of Public Opinion Research*, Vol. 27, No. 3, 2015, pp. 432–445。

[2] 习近平:《在河北省阜平县考察扶贫开发工作时的讲话》,《求是》2021年第4期。

策变为群众真实可感的发展成就。

虽然在引领式协商中公共空间与授权空间的信息交互并非必然连接的，但要实现这一连接过程，身为党员的自治组织成员既要履行自治的主体责任，倾听公共空间并通过授权空间的法定议事程序予以回应，也要承担起党员的政治责任，主动从授权空间中融入公共空间，把问题带回授权空间通过协商程序逐步解决。而这一连接过程无疑是确立党在协商自治中的领导作用的关键支点，同时也必然是党组织夯实治理基础、提升治理能力的重要前提。

（二）协商空间的授权式围拢：延伸党组织治理半径

授权这一概念存在不同解释，或是由人民委托代理的立法授权，或是简单理解为国家授权。[①] 而在我国的具体实践中，由于党以人民根本利益为本的执政基础决定了其执政的合法性地位，[②] 因而除上述两种对授权的解释外，党组织也存在一定的授权形式。结合木寨村的自治实践，这种授权形式在上述公共空间和授权空间的传播过程既体现在村屯等自治单元，也体现在老人协会这种自治性质的社会组织之中。而透过协商系统可知，这种授权形式本质上是一种基于党组织内部传播实体互联的授权空间的下沉。而在引领式协商中，正是木寨村党组织的授权形式拉近了授权空间与公共空间的时空距离，使得协商系统中的两类空间逐步围拢，从而延伸了党组织的协商治理半径。具体来看，有以下两方面的作用。

一方面，党对自治单元的授权实现了党的领导与自治过程的有机融合。从政策背景看，党和国家对村民自治的规范只限定在了行政村一级，这既为行政村以下自治形式的创新实践开辟了空间，但同时也考验着在行政村以下党对自治的领导能力。而木寨村的自治实践为解决这一问题提供了值得参考的样板，即在授权屯级自治组织的法定职能的同时也将屯内党员通过法定程序尽可能地与屯级自治组织有机融合起来。这一过程既使得行政村以下的自治单元有了更多发展创新的空间，同时也让党组织成员能够在屯级自治单元

---

① 参见 Warren M., "Participatory Deliberative Democracy in Complex Mass Societies", *Journal of Deliberative Democracy*, Vol. 16, No. 2, 2020, pp. 81–88。

② 王淑荣、于延晓：《中国共产党执政的合法性基础——以马克思主义利益观为视角的分析》，《马克思主义研究》2010 年第 11 期。

的授权空间中发挥核心引领作用。具体来讲，兼具自治组织成员身份的党员仍然要以自治的主体责任为纽带，继续贯通与公共空间的信息交互并通过协商过程回应群众诉求；反过来看，得益于这一授权过程，其也将党的政策资源、社会资源等逐步下沉到行政村以下的自治单元，并在授权空间中以一定的协商程序推动党的政策目标，化解相应的治理问题。综上可见，木寨村党组织授权空间的下沉与融合过程形成了党组织与自治单元之间更加包容性的协商互动。[1]

另一方面，党对社会组织的授权在公共空间中延伸出新的授权空间。除了对行政村以下的自治单元的授权外，木寨村党组织对社会组织的授权为社会治理创新提供了新思路。木寨村老人协会的独特经验在于，通过支部建设将老人协会赋予了社会治理的功能。从引领式协商的角度来看，老人协会这种自治组织本身拥有着日常化的公共空间属性，能够通过文化活动的开展促进老年人的公共交往，增进彼此关系。而在党支部领导下成立的老年人维权调解小组如同在公共空间内直接打开了一个崭新的党组织授权空间，在日常活动开展中直接倾听并收集老年人遇到的各类问题、矛盾，并通过一定程序开展非正式协商，以回应老年人在家庭纠纷等方面的实际诉求。这一过程极大程度地使授权空间与老年人群体的公共空间围拢起来，在优化治理能力的同时也大幅提升了社会治理效能。

五 结论与启示：以引领式协商激活自治推动治理新发展

本章以中国村民自治发源地广西宜州的木寨村自治实践为典型案例，以协商系统理论为切入，在结构观点的研究基础上，更多地从过程视角对党领导自治的内在机理进行考察，提炼出引领式协商的新经验，阐明了党领导自治的治理新发展，主要有以下结论和启示。

第一，在选举后的基层民主实践中，党领导自治主要表现为协商自治的

---

[1] 张大维：《包容性协商：中国社区的协商系统模式与有效治理趋向——以天长市"11355"社区协商共治机制为例》，《行政论坛》2021年第1期。

过程。村民自治从内容上看包含了民主选举、民主协商、民主决策、民主管理、民主监督等五个主要方面。而从村民自治发源地的创新发展来看，选举后村民自治的主要实践形式在过程上主要表现为民主协商贯穿始终。究其原因在于，协商过程满足了民主决策、民主管理、民主监督实现的必要程序，体现了全过程人民民主；同时，民主决策、民主管理、民主监督也必须以协商议事机制为载体才能达到相应的自治效果。

第二，以协商系统理论为切入点，可以发现，村民自治发源地的新经验和党领导自治的新发展是以引领式信息交互为特征的协商形成，构成了一种引领式协商模式。要深入理解党领导自治的过程和新发展，可以将协商系统理论的构成要素作为参照来明晰引领式信息交互机制的内在机理，主要表现为党组织将元协商性质的话语实体在公共空间的传播引导至授权空间，在一定的协商程序中达成决断性共识的协商结果的过程。在引领式协商中，党领导自治的关键在于从公共空间中识别具备元协商特质的话语实体，并引至授权空间。这一过程，既发挥了党组织政治引领的关键作用，也强化了党在基层治理的制度优势。

第三，引领式协商中党领导自治的关键环节蕴含了责任与授权的治理逻辑。基于对公共空间与授权空间交互过程中问责与传播这两个关键要素的分析，进而发现党组织分别将责任与授权作为公共空间与授权空间信息交互的纽带，确立了党组织在其中的治理主体地位，延伸并拓展了党组织的治理范围。且在此过程中，党组织依托责任与授权融入并领导自治的过程非但没有改变协商的本质，反而提升了相应的协商能力；[①] 同时还进一步巩固和发展了党组织的治理能力和治理效能。

结合以上结论可以看到，党领导自治不仅是一个结构性问题，更是一个过程性问题，只有牢牢把握住了倾听民情、组织协商、回应群众这一过程的主动权，才能更加有力地巩固党对自治的领导地位。而这一结论可为基层治理实践中党的制度建设和机制创新提供值得借鉴的思路框架和经验样板。

---

① 张大维：《党领群议：协商系统中社区治理的引领式协商——以天长市"1+N+X"社区协商实验为例》，《中州学刊》2020年第10期。

第十三章

包容性协商：中国社区的协商系统模式与有效治理趋向[①]

一 协商模式的中国化考察与问题提出

党的十八大以来，我国对基层协商民主建设提出了新要求，尤其是党的十九届四中全会提出，要坚持社会主义协商民主的独特优势，统筹推进包括基层协商在内的"七大协商"民主体系，将过去的"四个民主"拓展到"五个民主"，增加了民主协商内容。要求构建程序合理、环节完整的协商民主体系，丰富有事好商量、众人的事情由众人商量的制度化实践。必须加强和创新社会治理，完善包括民主协商在内的"七位一体"的社会治理体系。[②] 党的十九届五中全会又专门强调要"完善基层民主协商制度"[③]。2015 年以来，中央还先后印发了加强协商民主建设的系列制度文件，尤其是《关于加强城乡社区协商的意见》进一步推动了基层民主协商的发展。中国特色社会主义协商民主制度体系和能力建设已然成为国家治理体系和治理能力现代化的重要组成部分，而中国本土化的城乡社区协商实践和模式也成为社区治理体系和治理能力现代化的重要体现和需要。

[①] 本章以《包容性协商：中国社区的协商系统模式与有效治理趋向——以天长市"11355"协商共治机制为例》为题，发表于《行政论坛》2021 年第 1 期。

[②] 《2019 年中共中央关于坚持和完善中国特色社会主义制度、推进国家治理体系和治理能力现代化若干重大问题的决定》辅导读本，人民出版社 2019 年版。

[③] 《中共中央关于制定国民经济和社会发展第十四个五年规划和二〇三五年远景目标的建议》，《人民日报》2020 年 11 月 4 日第 1 版。

尽管中国城乡社区协商的实践和研究取得了诸多成果，但在学术讨论及与西方的理论对话中，中国的基层社区协商究竟是什么类型、属于什么模式仍然没有定论。近年来，西方协商民主发展到协商系统阶段后，强调其倡导的协商系统的最大特征就是包容性。包容性民主和协商民主的包容性在西方研究中逐渐增多，但并没有对中国的包容性协商进行探讨。很重要的因素是以何包钢和马克·E.沃伦等为代表的西方学者认为中国基层协商是权威性协商[1]，其在一定程度上表达了中国缺乏包容性协商的特质。尽管清华大学的谈火生对此质疑，认为更适合中国的现实模式概括是行政主导式协商[2]，但还未对其进行深入的实证性考察，而且对中国基层协商的把握也还值得探讨。虽然笔者曾以约翰·S.德雷泽克的协商系统六个要素为对话基础，从中国城乡社区实践中提炼了"引领式协商"模式，但当时主要聚焦于"将政党视角带入群众议事"，着重于"党领群议"[3]。而从国际学术对话的概念通约性来看，还可以侧重于"将要素视角带入民主协商"，侧重于"系统商议"。近年来，中国已开始讨论协商民主在不同层面的包容性问题，但还没有触及包容性协商实践。共通的是，中西都没有对社区协商的包容性进行深入研究，也没有提出包容性协商的概念。自2015年《关于加强城乡社区协商的意见》印发以来，我国社区协商取得了显著成效，但也遇到了一些困境。其中较受关注的难题是：究竟是权威性协商，还是包容性协商，哪些人可以参与协商，在什么层级开展协商，话语传导是否开放受限，协商过程是否公开透明等。从根本上讲，这都是居民和公众能否平等和公正参与到社区协商的讨论和决策等全过程的问题，即社区协商的包容性问题[4]。在社区协商的操作上，就体现为多元多层、超时空性和系统融合的包容性协商的现实性问题[5]。那么，究竟我

---

[1] 参见 He B. and Warren M. E. , "Authoritarian Deliberation: The Deliberative Turn in Chinese Political Development", *Perspectives on Politics*, Vol. 9, No. 2, 2011, pp. 269–289。

[2] 参见 Tan H. , "Deliberative Democracy in China: A Sociology of Knowledge Perspective", *Economic and Political Studies*, Vol1, No. 1, 2013, pp. 156–177。

[3] 张大维：《党领群议：协商系统中社区治理的引领式协商——以天长市"1+N+X"社区协商实验为例》，《中州学刊》2020年第10期。

[4] ［美］艾丽斯·M. 杨：《包容与民主》，彭斌、刘明译，江苏人民出版社2013年版，第27—28页。

[5] 张大维：《社区治理中协商系统的条件、类型与质量辨识——基于6个社区协商实验案例的比较》，《探索》2020年第6期。

国社区是否存在包容性协商模式,其有效形式和内在机理如何,这正是本章要关注探讨的问题。

二 包容性协商的概念基础与理论源流

包容性协商概念是基于已有学术基础和理论源流而建构的,是一种新的协商民主理念,是伴随着民主理论发展,尤其是国际协商民主发展到第四代转向,即协商系统理论阶段的最新成果体现和中国实践概括。已有关于包容性、民主和协商的相关研究主要有以下五个方面。

一是经济增长视角下的包容性生态民主研究。塔基斯·福托鲍洛斯(Takis Fotopoulos)曾在《迈向包容性民主》一书中,通过追溯历史发现两个世纪前随着市场经济体系的建立,引发了经济增长,但也导致了危机,只有迈向包容性民主才能化解[①]。其后,他在《当代多重危机与包容性民主》一书中进一步指出,当前我们正面临着一场前所未有的多重危机,其主要表现是权力在各层面上不断集中,其根本原因是现代性的两种主要制度形式,即市场经济和代议民主制度动力的必然结果。市场经济所蕴含的正常观念的后果是经济权力的高度集中以及效率最大化造成的生态环境破坏。要想从根本上解决权力不平等分配问题,就必须抛弃以人类为中心的经济增长意识,其解决方案就是建立包容性民主或生态民主[②]。基于这一理论,周勤等人从公共政策的视角,着眼于协商民主的包容性,通过定量研究分析了我国的协商民主通过党派、界别等包容性协商促使公共政策影响经济增长,二者之间形成了"U"形路径[③]。

二是公平正义视角下的包容性沟通民主研究。艾丽斯·M. 杨在《包容与民主》一书中分析了当代西方民主政治面临的挑战,即社会和经济领域中存

---

① 参见 Fotopoulos T., *Towards an Inclusive Democracy: The Crisis of the Growth Economy and the Need for a New Liberatory Project*, London, UK: Cassell, 1997.

② [希]塔基斯·福托鲍洛斯:《当代多重危机与包容性民主》,李宏译,山东大学出版社 2012 年版,第 4—5 页。

③ 周勤、黄亦然、聂卉:《公共政策的视角下中国协商式民主之包容性与经济增长关系研究》,《产业经济研究》2012 年第 3 期。

在的结构性不平等,导致了政治领域中的结构性不平等和不正义,而政治不平等又强化了那些社会与经济方面的不平等,从而将处于弱势地位的劳工、女性与少数族群成员排斥在政治议程之外。她通过评述当代主流政治学领域中较有代表性的两种民主模式——聚合型民主和协商民主,进而讨论了在结构性不平等与文化差异的环境中关于包容性的民主沟通规范与条件,分析了在复杂性、大规模的现代社会中如何实现包容性的民主沟通与决策,探讨了各种社会排斥是如何通过限制与约束而发生的。在此基础上,其提出了"包容性沟通型民主"的概念,强调了民主发展应当促使将那些处于不利地位的被排斥者和被边缘化的人包容到政治生活中来[1]。与之理念相似,马里兹·塔德罗斯(Mariz Tadros)在其著作《十字路口的科普特人:埃及建立包容性民主的挑战》中通过分析埃及的政府、教会、科普特人及其他公民等行为者日益多样化的背景,探讨了在平等基础上建立包容性民主所需采用的方式[2]。

　　三是多元文化视角下的包容性程序民主研究。尤尔根·哈贝马斯在《包容他者》一书中通过分析当今世界日益尖锐的多元文化矛盾,认为民族国家的界限性已经无法应对全球化的流动性,人类社会已经成为一个风险共同体,如何来理解和界定共同体以及如何来理解"我"和"他"者之间的关系将是一个新的挑战。他认为,共同体本身并不是凝固的,而应该是一种开放的形态,其解决方案便是"包容"。他试图用一种"话语政治"来化解主客二元对立的主体政治处境。他区分了自由主义民主模式、共和主义民主模式、程序主义民主模式(他称之为话语政治或商谈民主),指出如果多元文化社会是一个民主法治国家,就会有不同的途径来实现"承认差异"的包容目标[3]。之后,朱莉·艾伦(Julie Allan)在《包容、参与和民主:目的是什么?》一书中对包容性、参与性和民主化的目标以及如何实现这些目标提供了新的见解,强调了在多元文化中成功实现包容性所需的复杂的政治和文化变革[4]。而

---

　　[1] [美]艾丽斯·M. 杨:《包容与民主》,彭斌、刘明译,江苏人民出版社2013年版,第14—16页。

　　[2] 参见 Tadors M., *Copts at the Crossroads: The Challenges of Building Inclusive Democracy in Egypt*, New York: American University in Cairo Press, 2013。

　　[3] [德]尤尔根·哈贝马斯:《包容他者》,曹卫东译,上海人民出版社2018年版,第197页。

　　[4] 参见 Allan J., Inclusion, *Participation and Democracy: What is the Purpose*? Dordrecht, NL: Kluwer Academic Publishers, 2003。

彼得·爱默生（Peter Emerson）在2020年的新著《多数投票作为民粹主义的催化剂：包容性民主的优先决策》中，提出了对二轮多数制的批判，并提供了为什么在很多情况下两次选择表决的结果不能准确反映人民的意愿，其通过多个国家和地区的案例分析，提出了一种替代性投票程序的包容性民主方法①。

四是协商系统视角下的包容性大众民主研究。简·曼斯布里奇在提出协商系统的概念时，强调其应该纳入日常谈话以体现包容性②。之后乔舒亚·科恩概括了协商民主应具有的三大原则，包容原则处于参与原则和公共利益原则之前③。而詹姆斯·博曼虽然没有具体说明协商系统需要什么，但却将其比喻成一个包含各种观点、诉求和理由的"蓄水池"，实质是强调以"包容性"为中心④。德雷泽克则强调了协商系统的包容性特质⑤。西蒙妮·钱伯斯也指出，如果要实现民主，公共协商应该更具包容性和大规模性⑥。而曼斯布里奇等人后来论述协商系统之所以是协商民主的高级形态，是因为其除了认知功能、伦理功能以外，还体现为包容功能，即促进平等条件下的包容性政治进程⑦。伊娃·埃尔曼也认为，在发展协商系统时最重要的是要考虑正当包容与政治平等间的关系。更具体地说，协商系统实质性的任务是提供一个与政治

---

① 参见 Emerson P., *Majority Voting as a Catalyst of Populism: Preferential Decision-making for an Inclusive Democracy*, Belfast, UK: Springer Nature Switzerland AG, 2020。

② 参见 Mansbridge J., "Everyday Talk in Deliberative Systems" in Macedo S. ed., *Deliberative Politics: Essays on Democracy and Disagreement*, New York: Oxford University Press, 1999, pp. 211 – 228。

③ ［美］乔舒亚·科恩：《协商民主的程序与实质》，张彩梅译，摘自陈家刚《协商民主》，上海三联书店2004年版，第167—189页。

④ 参见 Bohman J., "Representation in the Deliberative System", in Parkinson J & Mansbridge J eds, *Deliberative Systems: Deliberative Democracy at the Large Scale*, New York: Cambridge University Press, 2012, pp. 72 – 94。

⑤ 参见 Dryzek J. S., *Foundations and Frontiers of Deliberative Governance*, Oxford, UK: Oxford University Press, 2010, p. 137。

⑥ 参见 Chambers S., "Deliberation and Mass Democracy", in Parkinson J. & Mansbridge J. eds, *Deliberative Systems: Deliberative Democracy at the Large Scale*, New York: Cambridge University Press, 2012, pp. 2 – 71。

⑦ 参见 Mansbridge J., Bohman J., Chambers S., et al., "A Systematic Approach to Deliberative Democracy", in Parkson J. & Mansbridge J. eds., *Deliberative Systems: Deliberative Democracy at the Large Scale*, New York: Cambridge University Press, 2012, pp. 1 – 26。

平等相容的包容标准①。妮可·库拉托等人近来提出了"协商权"理论，认为其具有介入性和包容性的双重属性②。2019 年，安德烈·巴赫泰格和约翰·帕金森又将曼斯布里奇概括的协商系统三大功能拓展到五大功能，并认为其贯穿于协商系统中应具有包容性、代表性和决策性等基本特点③。2020年，克里斯蒂娜·拉丰特在《没有捷径的民主：协商民主的参与性概念》中批评了微观小型公众协商的限度，指出任何排斥公众广泛参与的代议民主和协商民主手段和形式都是一种"走捷径"的民主，世界上不存在走捷径的民主，由此其呈现了民主政治所应该具有的包容性特质，并提出了要建构广泛包容的"参与式协商民主"范式④。此书一出，便引起了哈贝马斯、曼斯布里奇、沃伦、巴赫泰格、钱伯斯、库拉托、罗伯特·E. 古丁、詹姆斯·费什金、詹姆斯·鲍、田村哲树等十余位协商民主研究的领军学者纷纷撰文群起而批之，尽管学界对其批评声不断，但他们对其观点中所具备的参与式协商民主的包容性特质还是给予肯定的。

五是多元共治视角下协商民主的包容性研究。包容性被运用于中国语境的民主研究时，更多的是关注协商民主的包容性。赖静萍曾探讨了新中国如何以民主选举兼容政治协商达成多元共治，结论是通过实践包容性民主达至最大限度的政治共识，使新政权的建立平稳有序且不失民意的策略⑤。刘宗碧认为，协商民主是我国民主政治的一大特色，协商民主的重要特征是包容性，具体表现为"和而不同"的政治文化、"多元并存"的政治体制、"协商共治"的政治生态和"主辅互动"的政治机制⑥。陈亮分析指出，我国的协商民主与和合文化之间具有一定的契合性，但也存在包容的差异性。协商民主

---

① 参见 Erman E., "Representation, Equality and Inclusion in Deliberative Systems: Desiderata for a Good Account", *Critical Review of International Social and Political Philosophy*, Vol. 19, No. 3, 2016, pp. 263 – 282。

② 参见 Curato N., Hammond M. and John B. Min, *Power in Deliberative Democracy: Norms, Forums, Systems*, New York: Palgrave Macmillan, 2019, pp. 45 – 46。

③ 参见 Bächtiger A. and Parkinson J., *Mapping and Measuring Deliberation: Towards a New Deliberative Quality*, Oxford, UK: Oxford University Press, 2019, pp. 28 – 37。

④ 参见 Lafont C., *Democracy without Shortcuts: A Participatory Conception of Deliberative Democracy*, Oxford, UK: Oxford University Press, 2020, pp. 9 – 218。

⑤ 赖静萍：《包容性民主与政治共识——新中国成立初期中国共产党对民主选举的认知》，《中共党史研究》2012 年第 5 期。

⑥ 刘宗碧：《论我国协商民主的包容性特征及其国情的适应性》，《观察与思考》2017 年第 9 期。

更具有包容性，新时代我国基层协商民主正趋向多元共治和广泛多层制度化发展①。

从以上分析可以看出，包容性是与民主和协商密切关联的，包容性是从融入民主而逐步嵌入协商民主要义之中的，中外学者尤其是西方学界近年来已非常关注协商民主的包容性特质。如前文所述，西方学者虽然提出了"包容性民主""沟通型民主""协商民主的包容性""参与式协商民主的内嵌性包容"等概念，但并没有概括出"包容性协商"。至此，中西方学界也还很少探讨中国城乡社区协商的包容性特质，未能清晰地阐释中国所具有的独特的"包容性协商"社区治理模式。

三 作为现代治理新理念的包容性协商

近年来，由包容性引发的治理理念较多，产生了包容性发展、包容性增长和包容性领导等包容性治理方式，以及包容性社区、包容性城市等包容性治理形态。随着协商民主和协商治理的发展，作为一种现代治理的新理念，包容性协商理念也开始受到关注。

作为现代治理新理念的包容性协商吸纳了包容性民主的精华。哈贝马斯在论述民主的包容性类型时，提出了"商谈理论"和"商谈民主"。他认为，商谈民主坚持至少某一类规范问题确实具有认知内涵，强调原则上在一个具有理想包容性的实践商谈中，参与者能够以所有人都能接受的理由为基础，就这类规范的有效性达成非强制性的一致。他主张，论证无法避免的语用前提，必然包含一个普遍的商谈原则，它指定了任何有效的社会规范必须满足的条件，即所有可能受影响的个体作为理性商谈的参与者都会同意的那些规范，才是有效的。商谈原则表达了一种关于公平的总体观念，这种观念在道德规范与法律规范中的表达虽不同，但相互补充②。福托鲍洛斯则认为，包容

---

① 陈亮：《和合文化视野下我国基层协商民主的包容性建构及其限度》，《行政论坛》2018年第2期。

② 参见［德］尤尔根·哈贝马斯《包容他者》，曹卫东译，上海人民出版社2018年版，第4—5页。

性民主，蕴含着废除政治权力、经济权力的不平等分配及其再生性的制度结构，废除在家庭、工作场所、教育机构和更广泛社会领域中存在的等级制结构。换言之，就是在社会层面上废除统治关系及其所隐含的对自然界进行统治的观念。包容性民主，强调一个真正的民主社会只能建立在我们自己有意识选择的、能够有助于个人和社会自治的那些社会组织形式的基础之上，需要在这个社会中摒弃人类对人类制度化的统治以及对自然进行征服的观念。它阐释了在这种新的社会中政治民主、经济民主及其实现路径，制定了从等级制走向包容性民主的战略①。基于此，包容性协商作为包容性民主的延展概念，自然也强调协商治理中的平等参与和商谈自由等特质。

  作为现代治理新理念的包容性协商延续了协商系统论的要义。艾丽斯·杨指出，某项民主决策所具有的规范意义上的正当性取决于那些受其影响的人在多大程度上被包容进决策制定过程，并且拥有影响其结果的机会。她认为，包容是涉及正义的重要范畴，是拓展和深化民主实践的主要理念。协商民主强调包容，其强调只有当所有受其影响的人被包括在讨论与决策制定的过程中时，某项民主决策从规范上讲才是正当的。当包容与政治平等的规范结合起来的时候，它允许最大限度地表达与公众试图解决的问题或者议题相关的各种利益、意见和观点②。埃尔曼还区分了规范性包容和认识性包容：规范性包容，具备所有受影响的利益原则或所有受制原则；认识性包容，不是激发包容的情感或主观性，而是激发论点或辩论，协商系统更倾向于认识性包容③。德雷泽克等人指出，协商系统应该包括公民和领导人在内的包容性参与、相互辩解、倾听、尊重、反思和对说服的开放④，首要的就是强调包容性参与。2019 年，库拉托等人在新著《协商民主的权力：规范、论坛与系统》

---

  ① 参见［希腊］塔基斯·福托鲍洛斯《当代多重危机与包容性民主》，李宏译，山东大学出版社 2012 年版，第 1—5 页。

  ② 参见［美］艾丽斯·M. 杨《包容与民主》，彭斌、刘明译，江苏人民出版社 2013 年版，第 27—28 页。

  ③ 参见 Erman E., "Representation, Equality, and Inclusion in Deliberative Systems: Desiderata for a Good Account", *Critical Review of International Social and Political Philosophy*, Vol. 19, No. 3, 2016, pp. 263 – 282。

  ④ 参见 Dryzek J. S., Bächtiger A., Chambers S., et al., "The Crisis of Democracy and the Science of Deliberation: Citizens can Avoid Polarization and Make Sound Decisions", *Science*, Vol. 363, No. 6432, 2019, pp. 1144 – 1146。

中指出，一个运作良好的民主协商制度不能在没有得到所有公民的有力理由的情况下，将任何公民排除在这一进程之外，它应该积极促进便于包容和平等参与。由此看来，协商系统的民主功能，是承诺纳入多种声音和考虑因素，具有强大的包容性，它可以在不同程度上付诸实践，从形式性包容到实质性包容[1]。2019年，巴赫泰格和帕金森在《规划与测量协商：趋向一种新的协商质量》一书中提出了测量协商系统需包括六个要素，其中第一个就是包容性公共推理，这意味着任何实证研究都要准确评估其包容性程度[2]。有鉴于此，包容性协商作为协商系统论的次生概念，依然要强调协商治理中的公平正义和行为自主等表征。作为现代治理新理念的包容性协商扬弃了包容民主和协商系统内涵，既可以对话西方理论，也适合阐释中国实践。包容性协商，是指在治理中由多元主体尤其是公众通过正式的或非正式的平等表达方式参与协商以解决利益关联性问题的过程，这种协商既可以是微观面、小规模、分散性的，也可以是宏观面、大规模、集中式的，其最大的特点是协商的主体、场所、实体、传播、决策、执行等核心要素和过程都具有广泛的包容性。虽然包容性协商是一个中西通约概念，但在中国语境下指社区协商时具有中国特色，它是一种常态化、超时空、开放性、多元化的群众性表达方式和参与性治理方式，是社区有效治理的包容性协商治理模式。

四 包容性协商的天长市社区治理实验

天长市是全国第一批48个农村社区治理实验区之一，是全国5个以社区协商为主题的实验区之一。2018年，天长市先在15个镇街、16个社区开展试点，成功后2019年在全市所有174个城乡社区推广，并成为安徽省社区协商示范市。在此推动下，有约95%的社区被评为民主法治示范社区（村）（其中，国家级2个、省级6个），现已进入经验总结阶段。作为"国字号"

---

[1] 参见 Curato N., Hammond M. and John B. Min, *Power in Deliberative Democracy: Norms, Forums, Systems*, New York: Palgrave Macmillan, 2019, p. 103。

[2] 参见 Bächtiger A. and Parkinson J., *Mapping and Measuring Deliberation: Towards a New Deliberative Quality*, Oxford, UK: Oxford University Press, 2019, p. 111。

的社区协商实验,天长市社区协商的主要做法是建立"11355"社区协商共治机制,即一个主体、一套目录、三个层级、五个步骤和五个清单,实行系统性和包容性协商治理标准化模式。一个主体,即组建社区层面和小组层面的协商委员会,并制定相关制度章程和议事流程,明确了协商委员会的组成方式和议事规则。一套目录,即以社区为单位,建立社区协商共治目录库,明确了社区哪些内容需要协商,分为公共事务类、基础设施类、乡风文明类、公共服务类和权益保护类等。三个层级,即构建镇街、社区和村/居民小组等"三级协商机制"。其重点是社区及其以下的协商。社区以下,是指搭建次级协商组织网格,由各社区根据实际确定是以村组还是以片、以党小组等为单位协商。镇街层面,是指跨村协商需镇街党委、政府等上级单位、技术部门、第三方等参与并回应相关政策。五个步骤和五个清单,简称"五步五单",即协商事项的议题采集、议题交办、议题办理、结果公示和结果评议等五个步骤,以及与其相对应的五个清单。之后,又逐步发展为"六步六单",即为了保障议题的代表性和包容性,在议题的采集之后增加了党组织对议题的审定环节[①]。

"五步五单"是协商的程序。第一步,协商议题采集。在社区或村/居民小组党组织的领导下,由党群理事会成员或志愿者等负责采集协商治理内容,定期或不定期收集并提炼出公共事务(问题)协商议题清单,形成"协商议题采集单"。第二步,协商议题交办。由社区党组织牵头,召开社区协商委员会会议,定期或不定期对采集到的公共事务(问题)协商议题清单进行讨论,研究确定交给不同的组/社区的协商委员会去协商,形成"协商议题交办单"。第三步,协商议题办理。根据协商议题内容,分级、分类由小组、社区组织协商,也可通过购买服务交由第三方及社会组织协商,由承办主体或有承办能力的组织在协商结束达成结果后,形成"协商议题办理情况单"。第四步,协商结果公示。由社区协商委员会对上报的协商治理议题最终协商结果进行审议和评估,形成"协商议题办理结果公示单",自觉接受村/居民监督并执行落实。第五步,协商结果评议。通过微信公众号等网络平台,将协商治理结果执行情况提交全体村/居民或代表评议,形成"协商议题办理结果评

---

① 张大维:《党领群议:协商系统中社区治理的引领式协商——以天长市"1+N+X"社区协商实验为例》,《中州学刊》2020年第10期。

议单"。

天长市"11355"社区协商共治机制使得社区协商氛围、村/居协商意识明显增强,通过协商来解决社区公共事务逐渐成为常态,形成了社区有效治理的局面。其总体上有以下六个特点。

1. 协商主体的广泛性。建立协商委员会"1＋N＋X"组织架构。"1"是以党组织书记及其他"两委"成员为主干;"N"是具有村/居民代表和一定口碑和议事能力的乡贤能人组成的协商委员会成员,建立七类人员数据库(社区"两委"成员、村/居务监督委员会、村/居民小组、"两代表一委员"、驻社区单位、基层社会组织、农村集体经济新组织等),经村/居民代表会议推选并表决通过,根据所议事的涉及面和重要性,部分参加或全部参加;"X"是具体协商事项的利益相关人,每一项协商事项都有不同的利益方,每开展一次协商,组建一个协商委员会,由党组织引领,并注意协商参与人员的代表性和广泛性。实行协商议事以前,很多村/居民没有办法为自己代言,只能靠村/居民代表、党代表替其说话;实行社区协商以后,村/居民为自己代言,直接参与协商,与社区干部、协商委员会成员面对面、直接展开对话,"X"建立了一种广泛性的协商机制。

2. 议题采集的开放性。议题来源是开放式的,既可以通过党小组、村/居民组会议提出,也可以通过群众口头、电话、微信、QQ等方式提出,还可以通过落实上级党委政府工作安排,或通过党员议事日、意见箱、包组干部收集群众需求等多渠道采集议题。

3. 议题设置的丰富性。根据本村人员分布、组别差异、事务焦点等制定协商参考目录,大体分为公共事务类、基础设施类、乡风文明类、公共服务类和权益保护类等类别,尤其是关注社区中经济社会发展的大事、美丽乡村建设的实事、影响和谐稳定的难事、惠民利民便民的好事、扶贫助残帮困的急事和基层组织建设的要事等与多数村/居民密切相关的事项。

4. 议题交办的多样性。一是涉及同一个社区"两委"成员包组范围内1个或多个村/居民组事项,可由社区协商委员会负责协商或由该社区干部为组长的下属协商委员会负责协商或交由第三方组织协商;二是涉及1个以上社区"两委"成员包组范围内村/居民组事项,由社区协商委员会主任牵头组织协商或交由第三方组织协商;三是涉及与本镇街内1个社区以上范围事项,提请镇街指定负责同志牵头组织协商或交由第三方组织协商;四是涉及多个镇街以上的范围事项，提请市级制定部门牵头组织协商或交由第三方组织协商。

5. 议题办理的灵活性。一是形式灵活，视情况采用议事型协商、调解型协商、对话型协商和咨询型协商等；二是地点灵活，既可在协商议事厅、议事亭和议事长廊，也可在田间地头、村/居民家中；三是主持灵活，主持人既可以是镇街干部、村党组织书记，也可以是村"两委"其他成员、村监委会成员、党小组长、村/居民组长等；四是步骤灵活，对急事、特事，可以直接进入办事程序，但要反馈，做好记录。

6. 协商组织的多元性。除了协商议事委员会作为主要的组织架构以外，还注重协商事项办理过程中的组织参与，乡贤理事会和村民议事会、红白理事会、道德评议会、调解委员会和禁赌禁毒会等社区社会组织都可以参与社区协商。对于协商事项的办理，提出"五步五单"的标准化实施步骤，这些组织在每个步骤都可以不同程度地参与其中。

五 协商系统中社区协商的包容性识别

天长市社区协商治理实验是否符合社区协商的包容性标准，能否构成包容性协商模式，这就需要对其进行验证和辨识。曼斯布里奇等人认为，作为协商民主理论第四代标识的协商系统，是指一组可区分的、有区别的，但在某种程度上相互依存的部分，通常具有分散的功能和劳动分工，以某种方式连接起来形成一个复杂的整体。在一个好的协商系统中，引起相关考虑的说服应该取代压制和对思想的忽视[1]。协商系统不仅需要微观面、小规模、分散性的协商，还需要宏观面、大规模、集中式的协商。既需要有正式的协商，也需要有非正式的协商，其是多样性、多层性、整体性和系统性的协商，协商的主体、场所、空间、机构、媒介、转换和执行等都具有广泛的容忍性[2]。综上所述，包容性协商体现为协商系统的各要素和各环节都具有

---

[1] 参见 Mansbridge J., Bohman J., Chambers S., et al., "A Systematic Approach to Deliberative Democracy", in Parkson J. and Mansbridge J., eds, Deliberative Systems: Deliberative Democracy at the Large Scale, New York: Cambridge University Press, 2012, pp. 4–5。

[2] 张大维：《社区治理中协商系统的条件、类型与质量辨识——基于6个社区协商实验案例的比较》，《探索》2020年第6期。

包容性。现在的问题是"作为一个成熟的协商系统究竟需要具备哪些协商要素"。

为了达到评估协商系统的目标，帕金森提出了宏观协商概念可以提供的独特的三条经验线索：一是宏观视角指引我们审视社会中产生公共要求和提出要求的过程；二是将这些要求传递到正式公共领域采取行动的过程；三是法规政策制定和治理的过程，这些过程确切地决定哪些要素被转化为治理行为。为了得到更多的分析清晰度，需要探索这三个广泛线索的具体经验线索，2010年，帕金森首次提出了通过协商系统的六个要素来实现（见表13-1）[1]。2019年，帕金森又提出了绘制和测量协商系统的问题，在其与巴赫泰格合作的著作中进一步优化了2010年提出的要素[2]。虽然包括六个要素，但表述有所变化。通过对其内涵比较发现，两位协商民主研究的全球领军人物所绘制的协商系统的通约要素，可以概括为协商主体、协商场所、协商实体、协商传播、协商转化和协商执行，这种最新的在国际上产生了较大影响的评估方案尽管不是绝对意义上的，但具有重要的参考性。

表13-1　　　　　　　协商系统的要素类型与通约要素

序号	2010年首提要素	2019年优化要素	通约要素
1	协商主体或代理人	协商主体或代理人	协商主体
2	协商场所或空间	协商场所或地点	协商场所
3	在场所之间进行讨论和传递的实体	在场所之间讨论和传播的模因	协商实体
4	传递过程本身	传播或耦合过程本身	协商传播
5	将讨论实体转化为政策和法律的翻译过程	允许话语或模因成功地从一个地点传播到另一个地点的转换过程	协商转化
6	看到政策和法律得到贯彻和执行的过程	看到政策和法律的行动、审查、执行和经历的实施过程	协商执行

---

[1] 参见 Parkinson J., "Conceptualizing and Mapping the Deliberative Society", PSA 60th Anniversary Conference, Edinburgh, 2010, pp.1-15。

[2] 参见 Bächtiger A. and Parkinson J., *Mapping and Measuring Deliberation: Towards A New Deliberative Quality*, Oxford, UK: Oxford University Press, 2019, pp.111-129。

帕金森在概括协商系统的六个要素时，并没有提炼出包容性协商概念，但他首先强调了将协商民主定义为包容性公共推理。他指出，一方面，无主观视角会让我们看到对话线索的包容性，而不是单个代理的包容性；另一方面，如果我们考虑到有多少人潜在地想要发表意见，那么对于一个特定主题的不同观点就扩大了，我们要以广泛的眼光来看待协商的场所、传播、转化和执行。结合前文对包容性协商的定义，包容性协商模式就体现为协商主体、场所（空间或机构）、实体、传播、决策和执行等各要素都具有包容性。也就是说，通常认为协商系统由六个要素构成，相应地，包容性协商的达成或包容性协商模式就需要六大要素都体现包容性。将其运用于天长市城乡社区协商模式的包容性检验，可以形成一种对照（见表13-2）。

表13-2　　　　　　　　天长市社区协商的要素与步骤的包容性

构成要素	涉及步骤	包容性体现	程度
协商主体	议题采集 议题交办 议题办理	协商参与人为"1+N+X"。既有协商人员库中具代表性的七类人员，也有利益相关者；既有相对固定人员，也有灵活随机人员；既可以有专家学者、律师医师等专业人员，也可以有镇街、市干部	很强
		协商主持人既可以是镇街干部、村党组织书记，也可以是村"两委"其他成员、村监委会成员、党小组长、村/居民组长等	
协商场所	议题办理	既可在社区层面，也可在小组和片区层面；既可以是小组之间，也可以是社区之间，还可以是社区与镇街之间	很强
		既可在协商议事厅、议事亭、议事长廊，也可在田间地头、村/居民家中；既可以在封闭的室内空间，也可以在开放的室外空间	
协商实体	议题交办 议题办理	根据协商事务涉及的层面，既可以由社区协商委员会组织协商，也可以由小组协商委员会组织协商，还可以提请镇、市组织协商，或聘请第三方组织协商	较强
		乡贤理事会、村/居民议事会、红白理事会、道德评议会、调解委员会、禁赌禁毒会、公益爱心协会等都可以参与协商和传播，可以视情况采用议事型协商、调解型协商、对话型协商、咨询型协商等协商手段	

续表

构成要素	涉及步骤	包容性体现	程度
协商传播	议题采集 议题办理	党小组、村/居民组会议提出；群众通过电话或口头等方式提出；群众通过微信、QQ等方式提出；各个环节广泛宣传	很强
		党员议事日、意见箱、包组干部收集到群众的需求、落实上级党委政府工作安排等；各个环节广泛宣传	
协商转化	议题办理 结果公示	既可能达成一致协商结果，也可能一次或几次未协商成功	较强
		在原协商区域内张榜、村/居务公开栏或新媒体等对协商结果进行公示，按随时及时，结合每月、每季、每年等形式开展	
协商执行	结果公示 结果评议	在原协商区域内或更大区域内或新媒体设立执行监督专栏	较强
		按随时及时，结合每月、每季、每年等形式开展结果评议	

从以上分析可以看出：一方面，天长市城乡社区协商模式具备了国际惯用的协商系统六个要素，其"五步五单"恰恰分属于协商系统的六个要素或环节；另一方面，天长市城乡社区协商模式的每个要素或环节都体现了包容性，而且包容程度都是较强和很强，这又超越了国际通行的协商民主只是部分包容性的特征。此外，这种包容性协商民主，还体现在其拓展以及适用的广泛性和包容性上，并明显提升了社区治理效能和自治实效。这主要体现为把民主协商固化在民主决策前，协商民主推动了居民自治的四个改进：一是运用于社区治理并改进了工作方法；二是运用于居民公约（村规民约）生成并改进了制定方式；三是运用于红白理事会理事并改进了议事流程；四是运用于权力监管并改进了小微权力使用。综合相关因素，我们可以辨识天长市城乡社区协商模式并非西方所说的权威性协商模式，而是包容性协商模式。

六　社区治理现代化的包容性协商趋向

作为国家首批以社区协商为主题的农村社区（部分农村社区现已改为城镇社区）协商治理实验区，天长市的探索具有重要的理论意义和实践意义。

中国社区治理中的包容性协商民主模式，不仅超越了西方的包容性民主，而且是对国际上协商系统理论的最新发展和实践贡献，具有中国独特的优势和优越性。通过研究可以得出以下四个基本结论。

第一，中国城乡社区治理中存在协商民主的实践形态，而且正在从点走向面，从不规范、碎片化、随意性走向程序化、系统化和制度化，其典型代表就是包容性协商模式。

第二，中国城乡社区治理中具有包容性协商，并不像西方所说的权威性协商，其包容性程度甚至超越了国际上所阐释的协商系统的"部分包容性"。在实践中，尽管存在乡贤能人、村组干部、民间精英等引导协商，但他们并不一定都能主持协商和主导协商；尽管协商委员会"1＋N＋X"中的N主要是七类人员数据库中的成员构成，但这些人员并不是固定不变的，而是随机抽取的，并且有X作为广泛代表性保证。因此，总体上其具有较大的包容性[1]。如德雷泽克和海莉·史蒂文森所说，从协商民主的角度来看，只要协商反映了包容性和真实的对话，响应了所有受影响各方的需要，即使是权威性决定也被认为是合法的[2]。

第三，中国城乡社区治理中的"五步五单"等协商流程体现出的包容性，本质上是一种群众性和人民性，呈现了基层协商民主的中国模式和中国经验。

第四，中国城乡社区治理中的包容性协商需要我们辩证地吸纳协商民主的最新前沿——协商系统理论的精华，即需要将日常对话、交流辩论、网络沟通等非正式的协商也纳入进来，既要包括微观面、小规模、分散性的协商，也要包括宏观面、大规模、集中式的协商。既需要在常规态的社区治理中运用，也需要在风险态的社区治理中运用[3]。在抗击新冠疫情过程中，中国城乡社区在应急状态下通过与民间精英、志愿居民的现场协商议事基础上的自由裁量，其决策执行效能和风险治理实效赢得了居民的普遍信任，展现了民主

---

[1] 张大维：《党领群议：协商系统中社区治理的引领式协商——以天长市"1＋N＋X"社区协商实验为例》，《中州学刊》2020年第10期。
[2] 参见 Dryzek J. and Stevenson H., "Global Democracy and Earth System Governance", *Ecological Economics*, Vol. 70, No. 11, 2011, pp. 1865–1874。
[3] 张大维：《国际风险治理：分析范式、框架模型与方法策略——基于公共卫生风险治理的视角》，《国外社会科学》2020年第5期。

协商在抗疫中的亚正式治理经验①。这既充分体现了中国社区治理中的包容性协商特性，也表明拓展丰富协商系统观念和重新认识中国协商民主的必要。

从总体来看，包容性协商是对中国地方出现的社区协商实践的一种模式概括。从要素和环节的意义上讲，体现为协商主体、协商场所、协商实体、协商传播、协商转化和协商执行等的包容性；从步骤和程序的意义上讲，体现为议题采集、议题交办、议题办理、结果公示和结果评议等的包容性；从治理和过程的意义上讲，体现为参与、代表、话语、媒介和责任等的包容性。当然，这些部分都不是孤立的，而是系统的整体，因此体现为协商系统的包容性。

包容性协商是从现代治理新理念的视角界定的，因此它既是对包容性协商民主的简化表达，也是对包容性协商治理的便利表述，还是协商驱动的治理和治理导向的协商。包容性协商既可以用来解释为什么中国一些地方的城乡社区会产生协商共治和有效治理的局面，也将成为我国城乡社区有效治理和社区治理现代化的实践模式和未来趋势。

---

① 参见 Jiang S., Zhang D. and Irwin D. D., "Semiformal Organizations and Control During the COVID-19 Crisis in China", *Asian Journal of Criminology*, Vol. 16, No. 1, 2021, pp. 1–16。

第十四章

分布式协商：协商代表驱动乡村高质量协商的内在逻辑[①]

协商民主是全过程人民民主的重要一环，而乡村是践行和发展全过程人民民主的重要场域，如何在最广大的乡村实践协商民主，有效推动乡村协商质量的提升是理论研究的重要议题。乡村中的协商代表作为协商性与代表性有效结合的民主实践，是基层全过程人民民主的重要实现形式。有效运转乡村协商代表既是提升乡村协商质量的有益路径，也是优化乡村治理效能的必然选择。深入理解乡村协商代表在基层民主之间中的结构性要素、过程性特点、功能性特质，有助于在乡村社会进一步深化民主实践，推动乡村全过程人民民主的有效实现。

一 代表与协商研究及影响协商质量的协商代表提出

党的二十大报告强调，要全面发展协商民主。指出协商民主是实践全过程人民民主的重要形式，要完善协商民主体系，统筹包括基层协商在内的七大协商，健全各种制度化协商平台。基层是协商民主最鲜活的场域，在乡村，

[①] 本章由张大维、马致远以《分布式协商：协商代表驱动乡村高质量协商的内在逻辑——以华中S村为例》为题，发表于《探索》2024年第2期。

第十四章　分布式协商：协商代表驱动乡村高质量协商的内在逻辑

民主协商可以更好地激发农民主体性助力乡村振兴[①]。乡村治理中基层协商要运行，公众又不能全部介入时，就需要协商代表的参与，如何使代表运转起来就成为关键。代表是民主研究的重要话题，自汉娜·贾尼比尔·皮特金标志性的著作《代表的概念》一书出版以来[②]，学界掀起了一股代表研究的热潮，近年来还开始与协商民主的研究相结合，逐步拓展出协商中的代表属性、代表权等研究议题。伴随着中国全过程人民民主的实践，作为其重要形式的基层协商民主不断朝着广泛、多层、制度化发展，基层协商的载体、场景、形式不断丰富，在协商实践中代表的类型、代表的形式创新也成为基层协商发展的重要面向。那么，在基层场域之中，代表与协商之间究竟存在怎样的关系，学界既有的讨论主要包括以下几个方面。

一是协商代表的功能定位研究。伴随新的公民论坛和决策机构、民间社会和倡导团体等"发声企业家"的涌现，非选举形式的代表对于扩大和深化民主变得越来越重要，代表性的扩展也成为正义的新维度[③]。选举代表与非选举代表、专家意见和政府要求有机融入，已经成为决策进程的重要组成部分[④]。通过一定的制度设计，微型公众可以加强代表间的协商，并以此激发代表与公众之间的公共互动，将机构安排与代表性决策更好地联系起来[⑤]。同时，协商代表包容性地参与有组织的协商，可以有效聚焦具体的政治问题，并在一定程度上解决民主政体的程序缺陷[⑥]。与选举民主不同，协商民主的代表并不一定需要通过选举产生，相反其代表的产生存在不同的方式，选举产

[①] 张大维、赵益晨：《乡村振兴中的协商能力、利益关联度与高质量协商》，《山东大学学报》（哲学社会科学版）2022 年第 5 期。

[②] 参见［美］汉娜·贾尼比尔·皮特金：《代表的概念》，唐海华译，吉林出版集团有限责任公司 2014 年版。

[③] 参见 Urbinati N. and Warren M. E., "The Concept of Representation in Contemporary Democratic Theory", *Annual Review of Political Science*, No. 1, 2008, pp. 387–412。

[④] 何包钢：《协商民主和协商治理：建构一个理性且成熟的公民社会》，《开放时代》2012 年第 4 期。

[⑤] 王宇环：《政治代表如何更具回应性：对一种协商民主系统路径的诠释》，《国外理论动态》2017 年第 8 期。

[⑥] 参见 Pow J., "Mini-publics and the Wider Public: The Perceived Legitimacy of Randomly Selecting Citizen Representatives", *Representation*, No. 1, 2023, pp. 13–32。

生的代表在协商民主的代表选取中存在"传递效应"①。

二是协商代表的实践类型研究。微型公众协商往往寻求和招募具有代表性和多样性的参与者,但对代表性和多样性的不同解释方式存在冲突,这对理论和实践提出了挑战②。中国基层协商实践中创造的混合式代表机制具有描述维度和行动维度,选举和选择、精英和大众、代理和委托等不同代表机制的有机结合,对西方纯粹统计意义上的协商代表理念提出了挑战③。在脱贫攻坚福利政策的公共协商中,中国形成了不同的协商代表形式,而行政模式和授权模式都推动了公民更深入、更有影响力的协商参与④。伴随传统政治代表理论出现数字化转向,中国的网络空间为替代性的话语、对话以及政治和社会协商创造了新的公共领域,并产生了"互动型"和"联系型"两种新的网络代表模式⑤。虽然网络论坛创造了协商沟通的新空间,但是新的传播形式和数字鸿沟,也在一定程度上制约了在线协商的参与性和代表性⑥。从数量代表和实质代表双重角度来看,中国的多元女性代表主体和多元行动机制,构建了一种更加开放和包容的视角⑦。

三是协商代表的运行机制研究。在村民自治中,村民代表会议协商更容易举行或运作,具有较大的实际影响力和作用⑧。村民代表的代表能力构成了特定的村庄基础,而村民代表会议协商能否形构和强化村民、村民代表和村

---

① 韩冬临:《如何看待协商民主中的代表选取?——基于地方领导干部视角的分析》,《经济社会体制比较》2018 年第 4 期。

② 参见 Steel D., Bolduc N., Jenei K., et al., "Rethinking Representation and Diversity in Deliberative Minipublics", *Journal of Deliberative Democracy*, No. 1, 2020, pp. 46 – 57.

③ 谈火生:《混合式代表机制:中国基层协商的制度创新》,《浙江社会科学》2018 年第 12 期。

④ 参见 Wang Z. and Woo S. Y., "Deliberative representation: How Chinese Authorities Enhance Political Representation by Public Deliberation", *Journal of Chinese Governance*, No. 4, 2022, pp. 583 – 615.

⑤ 托马斯·海贝勒、安娜·什帕科夫斯卡娅:《数字化技术下政治代表的转型——中国的案例及其理论意义》,肖辉、赵杨译,《国外理论动态》2018 年第 10 期。

⑥ 参见 Albrecht S., "Whose Voice is Heard in Online Deliberation? A Study of Participation and Representation in Political Debates on the Internet", *Information, Community and Society*, No. 1, 2006, pp. 62 – 82.

⑦ 郭夏娟、魏芃:《数量代表与实质代表:理解女性政治地位的一个理论视角》,《妇女研究论丛》2019 年第 5 期。

⑧ 郎友兴、何包钢:《村民会议和村民代表会议——村级民主完善之尝试》,《政治学研究》2000 年第 3 期。

干部间的信任和代表关系决定了村民代表作用发挥空间的大小①。在乡村治理中，由村民代表构成的村民理事会是基于村民整体利益进行表达、协商、决策和执行的过程，形成了"授权委托—利益实现—有效监督"的民主链条②。而积极责任型代表需要具备"高质量协商能力"与"外部效应实现能力"，两种能力的不同组合及其内部要素的具备情况，会产生差异化的协商效果③。在参与式预算中，代表机制解决了谁参与和如何参与两大关键问题，选民代表与人大代表分别具有标示性代表和回应性代表的特质，推动了协商中公众有序广泛参与和人大代表深层次参与的双重实现④。总体来看，代表结构、代表责任、代表效能是衡量代表组织功能发挥和运行的三个重要维度，而整体利益的塑造、国家权力的介入、村民压力的输导则影响了村民议事会代表功能的发挥和转换⑤。

通过对既有研究的回顾发现，在中国的协商实践中，试图通过多样化的代表组合、代表技术、代表模式以提高协商质量成为重要途径，这对协商和代表的相关研究提供了有益借鉴。但当前对基层代表的研究更多侧重于代表的结构性、技术性问题研究，少有关注到代表作为能动主体具有过程嵌入性的特征。同时，国内对于代表的研究更多从宏观的组织结构、职权功能和议事程序对人大代表等体制内代表、正式型代表进行研究，偏向规范性的分析，缺乏实证性的视角。而与此相对的是，在中国的基层社区协商中存在丰富的代表形式，学界的研究相对不足，即使有部分学者关注到基层协商中的代表问题，但关注的角度更聚焦代表本身，没有结合基层协商的具体过程进行分析，缺乏系统性的视角。那么，如何理解中国基层协商实践中普遍出现的代表现象，何种代表的形式和路径更有利于基层协商的高质量发展，就成为亟

---

① 贺雪峰：《村级治理中的村民代表——关于村民代表会议制度效能的讨论》，《学习与探索》2002 年第 3 期。

② 胡平江：《村民理事代表制：全过程人民民主的乡村实践及其实现机制——基于赣南 H 村 GL 片区村民理事会的考察》，《华中师范大学学报》（人文社会科学版）2022 年第 6 期。

③ 侣传振：《积极责任型代表、协商能力与乡村社会协商民主有效——以浙江龙村为个案》，《湖南农业大学学报》（社会科学版）2022 年第 4 期。

④ 张君：《代表机制与基层民主治理——以温岭泽国镇参与式预算为例》，《福建论坛》（人文社会科学版）2018 年第 5 期。

⑤ 胡平江、杨美枝：《代表理论视角下影响村民议事会代表功能发挥的主要因素分析——基于湖北省 X 市 C 村的微观政治考察》，《社会主义研究》2022 年第 6 期。

须回答的问题。基于此，本章借助参与 W 市 J 区以"全过程协商驱动基层治理现代化"为主题的全省基层治理创新实验区创建之机，以 S 村绿植项目协商落地为例，在协商系统视角下分析基层协商中代表的实践结构、运转样态和功能呈现，以期回答协商代表是如何有效运转以驱动高质量协商的。

二 协商系统中的协商代表、分布式协商与协商质量

协商系统理论作为协商民主研究的重要范式，为我们分析和考察中国乡村的协商民主实践提供了有益工具。在协商系统理论的基础上，引入"分布式协商"的分析视角，构建了协商代表驱动高质量协商的理论模型。

（一）协商系统中的分布式视角与协商代表

在国际上，协商民主的研究发生了四个代际的转向，分别是制度转向、实践转向、经验转向和系统转向[1]，当前最具有标志性的研究范式是协商系统理论。协商系统是指一组可区分的、有区别的，但在某种程度上相互依赖的部分，通常具有分布式功能和分工，以某种方式连接起来形成一个复杂的整体。它需要各个部分之间的差异化和整合，也需要一些功能性的分工，同时需要一些关系上的相互依赖性，因此一个组件的变化将导致其他一些组件的变化。协商系统是基于谈话和协商的方法，以争论、演示、表达和说服等方式来解决政治冲突和问题。在一个良好的协商系统中，引起相关考虑的说服应该取代对压制、压迫和轻率的忽视。规范地说，系统方法意味着除了独立判断的部分之外，系统应该作为一个整体进行判断[2]。伴随协商系统研究的深入，国内也有部分学者在本土协商实践的基础上与协商系统理论展开对话，认为中国在基层社区协商同样存在协商系统的特征，并且在实践中更具有多

---

[1] 参见 Dryzek J. S., *Foundations and Frontiers of Deliberative Governance*, Oxford University Press, 2012, p. 6.

[2] 参见 Parkinson J. and Mansbridge J., *Deliberative Systems: Deliberative Democracy at the Large Scale*, Cambridge University Press, 2012, p. 4.

样性、包容性、阶段性和转化性①。协商的系统方法为我们审视协商提供了一个新的视角，而系统方法下的阶段性、分布性、转化性特征对于当前克服现代民主政治中的"代表断裂"②问题提供了一个新的方案，即通过协商代表的"分布式"重组，形成系统性的协商功能。

"分布式"一词较多出现于自然科学和工程领域的研究之中，往往被认为是与中心化、集中式相对的概念，是解决复杂系统问题的一种主要理念与方法。伴随系统论理念的兴起与发展，"分布式"的概念也同样被引入社会科学的研究之中，试图通过系统性的思路对要素进行拆分和重组，实现要素的组合功能和效能。已有的研究主要涉及分布式治理③、分布式组织④、分布式责任⑤、分布式领导⑥、分布式网络⑦等，由此"分布式"的观点也逐渐成为一种新的研究取向。聚焦于协商民主的研究，从系统的角度来看，协商在功能上是有区别的或分布的，不同的部分或组成要件以不同的方式来衡量公众应该讨论的问题，例如公共论坛、利益集团、飞地、日常谈话和个人思考等⑧。而如何在协商系统中实现"分布式"的理念，需要将其操作化，代表不仅仅是一种关系，或者是建立在单方面的交流（在投票箱或者讲台上），或者是关于代表的角色，它可以被看作一个系统的过程，在这个过程中，协商构成了一个必不可少的部分，不经过协商难以产生具有代表性的观点⑨。

也就是说，协商代表可以被视为实现分布式功能的重要切入点。协商代表作为能动的主体，在协商中不仅映射和反映多元主体间的相互关系，同时

---

① 张大维：《社区治理中协商系统的条件、类型与质量辨识——基于6个社区协商实验案例的比较》，《探索》2020年第6期。
② 汪晖：《代表性断裂与"后政党政治"》，《开放时代》2014年第2期。
③ 王磊：《分布式治理：技术嵌入基层治理的理论基础、权力逻辑与治理样态》，《电子政务》2023年第3期。
④ 喻国明、滕文强、王希贤：《分布式社会的再组织：基于传播学的观点——社会深度媒介化进程中协同创新理论的实践逻辑》，《学术界》2022年第7期。
⑤ 肖梦黎：《算法行政责任的分布式重建》，《国家检察官学院学报》2023年第2期。
⑥ 张晓峰：《分布式领导：缘起、概念与实施》，《比较教育研究》2011年第9期。
⑦ 艾云、向静林：《分布式网络、复杂性与金融风险治理——一个多层级政府行为的分析框架》，《社会学评论》2021年第1期。
⑧ 参见 Follesdal A., "The Place of Self-Interest and the Role of Power in the Deliberative Democracy", *Journal of Political Philosophy*, No. 1, 2010, pp. 64–100.
⑨ 参见 Rinne J., "Deliberation by Political Representation: A Lost Cause?", IPSA XXII World Congress of Political Science, Madrid, Spain, 2012.

承担了表达、说服、观点呈现等多种系统功能，并且在不同形式和场景的协商中承担串联和衔接的作用。同时，由于协商的复杂性和不确定性，没有任何声音可以宣称完美的合法性，在协商中利益集团、政治家陪审团等协商代表均可产生不同的协商贡献[1]。也就是说，协商代表的多元性和衔接性成为其在协商系统中实现"分布式"功能的重要方面。

（二）分布式协商与乡村治理中的协商质量

分布式的协商为我们带来了新的观察视角，当我们分析和评价不同语境下的协商活动时，协商标准通常需发生转变。所以在某种程度上，需要对微观场所的研究采取宏观或系统的方法，特别是通过分布式的方式来理解微观场所的协商质量。在这种"分布式协商"的模型中，在涉及各个组成部分的阶段性协商过程中，组成部分的协商美德是按顺序显示的，而不是像在单一协商行为者的情况下那样连续和同时显示[2]。

也就是说，协商代表在协商系统中的不同环节承担差异化的协商功能，并通过功能的衔接来实现协商质量的提升。巴赫泰格和帕金森也在《绘制和测量协商：趋向一种新的协商质量》一书中对协商代表和高质量协商目标的关系进行了分析，指出具有代表性的关系和机制有助于实现三个协商的系统性目标。首先，视角的范围不应仅仅是广泛的，而应是深刻而清晰的。其次，"清晰"的概念反过来暗示了主张、证据、价值和观点之间联系的可见性，并体现在代表和所代表的人之间。最后，当代表权与决策权结合在一起时，人们对问责制和回应能力的期望就会上升，正是这种责任特征被认为是推动协商偏好转变的动力[3]。那么，清晰性、联系性、责任性可以被认为是协商代表提升协商质量的规范性标准。

针对协商代表如何形成系统性的协商功能，摩尔·阿尔弗雷德则指出了有效区分三种关于协商部分在彼此关系中价值的思考方式。第一种是聚合，系统的一个部分为聚合的整体增加了一点协商价值，在这里，协商时刻被视

---

[1] 参见 Parkinson J., "Hearing Voices: Negotiating Representation Claims in Public Deliberation", *The British Journal of Politics and International Relations*, No. 3, 2004, pp. 370–388。

[2] 佟德志、程香丽：《当代西方协商系统理论的兴起与主题》，《国外社会科学》2019 年第 1 期。

[3] 参见 Bächtiger A. and John P., *Mapping and Measuring Deliberation: Towards A New Deliberative Quality*, Oxford University Press, 2019, p. 12。

第十四章　分布式协商：协商代表驱动乡村高质量协商的内在逻辑

为插件或拼图的一部分，该系统的协商价值等于其各部分协商价值的总和。第二种是排序，其中协商时刻的价值在于"正确的组合和正确的顺序"。第三种是迭代，其中系统的价值取决于重新开放的机会，修订和质疑特定的决定，解决方案和例行决策过程。迭代过程可以让不同的代表参与，利用不同的协商能力，并经历许多阶段。与有序的协商时刻序列的形式相反，"迭代"模型强调决策和决策过程的可逆性和可修正性[1]。也就是说，协商代表可以通过系统性的连接、多元性的组合、迭代化的过程参与，有效呈现协商的系统性功能，这指出了协商代表推动协商系统高质量发展的分布式逻辑。

通过对既有理论的分析和回顾，我们可以看到，协商民主中的协商代表既涉及何以有效产生的问题，又要回答其以何种形式参与协商，还关涉到协商质量的有效提升这一关键话题。那么，聚焦于中国乡村的协商代表实践，"分布式协商"的概念框架就可以在"结构—过程—功能"的视角下进行操作化拆解（见图14-1）。首先，结构层面。主要涉及的是乡村协商代表的结构性安排问题。由于乡村协商场域的复杂性特征，使得协商代表的来源具有多样性，而不同类型、不同角色的协商代表具有差异化的代表性特征。由此，协商代表在乡村协商系统中的运转面临着"结构"性问题的拷问，即要回答何种协商代表的结构性安排更具有代表性，以解决协商代表的"规范性"问题。其次，过程维度。中国乡村的协商民主是一个具体化、情境性的实践过程，协商代表的有效运转需要有机嵌入在具体的乡村协商场景之中。而乡村的协商场景往往与协商的流程、环节、步骤等协商形态紧密联系，乡村社会差异化的协商形态设置，会对协商代表在协商中的作用发挥产生较大影响。因此，过程维度更加注重将协商代表放置于具体、实际的协商形态中予以分析和考察。最后，功能实现。协商代表的有效运转最终要指向乡村协商质量的提升，如果协商代表的协商参与不能有效促进和提升协商质量，那么协商代表在功能的意义上就未能有效驱动乡村协商民主的有效实现。功能实现维度指出了"分布式协商"提升乡村协商质量的绩效目标。由此，分布式协商也就意味着协商代表与协商进程的有效嵌合以提升协商质量。那么，协商代表如何实现与协商进程的嵌合，又如何驱动乡村协商质量的提升，需要在中

---

[1] 参见 Moore A., "Deliberative Elitism? Distributed Deliberation and the Organization of Epistemic Inequality", *Critical Policy Studies*, No.2, 2016, pp.191-208。

国的田野实践中予以考察。基于此，本章将分析乡村场域中的协商代表，结合本土协商的典型案例，考察协商代表在乡村协商中的具体结构、实践过程、功能发挥状况，尝试回答这一理论问题。

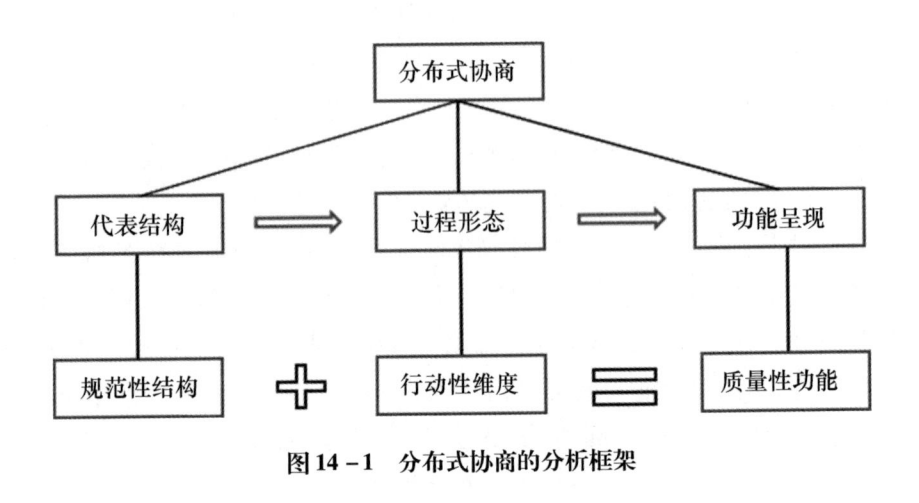

图 14-1　分布式协商的分析框架

三　协商代表驱动的高质量协商：村庄的协商治理实验

S 村位于华中 H 省 W 市 J 区中部，村庄户籍人口 1600 余人，常住人口 400 余人，村民代表 59 人，村两委 5 人，共有 10 个村民小组，14 个村湾。由于位处超大城市 W 南部，且村庄坐落于旅游公路梁子湖大道两侧，村湾发展定位于农文旅产业融合。为营造产业发展环境，S 村积极对上争取省、市、区三级项目资源，通过对外立面粉刷、污水管网建设、沥青道路铺设，营造了良好的基础设施条件，实现了村庄环境的硬件升级。但在村湾日常治理方面存在一定困难，村湾内部垃圾乱丢、杂物乱放等问题屡禁不止。初期，村庄通过购买社工服务，指导村庄建立村湾环境队伍的方式进行管理，但是队伍缺乏长效激励，难以自我运转。2022 年，J 区以创建全省基层治理实验区为契机，在全区范围广泛开展协商议事实验，鼓励各村湾积极开展议事协商，完善协商议事功能，助推村庄有效治理。S 村在协商治理实验中，结合区级要求和村湾具体情况，形成了以协商代表为主体的治理架构，并结合多形态协商的开展，有效推动了村—湾两级事务的治理。本章将通过案例呈现的方式，展示 S 村的协商治理机制，主要聚焦 L 湾组绿植项目试点落地前后所经历的三个层级、四个阶段的代表协商过程。

（一）村级决策协商，决定试点村湾

在村庄层面，S 村建立起协商议事会，主要由村中党员、村民小组长、村民代表、湾组代表组成，对村级公共事务进行协商和决策。S 村为了进一步打造农文旅发展环境，营造"进湾有花、花下有果"的田园氛围，决定选取一个湾组先行试点，栽种观赏绿植和果树，营造村湾风景带。在部分湾组代表表达意愿、村党组织的动议下，S 村协商议事会召集村庄党员、小组长、相关湾组村民代表共同协商相关事宜。多数村民代表同意绿植项目试点，但是就相关费用支出和后期管护问题产生分歧，部分湾组代表希望由村庄一级包揽全部费用，而村庄为避免绿植"有人种，无人管"的窘境，希望各湾组能够适当支付一定的费用并且成立管护队伍，以加强对绿植的保护和长效管理，这一提议也得到了大多湾组代表的认可。在这个过程中，L 湾组的代表表达出强烈的试点意愿。L 湾组认为，本湾组村民为单一姓氏，内部较为团结，有较强的集体行动能力进行建设和管护，加之前期开展过美丽村湾建设，具有一定的硬件基础。由于其他村湾代表未能有效响应绿植试点，且在多数湾组的内部也难以形成一致意见，S 村协商议事会经过讨论后暂时议定 L 湾作为试点，但是针对费用支付、苗木分配、后期管护等问题未能达成一致，需要村庄与湾组后续进一步协商确定。

（二）"村—湾"分配协商，平衡湾组利益

S 村各湾组在历史上还保留着集体土地，自 2012 年开始，L 湾将湾组集体土地流转，每年可获得十余万元的集体收入。为处理湾组村每年的分红事宜，L 湾组理事会也由此成立，同时理事会每年会适当保留部分收益，用作湾组公共事务治理的使用资金。由此，L 湾组理事会也由最初单一的资金管理逐步向公共治理功能转变。在村湾的公共治理和资金使用方面，形成了"湾账村管"的模式，村庄虽然不干预村湾资金的用途、规模，但仍然受到村庄层面的监管，以确保湾组资金使用的公共性。由此，L 湾组可以拿出部分资金配套试点工作。为进一步落实试点细节，村"两委"和部分其他村组的

代表深入 L 湾组现场，就资金投入、比例分配等问题展开协商。

在村庄层面，村"两委"表示，可以投入部分项目资金和村庄积累的集体收入用于试点工作，但是遭到其他村组代表反对。他们认为，L 湾组已经在先前的美丽村湾项目中获益，村庄资金的投入需要考虑湾组间的公平性，此次应由 L 湾组承担资金的投入。L 湾组代表表示，可以多配套部分资金，以缓解村庄的资金压力，平衡各村湾利益，但是也难以承受大部分资金，同时具体金额还需要与本湾组内的村民协商确定。村庄综合考虑 L 湾组和其他湾组代表的意见，认为该试点并非仅对 L 村湾有益。L 湾组紧邻景观大道，是 S 村对外交通的进出口，也是村庄农文旅发展和展示的重要窗口，L 湾组的打造也可有效辐射带动周边村湾发展。经过多方的协商与讨论，由于其他村湾未能在其湾组内形成统一意见，无法承担试点任务，同时 L 湾组在内部治理和硬件环境方面均具有相应试点优势，最终形成了村庄出资 20 万元，L 村湾配齐剩余资金的试点方案，最终也获得了村、湾两级协商代表的支持。

（三）湾组内部协商，形成集体意志

L 湾在治理过程中形成了湾组理事会，形成了较为完善的组织结构、运转规则、协调机制，成为湾组公共事务治理的有效平台。一是组织结构。L 湾共 67 户，为单一姓氏湾，分为四大房，每个房族产生一位代表进入村湾理事会，居民小组长则为湾组议事会的会长，由此形成"1 + 4"的村湾理事会的代表架构。二是运转规则。在理事会的运转过程中，主要涉及资金使用和公共治理两大类事项。在资金使用方面，采取一致同意原则，邀请村湾中的老党员、老干部协商议事，代表一致同意方可使用湾组资金，确保了资金使用的公平性和公共性。在公共事务治理方面，涉及村庄整体的治理事务，由湾组理事会 5 位成员作为代表，与村庄一级进行沟通协调。村湾内部事务则由 5 位代表共同协商决定，例如湾组内的环境改造、慰问走访等。三是纠纷调解方面，4 个代表负责调解和解决各自房族内部的矛盾纠纷，其他矛盾则由村湾议事会协调解决。

针对 L 湾组的出资问题，L 湾组召集村湾议事会展开相关讨论，湾组理事会代表和部分湾组村民参与了协商，同时还邀请了本姓村委参与协商。部分 L 湾组村民认为村湾可以投入一定资金，但相关苗木在种植后应该明确分配给每一位湾组成员。村委则表示，村庄投入的资金比例更大，且更多是为

了村庄公共景观美化，并非湾组自费进行的改造，还需要考虑村庄层面的公共性问题。村湾代表认为可以结合村湾和村庄两方面诉求，将种植的苗木分为村湾内部和公共区域两个部分，分别采取不同的管理策略，有效平衡湾组和村庄间的利益。同时针对资金投入，经过资金数目核算，结合湾组集体经济情况，协商会代表经过协商，最终确定湾组支付5万元用于试点建设。

（四）"村一湾"执行协商，厘清治理权责

在经过村一湾两级的协商之后，需要进一步落实相应的协商决策。主要分为四个方面。一是在大道和广场沿线等村湾公共位置，以种植观赏树木为主，由村庄和湾组共同负责后期的维护和保养工作。同时，在村湾内部成立了以党员、"两委"，村庄代表为主要成员的村湾爱卫护绿志愿队，定期开展村湾整治和清洁工作。二是在湾组内部，按照平均分配、共同受益的原则，由村湾内代表现场勘查、打点、挖窝确定树木种植的间距和数量，一定程度上确保湾组内各成员间的利益平衡。三是按照"就近认领、包片负责"的方式对农户房前屋后栽种树木确立"权责"。一方面，"权责户"具有管理和养护树木的义务和责任，并且接受村、湾两级议事会的监督。另一方面，"权责户"虽然不享有"认领"果树的所有权和处分权，但是享有树木带来的收益权，这也在一定程度上激活了村民的养护动力。四是由于环境的不断美化，L湾组中农家乐、亲子游学等状况不断改善，在村湾协商议事会的鼓励下，部分商户还自费在主路的树木上安装了彩灯，进一步美化了村湾环境，吸引了游客游玩入住，实现了村湾治理和产业的双重发展。

在这个过程中，S村形成了多重代表民主协商的代表治理形态，呈现出协商代表串联下协商结构和协商过程的双重创新，村一湾间的协商链条通过协商代表的串联得以建立，村一湾组间呈现出较为平等的协商关系，有效发挥了各类协商代表的治理功能，在协商系统的意义上，形成了分布式协商的治理形态，下文将进行具体的分析。

四 协商代表驱动高质量协商的逻辑进路

基层是民主实现的重要场域，而协商民主是基层民主的生动一环。在中

国协商民主实践中,代表治理的功能越发凸显,并不断成为研究的重点。在过去几十年,中国已经形成了一套代表型民主的理论,王绍光认为主要由代表谁、由谁代表、代表什么、怎么代表四个核心问题组成①,四个问题环环相扣构成了代表研究的理论链条,也形成了协商民主与代表治理的衔接点。协商民主中代表视角的引入,可以借助代表的四重维度与协商系统的衔接过程进行考察(见表14-1)。S村L湾组的协商治理案例,生动地体现出中国基层协商民主中的代表逻辑,代表链条的有效建构也充分彰显出中国民主的全过程属性。

表14-1　　　　　　　协商系统中协商代表的"代表链"

内涵	维度	环节	性质
代表谁	对象	协商代表的指向	整体性、包容性
由谁代表	主体	协商代表的实体	正式、非正式代表
代表什么	内容	协商代表的目标	公共利益、私人利益
怎么代表	方式	协商代表的行动	授权、回应、监督

(一)代表链建构:协商与代表的有效嵌合

在乡村场域,协商与代表的有效嵌合需要结合具体的环节予以实现。在乡村协商民主的实践中,协商代表通过在代表对象、代表主体、代表内容、代表方式四个维度形成前后相继的代表结构,解决了协商代表的结构性安排问题,奠定了协商代表参与乡村协商的规范性基础。

第一,"代表谁",国家嵌入与社会自主。税费改革以后,国家与乡村的关系从汲取型转变为悬浮型。党的十八大以来,伴随脱贫攻坚和乡村振兴的步伐不断加快,大量的项目、资金资源不断向乡村社会输入,由此带来了国家和乡村关系的快速转变。同时,伴随乡村社会趋于疏离化、原子化、私人化,不少学者认为在当前"资源下乡"的背景下,少数权力寻租者、地方富人与谋利型的机会主义农民形成"分利秩序",将普通民众排除在外,导致了

---

① 王绍光:《代表型民主与代议型民主》,《开放时代》2014年第2期。

国家公共资源的损耗和村庄权威的丧失，产生了乡村治理的内卷化现象[1]，如何实现国家、村庄、农民的有序互动成为关键问题。在乡村社会，国家、村庄、农民间的互动是借由"代表"来实现和完成的。S村通过建立分层代表协商制度，实现了国家、村庄、农民间的沟通和衔接，推动了村庄秩序的有效建构。在S村L湾的协商案例中，国家将项目资源注入S村，S村则通过发包和配套的方式放大村庄的项目收益，湾组则成为项目资源的有效承接单元。在多层次的协商中，村干部、湾组代表、村民代表的参与解决了协商中"代表谁"的问题，在不同单元和层级的协商中承担了相应的代表角色，并通过不同沟通、妥协、理解不断达成协商共识，形成了有效的协商秩序。乡村社会的发展，既离不开国家资源的注入和支持，也要积极适应乡村的社会基础，更要维护和保障农民的权利，以推动实现国家、村庄、村民三重代表利益的最大化实现。

第二，"由谁代表"，多元构成与场景适配。在西方代表研究谱系中，20世纪70年代以后，"由谁代表"成为代表研究的核心问题，产生了对多样化代表形式的追问，而伴随实践中非选举代表的逐渐增多，也伴生出选举产生的回应性代表和非选举性的标示性代表之间的理论分野[2]。中国的社会基础不同于西方，在乡村场域，既存在通过选举产生的村"两委"、村民小组长、村民代表等正式代表，也存在社会组织、乡贤能人、乡村权威等非正式代表，两类代表均在协商实践中发挥着独特的治理功能。中国的代表不同于西方通过身份、地域、利益等单一标签进行划分，更多具有代表身份多重叠加的特征。在S村的案例中，在村庄层面，由村"两委"、村民代表构成的协商议事委员会形成村庄集体意志，而在L湾组内部也同时形成了混合正式的村民代表、非正式湾组代表组成的湾组议事会，以村—湾两级协商代表，推动和形塑了村庄公共事务治理共识的达成。这既不同于西方通过随机抽签所形成的"镜像代表"，也非仅由村庄权威所形成的"精英代表"，而是一种混合式的代表，其实现逻辑并非对被代表对象的简单复制和替代，而是一种以治理为导向，在具体的治理场景中积极融合正式和非正式协商代表，充分提升村庄

---

[1] 陈锋：《分利秩序与基层治理内卷化　资源输入背景下的乡村治理逻辑》，《社会》2015年第3期。

[2] [美]菲利普·佩蒂特：《代表：回应与标示》，欧树军译，《开放时代》2012年第12期。

协商议事主体的周延性和适配性，有效解决了代表产生的"合法性"问题。

第三，"代表什么"，利益指向与规则约束。在代表的研究中，"代表谁"和"由谁代表"解决了代表的主体性问题，亦即确定是由哪些具体的人或者组织作为或者成为代表，但是并没有解决协商代表的代表指向问题。在乡村社会中，存在国家与社会、村庄与农民、行政与自治等多重张力，而这些张力难以依靠单一化的治理手段予以解决，如何实现多重利益的相互协调，需要多方利益代表的在场。西方建构主义代表理论学者萨沃德提出了"宣称性代表"①的概念，突破了代表者的被动地位，更加强调代表者与被代表者在沟通中不断明确自身的利益诉求和指向。在 S 村的案例中，村庄、湾组、村民具有不同的利益导向，而利益整合的有效实现是借由协商代表参与协商议事达成的。村庄、村湾、村民等协商代表出于自身利益考量在试点确定、出资比例、收益归属、管护责任等方面展开了多轮次的协商议事，有效进行了沟通表达、意见交换和共识转化。这个过程中，多方代表并非完全的"私人本位"，而是在协商规则的空间内进行有效争取和相互妥协，解决了以往代表的虚名化、标签化的问题，也避免了多方代表的"零和博弈"，推动了代表功能的有效实现。

第四，"怎么代表"，积极行动与问责回应。代表权的有效实现涉及三个要素：授权、责任和为他人的利益而行动②。代表产生以后，也并不意味其能够自然地产生代表效应，其如何有效行动也是一个重要问题。一方面，代表具有维护自身利益而行动的内向激励，同时也受到被代表者的授权和问责所带来的外部压力，代表的双重角色使得其需要平衡两股力量，以形成有效的代表的行动。另一方面，在乡村社会，以湾组代表、乡贤能人等为主体的协商代表虽然不具有正式身份，但是乡村是一个情境性、现场化的治理场域，治理议题往往具有复杂性，在正式代表的代表功能不足的情况下，非正式的协商代表往往被纳入协商之中。对非正式的协商代表来说，虽然不具有正式化的选举程序授权，但是往往因其在乡村社会具有权威性、专业性而被吸纳。

---

① 参见 Saward M., "Authorisation and Authenticity: Representation and the Unelected", *Journal of Political Philosophy*, No.1, 2009, pp. 1 – 22。

② 参见 Rehfeld A., "Towards a General Theory of Political Representation", *The Journal of Politics*, No. 1, 2006, pp. 1 – 21。

他们的代表驱动逻辑并非制度化的"委托—授权",而是更多借由乡村中的道德压力、潜在规范等非正式制度对其代表行为进行监督,使其在发挥代表功能的同时,又受到一定程度的制约。在 L 湾组的案例中,湾组代表通过在村级层面、湾组层面的协商议事,将试点项目最终落地至本湾组,但其间也受到了湾组村民对资金投入、分配使用的询问和质疑,而村湾代表则通过账目公开和现场计算的方式予以解释,以回应湾组村民的问责。由此,村湾代表在行动和问责中取得了有效平衡,激活了代表的行动效能。

(二)分布式协商:运转代表促高质量协商

S 村 L 湾的协商案例从代表的意义上,形成了由对象、主体、内容、方式四个要素衔接而成的"代表链条",为推动乡村高质量协商奠定了代表的"规范性"基础,但是协商代表的有效产生并不意味着其能够在乡村协商系统中有效发挥作用,还需要嵌入具体的协商过程进行考察。S 村则通过分层单元的创设、分类议题的吸纳、分步递进的程序三重机制,推动代表链条与协商过程的深度嵌合,驱动了协商代表的有效运转,呈现出高质量协商的功能特征(见图 14-2),可以概括为是一种中国式的"分布式协商"治理模式。

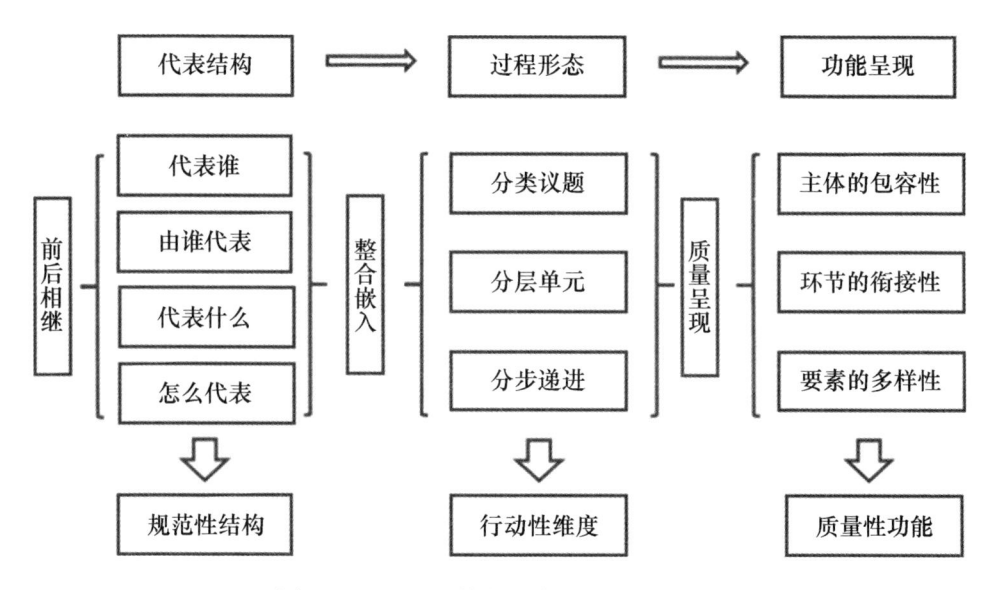

图 14-2 分布式协商与协商质量关系模型

一是分类议题助推协商代表的扩展吸纳。在乡村协商系统中，面临多样化的治理议题，不同的治理议题则对应着差异化的协商主体和协商内容[①]，如何将议题和代表有效衔接决定了协商的成败。在当前乡村治理中，根据治理议题的关涉范围和正式程度，可将协商议题分为正式议题和非正式议题两类。正式议题往往涉及整体性的村庄事务，并且具有较强的利益导向和责任导向，这就对协商代表的覆盖性和能力性提出了要求，代表的数量和质量均会对协商结果产生影响。S 村在试点项目的分配中，有效将村"两委"、党员代表、村民代表、湾组代表等不同代表群体纳入协商议事当中，通过协商代表的广泛性有效提升协商结果的合法性，有效解决了试点项目在哪个村湾落地的问题。另一类是非正式议题，往往是小范围、非正规、日常性的协商议题，此类议题往往更依赖于核心代表、关键代表的协商参与，以降低大规模协商的成本，具有一定的开放性和包容性，可以适用于简易程序进行。例如，L 湾组理事会在协商议事的过程中，更多通过走访、聊天等非正式方式开展信息传递、意见征集、沟通表达，以日常方式推进协商过程，推动治理议题解决。在正式议题和非正式议题中，协商代表通过分布式的产生、行动和运转，有效呈现了乡村协商系统所要求的规范性和扩展性，有效提升了乡村的协商质量。

二是分层单元创设协商代表的行动载体。单元对乡村治理具有显著的影响，差异化的治理事务需要有机适配不同的协商单元[②]。从单元的划分方式来看，主要是纵向单元的划分，往往涉及跨村、村庄、湾组、家户等层级，在协商中也分别产生了村庄代表、湾组代表、户代表等不同级别的协商代表，而分层化的单元对于协商代表的功能发挥创造了优势。一方面，增加了代表的行动空间。治理单元的丰富性为代表履职创设了行动空间，如果仅仅依托村民委员会开展协商，代表的参与频次和程度会相当受限，而分层的单元则为正式代表的功能发挥创制了空间，提高了代表参与的可及性和便利性；同时，在不同的层级单元中，还可以吸纳相应单元内的非正式代表，增强民意的广泛性和普及性，提高了代表参与的机会和程度。另一方面，提高了代表

---

① 张继亮：《协商与代表：协商民主中的正当性议题及启示》，《新视野》2019 年第 3 期。
② 张大维、解惠强：《片区协商：超越村组的社区议事单元及其系统运行——基于协商系统理论的农田改造考察》，《广西大学学报》（哲学社会科学版）2021 年第 3 期。

的覆盖性。在乡村治理中，因存在不同的治理单元，形成了家户、湾组、村庄、跨村等纵向协商代表，而分层单元的代表间往往具有逐级产生、向上传递的特征。村庄代表往往产生于湾组，湾组代表则产生自家户，这种逐级代表使得代表性不断增强。在S村，村庄—湾组—家户三级协商单元的建构，使得三重协商代表的逐级协商成为可能，有效推动了项目试点决策、执行、监督的跨层级、跨单元双向互动，增强了协商的开放性和包容性，达成了协商共识，实现了治理的有效落地。

三是分步递进驱动协商代表的有序衔接。从协商的系统视角来看，村庄的协商往往是一个延续性、递进性、反复性的过程，议题形成、信息传递、交流表达、投票表决、监督执行等环节都可以被视作协商系统的一部分[①]，协商代表在每一个环节中均可以承担相应的协商角色，并对协商质量产生影响。从协商的过程性维度来看，可大致划分为议题形成、协商讨论、协商执行三个阶段。而在这个过程中，则存在着两重断裂的可能性，对协商质量产生威胁。第一重断裂是协商议题和协商过程的断裂，即"有事不议"，协商议题难以进入正式的协商过程之中。第二重断裂是协商结果和协商执行间的断裂，即"决而不行"，协商虽然达成共识但是缺乏对协商结果的执行。要建构一个高质量乡村协商系统，协商的"双重断裂"则成为需要面对和解决的现实问题。在L湾组的案例中，S村通过建构分布式协商，形成了协商代表递进协商的分步逻辑，协商代表在这个过程中发挥"桥接"的作用，解决了"双重断裂"的问题，贯通了协商前期的议题响应、中期的协商表达、后期的监督执行三大环节，避免了可能出现的回应力度不足、个体行动无力、协商信息中断等问题，推动了协商进程依规则、按流程、分步骤递进，实现了协商进程的延续性，呈现出高质量协商特征。

五　结论与讨论

发展全过程人民民主是中国式现代化的本质要求，而协商民主是实践全

[①] 张大维：《高质量协商如何达成：在要素—程序—规则中发展协商系统——兼对5个农村社区协商实验的评量》，《华中师范大学学报》（人文社会科学版）2021年第3期。

过程人民民主的重要形式，不断丰富和发展协商民主是推进中国式现代化的重要一环[①]。如何在广大的乡村探索和实践全过程人民民主，是中国民主发展中不可或缺的关键问题。S村在实践中探索出的"代表+协商"的"分布式协商"民主形式，既具有其理论意义，也具有实践启发，通过研究可以得到以下几个基本结论。

第一，中国乡村社会中的协商代表具有代表和协商双重特征。不同于西方代表研究场景中更多强调代表的描述化、镜像化等特征，中国基层场域中的协商代表通过吸纳多元代表、优化代表结构、规范代表指向、完善代表过程的系统过程，有效建构起乡村的代表链条，推动了协商代表与乡村协商系统的深度嵌合，既超越了传统西方以选举为特征的代议制代表理论，又突破了西方以微型公众协商为特征微观代表理论[②]，形成了中国基层独特的代表形态。

第二，分布式协商是乡村协商民主不断迈向高质量发展的新标志。中国的协商民主具有广泛、多层、制度化的发展特征，分布式协商则有效统合了乡村场域中出现的多类型、多单元、多步骤的协商形态，并通过分类、分层、分步的协商过程，有机串联起不同场域、空间、形态的协商实践，通过协商代表和协商形态的"分布—整合"，推动了乡村协商的系统化建构，呈现出乡村协商系统的高质量特征。

第三，分布式协商充分展现了中国人民民主的全过程特征。全过程人民民主是全链条、全方位、全覆盖的民主，而分布式协商聚焦过程导向，通过建构协商代表的包容产生、多元组合、功能发挥、监督回应四个前后相继的"代表链条"，将乡村协商代表有机嵌入民主的全过程之中，既拓展了乡村民主的内涵表达和载体形式，又推动了乡村民主实践落地的功能呈现，彰显出全过程人民民主的广泛、真实、实用的鲜明属性。

第四，分布式协商是中国乡村在实践中探索出的有效协商形式。不同于以往乡村场域中重复化的协商形态的创新，分布式协商从代表链条的结构形成和代表行动过程的双重维度出发，破解了乡村协商场域碎片化、分散化的

---

① 王红艳：《全面发展协商民主的深刻意涵、内在动因与现实进路》，《探索》2023年第2期。
② 刘华云：《微型公众协商的合法性基础、民主限度与价值重估——以协商民意测验为例》，《探索》2019年第5期。

难题，实现了乡村协商的集成化和系统化，有效平衡了高质量协商所要求的规约性和开放性，推动了乡村公共事务的协商善治。

基于以上基本结论，我们也可以得到以下几点启示。第一，在实践中要积极吸纳人大代表、政协委员、下沉党员、驻村干部、律师民警等正式代表力量，同时拓展乡村场域中的乡贤能人、文化精英等非正式代表，不断增强乡村代表的广泛性、真实性和能力性，积极推动乡村协商代表的包容性拓展。第二，要进一步扩大听证会、民主恳谈会、公众评议会等官方的正式协商渠道，在乡村场域也要积极丰富板凳会、坝坝会、湾组会等开放式的协商形态，不断拓展代表空间，通过协商代表有机衔接不同协商形态，推动乡村协商民主的系统化发展。第三，要善于运用基层治理中的公众代表，更要运转好协商代表，通过分布式协商促进乡村高质量协商，这就要通过设置分类议题、分层单元、分步递进的多元化协商形态，将"代表链条"有机嵌入具体的协商进程之中，以实现结构性的代表链条与过程性的协商形态深度融合，达到协商代表与协商形态双向互嵌，丰富和拓展全过程人民民主的理论内涵和实践形态。

参考文献

一 中文文献

(一) 中文著作

《习近平谈治国理政》(第二卷),外文出版社2017年版。

韩福国:《复式协商民主实操手册:民主程序与科学环节》,上海人民出版社2021年版。

何包钢:《通往国家治理现代化:协商民主的新路径》,中国社会科学出版社2020年版。

李后强、邓子强:《协商民主与椭圆视角》,四川人民出版社2009年版。

李亚:《协商式政策分析》,中国社会科学出版社2022年版。

林尚立、赵宇峰:《中国协商民主的逻辑》,上海人民出版社2016年版。

谈火生、霍伟岸、何包钢:《协商民主的技术》,社会科学文献出版社2014年版。

徐勇:《国家化、农民性与乡村整合》,江苏人民出版社2019年版。

阎孟伟主编:《协商民主:当代民主政治发展的新路向》,人民出版社2014年版。

阳安江主编:《协商民主研究》,同心出版社2010年版。

张贤明:《论政治责任:民主理论的一个视角》,吉林大学出版社2000年版。

[美] 埃莉诺·奥斯特罗姆等:《规则、博弈与公共池塘资源》,王巧玲、任睿译,陕西人民出版社2011年版。

[美] 艾丽斯·M. 杨:《包容与民主》,彭斌、刘明译,江苏人民出版社2013年版。

[美] 罗伯特·A. 达尔、爱德华·R. 塔夫特:《规模与民主》,唐皇凤、刘晔

译，上海人民出版社 2013 年版。

［希］塔基斯·福托鲍洛斯：《当代多重危机与包容性民主》，李宏译，山东大学出版社 2012 年版。

［德］尤尔根·哈贝马斯：《包容他者》，曹卫东译，上海人民出版社 2018 年版。

［澳大利亚］约翰·S. 德雷泽克：《协商民主及其超越：自由与批判的视角》，丁开杰等译，中央编译出版社 2006 年版。

［美］詹姆斯·S. 费什金：《倾听民意：协商民主与公众咨询》，孙涛、何建宇译，中国社会科学出版社 2015 年版。

［美］詹姆斯·博曼、威廉·雷吉主编：《协商民主：论理性与政治》，陈家刚等译，中央编译出版社 2006 年版。

（二）中文期刊

艾云、向静林：《分布式网络、复杂性与金融风险治理——一个多层级政府行为的分析框架》，《社会学评论》2021 年第 1 期。

曹海军：《"三社联动"的社区治理与服务创新——基于治理结构与运行机制的探索》，《行政论坛》2017 年第 2 期。

陈锋：《分利秩序与基层治理内卷化　资源输入背景下的乡村治理逻辑》，《社会》2015 年第 3 期。

陈吉利、江雁飞：《论女性公共协商能力的制度提升——基于女性领导力的视角》，《领导科学论坛》2018 年第 17 期。

陈军亚：《公理共议：传统中国乡村社会的协商治理及价值——以"深度中国调查"的川西"断道理"为据》，《山东社会科学》2019 年第 1 期。

陈亮：《和合文化视野下我国基层协商民主的包容性建构及其限度》，《行政论坛》2018 年第 2 期。

陈明：《村民自治："单元下沉"抑或"单元上移"》，《探索与争鸣》2014 年第 12 期。

陈荣卓、李梦兰：《政社互动视角下城市社区协商实践创新的差异性和趋势性研究——基于 2013—2015 年度"中国社区治理十大创新成果"的案例分析》，《中共中央党校学报》2017 年第 3 期。

党亚飞、应小丽：《组织弹性与规则嵌入：农村协商治理单元的建构逻辑——基于天长市农村社区协商实验的过程分析》，《华中师范大学学报》（人文社会科学版）2020 年第 1 期。

邓大才：《村民自治有效实现的条件研究——从村民自治的社会基础视角来考察》，《政治学研究》2014 年第 6 期。

邓谨、王海成：《论我国农村协商民主中的主体培育》，《西北农林科技大学学报》（社会科学版）2016 年第 5 期。

［美］菲利普·佩蒂特：《代表：回应与标示》，欧树军译，《开放时代》2012 年第 12 期。

付建军、张春满：《从悬浮到协商：我国地方社会治理创新的模式转型》，《中国行政管理》2017 年第 1 期。

高民政、孙艳红：《民主体系的规模与能力：达尔的研究结论及其对中国的启示》，《浙江学刊》2010 年第 2 期。

谷志军、陈科霖：《责任政治中的问责与避责互动逻辑研究》，《中国行政管理》2019 年第 6 期。

郭夏娟、魏芃：《数量代表与实质代表：理解女性政治地位的一个理论视角》，《妇女研究论丛》2019 年第 5 期。

韩冬临：《如何看待协商民主中的代表选取？——基于地方领导干部视角的分析》，《经济社会体制比较》2018 年第 4 期。

韩福国：《超越"指定代表"和"随机抽样"：中国社会主义复式协商民主的程序设计》，《探索》2018 年第 5 期。

韩志明：《基层协商民主的过程性叙事及其反思》，《河南社会科学》2018 年第 6 期。

何包钢：《协商民主和协商治理：建构一个理性且成熟的公民社会》，《开放时代》2012 年第 4 期。

贺雪峰：《村级治理中的村民代表——关于村民代表会议制度效能的讨论》，《学习与探索》2002 年第 3 期。

胡平江、杨美枝：《代表理论视角下影响村民议事会代表功能发挥的主要因素分析——基于湖北省 X 市 C 村的微观政治考察》，《社会主义研究》2022 年第 6 期。

季丽新：《以农民政治水平的提升促进农村民主协商治理机制的优化》，《当代世界与社会主义》2014 年第 4 期。

景跃进：《将政党带进来——国家与社会关系范畴的反思与重构》，《探索与争鸣》2019年第8期。

赖静萍：《包容性民主与政治共识——新中国成立初期中国共产党对民主选举的认知》，《中共党史研究》2012年第5期。

郎友兴、何包钢：《村民会议和村民代表会议——村级民主完善之尝试》，《政治学研究》2000年第3期。

李华胤、张海超：《权威引导式协商：新时代乡村善治的有效形式及运行机制——以天长市"7+X"协商委员会为例》，《广西大学学报》（哲学社会科学版）2020年第1期。

李晓广：《论协商治理视域下村民小组自治的有效实现》，《学术界》2019年第4期。

李笑宇：《协商民主与群众路线的交融：一个理论建构》，《天府新论》2016年第5期。

李增元：《农村基层治理单元的历史变迁及当代选择》，《华中师范大学学报》（人文社会科学版）2018年第2期。

刘华云：《微型公众协商的合法性基础、民主限度与价值重估——以协商民意测验为例》，《探索》2019年第5期。

刘强、马光选：《基层民主治理单元的下沉——从村民自治到小社区自治》，《华中师范大学学报》（人文社会科学版）2017年第1期。

卢兴、吴倩：《中国古代政治协商传统的思想内涵与基本特征》，《天津社会科学》2015年第5期。

毛光霞：《使基层协商民主更好的运转起来——观念更新、利益兼容与治理绩效累积的三位一体》，《社会主义研究》2021年第1期。

彭莹莹：《协商治理与社会矛盾化解》，《社会主义研究》2021年第1期。

孙发锋：《当前中国社会组织协商能力的要素、特征及提升路径》，《学术研究》2019年第11期。

谈火生：《混合式代表机制：中国基层协商的制度创新》，《浙江社会科学》2018年第12期。

唐皇凤、冷笑非：《村庄合并的政治、社会后果分析：以湖南省AH县为研究个案》，《社会主义研究》2010年第6期。

唐娟、谢靖阳：《城市社区协商民主的细节：结构、过程与效能——基于深圳市Y社区居民议事会的考察》，《社会政策研究》2019年第4期。

田孟：《"合村并组"的政治逻辑与治理困境》，《华南农业大学学报》（社会科学版）2019年第3期。

田先红：《政党如何引领社会？——后单位时代的基层党组织与社会之间关系分析》，《开放时代》2020年第2期。

佟德志、程香丽：《当代西方协商系统理论的兴起与主题》，《国外社会科学》2019年第1期。

佟德志、程香丽：《基于协商场所的西方协商系统要素研究》，《浙江学刊》2019年第3期。

托马斯·海贝勒、安娜·什帕科夫斯卡娅：《数字化技术下政治代表的转型——中国的案例及其理论意义》，肖辉、赵杨译，《国外理论动态》2018年第10期。

万婷婷、郝亚光：《治水社会：国家基础性权力成长与基层协商能力建构——以中国基层治水事实为研究对象》，《福建论坛》（人文社会科学版）2021年第4期。

王红艳：《全面发展协商民主的深刻意涵、内在动因与现实进路》，《探索》2023年第2期。

王磊：《分布式治理：技术嵌入基层治理的理论基础、权力逻辑与治理样态》，《电子政务》2023年第3期。

王绍光：《代表型民主与代议型民主》，《开放时代》2014年第2期。

王婷、李景平、方建斌：《协商民主：村民自治过程中廉政治理的生长点》，《西北农林科技大学学报》（社会科学版）2018年第1期。

王伟进、陆杰华：《自治与管控——我国乡村治理的传统、影响因素与适用条件》，《浙江社会科学》2020年第12期。

王岩、郝志鹏：《"无直接利益冲突"矛盾的化解理念与路径研究——基于社会主义协商民主的视角》，《中国行政管理》2014年第12期。

王宇环：《在协商与民主之间——协商系统理论对两者张力的调和》，《河南师范大学学报》（哲学社会科学版）2017年第1期。

王宇环：《政治代表如何更具回应性：对一种协商民主系统路径的诠释》，《国外理论动态》2017年第8期。

吴春梅、翟军亮：《协商民主与农村公共服务供给决策民主化》，《理论与改革》2011年第4期。

吴明熠：《从听证走向协商：公众参与行政决策的实践反思与程序嬗变》，《甘肃行政学院学报》2020 年第 2 期。

吴晓林：《党如何链接社会：城市社区党建的主体补位与社会建构》，《学术月刊》2020 年第 5 期。

吴晓林、邓聪慧、张翔：《重合利益中的工具性：城市基层协商民主的导向研究》，《学海》2016 年第 2 期。

习近平：《在党史学习教育动员大会上的讲话》，《求是》2021 年第 7 期。

肖盼晴：《理性一致：公共水资源的协商治理规则及逻辑——以云南省大具乡的"轮水班"为个案》，《山东社会科学》2019 年第 1 期。

徐勇、赵德健：《找回自治：对村民自治有效实现形式的探索》，《华中师范大学学报》（人文社会科学版）2014 年第 4 期。

许玉镇、王颖：《民生政策形成中利益相关者有序参与问题研究——基于协商民主的视角》，《政治学研究》2015 年第 1 期。

杨涛：《共治式协商：跨村河流协商治理的内在机制研究——基于华北席村的形态调查》，《山东社会科学》2019 年第 1 期。

杨中艳：《党领群治：十八大以来农村社区协商的经验成效与路径优化》，《社会主义研究》2016 年第 4 期。

姚远、任羽中：《"激活"与"吸纳"的互动——走向协商民主的中国社会治理模式》，《北京大学学报》（哲学社会科学版）2013 年第 2 期。

喻国明、滕文强、王希贤：《分布式社会的再组织：基于传播学的观点——社会深度媒介化进程中协同创新理论的实践逻辑》，《学术界》2022 年第 7 期。

张大维：《包容性协商：中国社区的协商系统模式与有效治理趋向——以天长市"11355"社区协商共治机制为例》，《行政论坛》2021 年第 1 期。

张大维：《党领群议：协商系统中社区治理的引领式协商——以天长市"1＋N＋X"社区协商实验为例》，《中州学刊》2020 年第 10 期。

张大维：《高质量协商发展的协商资本培育路径——基于干部、专家和媒体介入社区协商的实验研究》，《南京大学学报》（哲学·人文科学·社会科学）2022 年第 2 期。

张大维：《高质量协商如何达成：在要素—程序—规则中发展协商系统——兼对 5 个农村社区协商实验的评量》，《华中师范大学学报》（人文社会科学版）2021 年第 3 期。

张大维：《国际风险治理：分析范式、框架模型与方法策略——基于公共卫生风险治理的视角》，《国外社会科学》2020 年第 5 期。

张大维、解惠强：《片区协商：超越村组的社区议事单元及其系统运行——基于协商系统理论的农田改造考察》，《广西大学学报》（哲学社会科学版）2021 年第 3 期。

张大维：《社区治理中协商系统的条件、类型与质量辨识——基于 6 个社区协商实验案例的比较》，《探索》2020 年第 6 期。

张大维、殷妙仲：《社区与社会资本：互惠、分离与逆向——西方研究进展与中国案例分析》，《理论与改革》2010 年第 2 期。

张大维：《优势治理的概念建构与乡村振兴的国际经验——政府与农民有效衔接的视角》，《山东社会科学》2019 年第 7 期。

张大维：《优势治理：政府主导、农民主体与乡村振兴路径》，《山东社会科学》2018 年第 11 期。

张大维、张航：《农民协商能力与农村社区协商系统质量关系研究——基于乡村建设行动中三个农村社区协商实验的比较》，《中州学刊》2021 年第 11 期。

张大维：《找回协商：从历史和田野中发现商量与家国转换——兼对"深度中国农村调查"的分析》，《中国农村研究》2022 年第 1 期。

张大维、赵彦静：《"三社联动"中社会工作的专业缺位与补位》，《中州学刊》2017 年第 10 期。

张大维、赵益晨：《乡村振兴中的协商能力、利益关联度与高质量协商》，《山东大学学报》（哲学社会科学版）2022 年第 5 期。

张国磊：《科层权威、资源吸纳与基层社会治理——基于"联镇包村"第一书记的行动逻辑考察》，《中国行政管理》2019 年第 11 期。

张航：《回应前置：农村基层协商走向治理有效的路径探析——以天长市"农村社区治理实验区"为例》，《农村经济》2021 年第 5 期。

张继亮：《发展和完善协商民主——基于协商系统理论的启示》，《南京社会科学》2018 年第 8 期。

张继亮：《协商的系统化：构成要素、运行机制及其限度》，《天津社会科学》2018 年第 6 期。

张继亮：《协商与代表：协商民主中的正当性议题及启示》，《新视野》2019年第3期。

张君：《代表机制与基层民主治理——以温岭泽国镇参与式预算为例》，《福建论坛》（人文社会科学版）2018年第5期。

张立伟：《我国农村社区协商治理的现状、困境及发展对策——基于全国7个农村社区治理实验区的分析》，《行政论坛》2019年第3期。

张思军、周嘉文：《"代委会"制度：乡村协商民主的新探索——以江苏省南京市M村乡村协商民主实践为分析对象》，《党政研究》2018年第5期。

章文光、刘丽莉：《精准扶贫背景下国家权力与村民自治的"共栖"》，《政治学研究》2020年第3期。

赵树凯：《乡村治理的百年探索：理念与体系》，《山东大学学报》（哲学社会科学版）2021年第4期。

钟准：《把政党找回来——政党与对外政策》，《世界经济与政治》2019年第2期。

周飞舟：《从汲取型政权到"悬浮型"政权——税费改革对国家与农民关系之影响》，《社会学研究》2006年第3期。

二　外文文献

A. Moore, *Critical Elitism: Deliberation, Democracy, and the Problem of Expertise*, Cambridge: University of Cambridge, 2017.

Amy Gutmann and Dennis Thompson, *Democracy and Disagreement*, Cambridge: Belknap Press of Harvard University Press, 1996.

Amy Gutmann and Dennis Thompson, *Why Deliberative Democracy?* Princeton, NJ: Princeton University Press, 2004.

André Bächtiger and John Parkinson, *Mapping and Measuring Deliberation: Towards a New Deliberative Quality*, Oxford: Oxford University Press, 2019.

André Bächtiger, John S. Dryzek, Jane Mansbridge and Mark E. Warren, *The Oxford Handbook of Deliberative Democracy*, Oxford: Oxford University Press, 2018.

André Bächtiger, et al., The *Oxford Handbook of Deliberative Democracy*, Oxford: Oxford University Press, 2018.

A. Tanasoca, *Deliberation Naturalized: Improving Real Existing Deliberative Democracy*,

Oxford, UK Oxford University Press, 2020.

Christopher A. and Bartels L. , *Democracy for Realists*: *Why Elections do not Produce Responsive Government*, Princeton: Princeton University Press, 2016.

C. Lafont, *Democracy without Shortcuts*: *A Participatory Conception of Deliberative Democracy*, Oxford: Oxford University Press, 2020.

Emerson P. , *Majority Voting as a Catalyst of Populism*: *Preferential Decision-making for an Inclusive Democracy*, Belfast, UK: Springer Nature Switzerland AG, 2020.

Ethan J. Leiband Baogang He, *The Search for Deliberative Democracy In China*, New York: Palgrave Macmillan, 2006.

James S. Fishkin, *When the People Speak*: *Deliberative Democracy and Public Consultation*, Oxford: Oxford University Press, 2009.

John Gastil and K. R. Knobloch, *Hope for Democracy*: *How Citizens Can Bring Reason Back into Politics*, Oxford: Oxford University Press, 2020.

John Gastil, *Political Communication and Deliberation*, Thousand Oaks: SAGE Publications, Inc. 2008.

John S. Dryzek and Simon Niemeyer, *Foundations and Frontiers of Deliberative Governance*, Oxford: Oxford University Press, 2010.

Maarten Hajer and Hendrik Wagenaar, *Deliberative Policy Analysis*: *Understanding Governance in the Network Society*, New York: Cambridge University Press, 2003.

Macedo S. , *Deliberative Politics*: *Essays on Democracy and Disagreement*, Oxford: Oxford University Press, 1999.

Nicole Curato, Marit Hammond and John B. Min. , *Power in Deliberative Democracy*: *Norms, Forums, Systems*, Switzerland: Palgrave Macmillan, 2019.

Parkinson J. and Mansbridge J. , *Deliberative Systems*: *Deliberative Democracy at the Large Scale*, New York: Cambridge University Press, 2012.

Parkinson J. , *Deliberating in the Real World*: *Problems of Legitimacy in Deliberative Democracy*, Oxford: Oxford University Press, 2006.

Patrick Heller and Vijayendra Rao, *Deliberation and Development*: *Rethinking the Role of Voice and Collective Action in Unequal Societies*, Washington, DC: World

Bank Publications, 2015.

Robert E. Goodin and Kai Spiekermann, *An Epistemic Theory of Democracy*, Oxford: Oxford University Press, 2018.

Susan Clark and Woden Teachout, *Slow Democracy: Rediscovering Community, Bringing Decision Making Back Home*, White River Junction, VT: Chelsea Green Publishing, 2012.

Tadors M., *Copts at the Crossroads: The Challenges of Building Inclusive Democracy in Egypt*, New York: American University in Cairo Press, 2013.

后 记

本书的初衷是阐释当下中国在基层治理中为什么要"找回协商",以及基于中国特色的协商治理传统和协商议事文化,在国际比较中阐明中国"特色协商"的具体路径。依"为什么(为何协商)—是什么(辨识协商)—怎么办(怎么协商、在哪协商、增效协商)"而展开,目标是讨论如何构建中国"高质量的协商"(发展协商)和概括表达"中国式协商"(特色协商),呈现中国式的既带有一定理论性又带有一定实践性的基层协商治理运行过程。可以说,本书是对我及团队近年来关于协商民主和协商治理调查、实验和研究的初步小结。但经历至此的学术之旅也有一个曲折的过程。

笔者对于基层协商治理尤其是城乡社区协商治理的研究早有接触但失之交臂,直到近些年来才再次捡起并将其作为自己研究的主攻方向之一。2004年左右,我主攻刚刚在全国兴起的社区建设研究时,从实践上开始接触到协商治理,包括各地探索的通过社区对话、居民论坛、社区直通车、社区听证会等多元主体参与讨论、沟通商议解决社区建设中的公共性难题和公益性议题,但当时更多专注于研究社区治理单元、社区公共服务、社区空间规划、社区民主参与等,还没来得及深度关注协商治理研究。2009 年,我由国家公派到加拿大不列颠哥伦比亚大学进行博士联合培养,在马克·E. 沃伦教授的课堂上,我从理论上开始认识协商民主。课后沃伦约我与他讨论涉及中国的协商民主论文,并让我对其刚完成的论文提意见,由于当时我致力于研究社区建设,尤其是我国的社区建设刚刚起步,当时的环境决定了我们更多关注社区组织架构和社区服务供给,所以对民主协商没有特别关注。后来随着研究深入我又逐步进入城乡社区服务体系均等化、一体化和融合化探讨,以及贫困社区治理和亚正式治理领域,直到政治学世界一流学科建设时过渡到比较政治和政府回应研究，才逐步进入对协商治理的研究。

现在想起，当年要是能在沃伦教授的启发下立即启动协商治理研究，应该是另一番天地了。作为政治学世界一流学科建设单位，我们理应走出去并将中国协商政治经验传播开来。沃伦对我们的研究多有关心，在各种国际会议上都会找机会当面或者找人了解我们的协商民主研究进展和政治学科建设成效，尤其是在2024年沃伦当选美国政治学会（APSA）主席之际，还特别关心支持我们的政治学学科建设，推介我们参加到"参与式治理百科全书"项目的国际交流中，并支持我们来承办这一项目的国际暑期学校。

重拾协商治理研究，有内外要素推动。在外部还得益于澳大利亚社会科学院院士何包钢教授对我们比较政治学科建设和协商治理研究的支持，他视野开阔、学术精湛、热心谦逊、有求必应，我最开始探索中国特色基层协商治理理论时就是与他和沃伦的论文商榷开始的。与此同时，他们还推动在华中师范大学多次组织召开了协商民主与基层治理的国际研讨会，引荐了詹姆斯·S. 费什金教授、约翰·基恩（John Keane）教授等协商民主研究的国际知名学者来华交流和讲学等。何教授不仅推动在华中师范大学举办国际研讨会，还在澳大利亚墨尔本组织召开了数次协商治理国际研讨会，中外学者的交流以及我们对专业性协商中介机构的实地调查也启发了一些新思考。澳大利亚社会科学院院士约翰·S. 德雷泽克教授的启发也很重要，很难忘在堪培拉大学的办公室里与他对中国基层协商治理的讨论，他高度评价了中国特色的基层协商治理实践创新。在内部也得益于徐勇教授、邓大才教授、陈军亚教授等的启发和鼓励，包括我们对村庄协商传统的深度调查和基因挖掘，以及我们主办的"一带一路"基层与地方治理国际论坛中都有大量关于各国协商治理的理论和实践探讨，这些对我们下一步研究都是有益的。

基于以上推动，作为乡村治理和城乡基层治理调查和研究的重镇，我们在长期的田野调查中，发现无论在七大区域的哪个区域，都存在商量或协商传统，这就促使我们要去"找回协商"。从历史政治和比较政治的学科，从传统的视角，从田野的维度，从文化的范畴来研究协商是必要的。基于全国百余村的深度调查资料，我撰写了《找回协商：从历史和田野中发现商量与家国转换——兼对"深度中国农村调查"的分析》，并一直试图探索乡村协商治理的"商量"传统与党建引领的现代化路径研究。在这一思路的牵引下，我完成了中国特色协商系统与协商治理的系列论文。在推动团队进行协商调查研究的同时，我也指导博士生完成了3篇以"挖掘中国协商治理传统"为主题的博士学位论文，分别是西南少数民族的威望型协商、东北移民村庄的共生型协商、华中长江流域的创生型协商等。伴随这些研究，主持并完成了国家社科基金、省社科基金，以及中央高校基本科研业务费青年学术创新团队等多个相关项目，继而又获得了国家社科基金重点项目。

近年来，我除了在科学研究和硕博选题上关注协商治理，还在课程设置和教学改革上关注协商教学。例如，开创性地在政治学与行政学的本科生中开设了"协商政治学"课程，还承担了研究生教学改革项目"基于协商教学法的教室田野双课堂与科研思政双带动的研究生教育改革研究——以政治学一流学科建设为例"。又如，还给研究生开设了"协商治理与沟通政治""比较协商政治"等课程，给博士生主讲了"找回协商：协商治理的历史源流、中西辨识与理论前沿"。课程中探索性、创新性地运用协商教学法来教学，包括分小组用协商方法进行了问题式的探索完成课前预习小作业和课后总结小研讨，教学效果较好。

协商研究和协商教学，离不开社会服务和田野实验。2019年年底至2020年年初，我代表民政部中期评估全国首批农村社区治理实验区，其中一项规定程序就是必须观摩一场协商实验。2020年民政部印发了《关于开展村级议事协商创新实验的通知》，计划分几年在1000个左右的行政村开展协商实验和试点创新，参与协商实验就成为我们推动研究的重要手段。2021年，我们在学校支持下于武汉市江夏区闸东社区建立了全国首个校地共建协商治理田野实验室。为加强党的领导和联学联建，我带领比较政治研究所党支部（学校"双带头人"党支部书记工作室，2024年入选教育部首批高校"双带头人"教师党支部书记"强国行"专项行动）与闸东社区党委商议同步成立了共驻共建联合党支部。协商实验室落地后，我们团队第一期就在社区驻扎了一年，提出了"全过程协商"理念和"分布式协商"技术，推动了其协商治理，形成了较为成熟的经验模式，得到了民众和党政的广泛认可。与此同时，我们还在武汉市江夏区山坡街高峰村成立了协商治理田野工作站，围绕规范村组小微权力运行开展调查研究，运用全过程协商民主理念协助制定了《小微权力清单协商决策手册》，创新了协商议事和民主监督方式，有效提升了乡村治理效能，为乡村振兴注入了"廉"动力（"一核五治"创新成果于2024年获得第二届全国百佳社会治理创新案例）。基于协商实验的过程，我们撰写的《协商式监督：小微权力清单制创新助推清廉乡村建设》，获得了湖北省纪检监察优秀调研成果一等奖（全省共 10 个）。除此之外，我们还在全国调查的基础上撰写了《农村协商治理的现状、问题与高质量发展策略——基于全国 30 省 164 村的调查与研究》，获得了民政部政策理论研究成果三等奖，以及在不同年份获得了与之相关的 3 个二等奖。撰写的咨询报告《全面发展协商民主是推进全过程人民民主的应有之义》获全国政协采纳，相关咨询报告获中央部委、省市政协及相关部门采纳。

围绕协商治理主题开展的社会服务还有很多。代表性的如 2020 年以来指导村民自治发源地广西河池宜州推进协商自治的改革创新。2021 年以来推进宜昌多地的城乡社区协商治理实验。2022 年受邀指导湖北省村级议事协商创新实验试点工作，给全省相关干部进行授课培训，同年还主持了中国社会治理研究会在宜昌举办的全国协商治理分论坛。2023 年受邀指导新疆全国村级议事协商创新实验。尤其是 2022 年指导设计了武汉市江夏区以"协商驱动五社联动　共同缔造城乡融合基层治理现代化"为主题的全省基层治理创新实验区（实验成果于 2024 年 11 月获得第二届全国城乡社区高质量发展案例）。2023 年指导设计了武汉市洪山区"高校赋能基层共同缔造，协商联动激发社区动能"为主题的全省基层治理创新实验区（实验成果于 2024 年 11 月获得第二届全国城乡社区高质量发展案例）。2023 年驻村指导了武汉市江夏区武当村开展"儿童议事我参与"的系列教育实践活动，并于 2024 年联合建立了湖北省首家"和美乡村"科技小院，推动"儿童议事"逐步成为社区治理和乡村振兴的品牌。其间，还指导了宜昌市、仙桃市、武汉市武昌区、宜都市等地以参与、协商、积分为切入点的全省基层治理创新实验区。特别是指导洪山区举办了 2023 年首届"议事协商优秀案例"大赛，形成了"十佳十优"议事协商案例；指导江夏区举办了 2024 年首届"协商治理优秀案例"大赛，打造了"十佳十优"协商治理案例；等等。这些都构成了鲜活的研究案例。

本书的内容是按照系列论文的推进逻辑逐步形成的，多经打磨修订后发表于相关期刊，包括《探索》、《行政论坛》、《中州学刊》、《山东大学学报》（哲学社会科学版）、《南京大学学报》（哲学·人文科学·社会科学）、《华中师范大学学报》（人文社会科学版）、《广西大学学报》（哲学社会科学版）、《社会主义研究》、《湖湘论坛》、《中国农村研究》、《协商治理研究》等。在此一并向这些期刊以及编辑老师表示感谢，衷心感谢他们提供刊发推介的平台和既专业又学理的工作。本书的少量章节是在我的指导下与博士生合作完成的，要感谢已在高校任教的解惠强博士、张航博士、马致远博士等。感谢已毕业的刘长勇博士、彭晓旭博士，以及博士后徐若蓝，在读的博士生赵益晨、邓华、李晔、王妍妍、陶成威等，还有一些硕士生参与了田野调查和交流讨论。感谢硕士生申彦红等的校对工作。我们组织了"经常书社"和"学术成长营"，研究团队的交流往往富有启发，一并感谢。这些研究除了理论阐释外多是结合实证进行的研究，要感谢曾协助田野调查的各级领导、社区工作者和村民/居民朋友们。感谢华中师范大学政治学一流学科建设经费的支持，政治学部和政治学与国家治理研究院（中国农村研究院）的支持。也要感谢中国社会科学出版社的支持，尤其是李立编辑的敬业专业工作。还要感谢众多相关研究的学人支持。

2024 年 8 月
武汉武昌桂子山